Klaus Oettinger   Um eine freisinnige Kirche ringend

Klaus Oettinger

Um eine freisinnige Kirche ringend

Katholische Priester im 19. Jahrhundert

Wessenberg und die Wessenbergianer

Hartung-Gorre Verlag Konstanz

Coverbild: Ignaz Heinrich von Wessenberg gemalt von Marie Ellenrieder - Ursprung unbekannt, gemeinfrei,
https://commons.wikimedia.org/w/index.php?curid=507597

Druck und Bindung: BoD GmbH, Norderstedt.

Bibliografische Information der Deutschen Nationalbibliothek
Die Deutsche Nationalbibliothek verzeichnet diese Publikation in der Deutschen Nationalbibliografie; detaillierte bibliografische Daten sind im Internet über http://dnb.dnb.de abrufbar.

Erste Auflage 2023
Hartung-Gorre Verlag Konstanz, Germany
ISBN 978-3-86628-804-1 und 3-86628-804-2

Inhalt

Eine römische Provokation

Am 21. Juli 2022 publizierte das Presseamt des heiligen Stuhls im Vatikan den folgenden Text:

„Zur Wahrung der Freiheit des Volkes Gottes und der Ausübung des bischöflichen Amtes erscheint es notwendig klarzustellen: Der „synodale Weg“ in Deutschland ist nicht befugt, die Bischöfe und die Gläubigen zur Annahme neuer Formen der Leitung und neuer Ausrichtungen der Lehre und der Moral zu verpflichten.

Es wäre nicht zulässig, in den Diözesen vor einer auf Ebene der Universalkirche abgestimmten Übereinkunft neue amtliche Strukturen der Lehren einzuführen, welche eine Verletzung der kirchlichen Gemeinschaft und eine Bedrohung der Einheit der Kirche darstellen würden.

In diesem Sinne rief der heilige Vater in seinem „Schreiben an das pilgernde Volk Gottes in Deutschland“ (29. Juni 2019) in Erinnerung: „Die Weltkirche lebt in und aus den Teilkirchen, so wie die Teilkirchen in und aus der Weltkirche leben und erblühen; falls sie von der Weltkirche getrennt wären, würden sie sich schwächen, verderben und sterben. Daraus ergibt sich die Notwendigkeit, die Gemeinschaft mit dem ganzen Leib der Kirche immer lebendig und wirksam zu erhalten. Daher ist es wünschenswert, dass die Vorschläge der Teilkirchen in Deutschland in den synodalen Prozess, auf dem die Universalkirche unterwegs ist, einfließen mögen, um zur gegenseitigen Bereicherung beizutragen und ein Zeugnis der Einheit zu geben, mit welcher der Leib der Kirche seine Treue zu Christus, dem Herrn, bekundet.“

Der oder die Autoren des Textes warnen inhaltlich vor Versuchen, neue Strukturen der Organisation von kirchlichen Institutionen einzuführen. Es könnte gemeint sein, dass z. B. Laien (vielleicht sogar beiderlei Geschlechts wie in der Schweiz?) mit Ämtern betraut werden, die bislang in Deutschland immer noch ausschließlich den Priestern vorbehalten sind. Die Warnung gilt ferner allen Versuchen, Veränderungen im Bereich von „Lehre und Moral“ vorzunehmen, die geeignet seien, die Zusammengehörigkeit der katholischen Gesellschaften in der Welt zu unterbrechen. Offen bleibt, welche auf dem synodalen Weg diskutierten Glaubensüberzeugungen und sittlichen Normen gemeint sein könnten. - Frauen an die Altäre? Homosexualität?

Der Autor oder die Autoren dieses Textes geben sich namentlich nicht zu erkennen, äußern sich aber mit dem Anspruch der Autorität des „heiligen Stuhls“. Die Absicht ist durchschaubar: Anonyme Warnungen sind einschüchternd zumal dann, wenn sie mit dem Anschein drohender Autorität ausgestattet sind und eine Drohkulisse errichten - eine Untergangsprognose.

Das Präsidium des „Synodalen Weges“, Bischof Georg Bätzing und Frau Irm Stetter-Karp, haben umgehend, noch am gleichen Tag, am 21.7.2022 einen erschrockenen Antwortbrief geschrieben. Die Absicht einer Beschwichtigung ist offenkundig:

- Beschlüsse der Synodalversammlung seien generell ohne Rechtswirkung.
- Beschlüsse, deren Themen einer gesamtkirchlichen Regelung vorbehalten seien, würden jeweils dem Apostolischen Stuhl als Votum des synodalen Weges übermittelt.
- Die katholische Kirche in Deutschland habe nicht die Absicht, einen deutschen Sonderweg zu gehen.

- Die von der Synodalversammlung verhandelten Probleme seien nicht spezifisch deutsch, sondern ähnlich in aller Welt.
- An dem von Papst Franziskus 2021 weltweit eröffneten synodalen Prozeß wolle man sich - „ermutigt durch die heutige Erklärung“ - „mitgestaltend“ beteiligen.
- Schließlich bemühe man sich seit Beginn des „Synodalen Weges“ um „direkte Wege der Kommunikation mit den römischen Stellen“: „Leider ist das Synodalpräsidium bis heute nicht zu einem Gespräch eingeladen worden“ - was „irritierend“ sei.

Die anonyme Erklärung des Vatikans wurde zumindest unter den Katholiken in Deutschland als tiefe Kränkung empfunden und löste in der Öffentlichkeit eine spektakuläre Empörung aus.

Der Autor der folgenden Studie will sich zu dieser Affäre nicht weiter äußern. Wohl aber will er darauf aufmerksam machen, dass diese Affäre nicht von ungefähr daherkommt, sondern als jüngstes Kapitel einer Geschichte zu erkennen ist, die vor rund zweihundertfünfzig Jahren ihren Anfang genommen hat.

I. Später Febronianismus:
Zum kirchenhistorischen Ort Wessenbergs und seiner Anhänger.

Als „Wessenbergianer" lassen sich Angehörige von drei deutschen Klerikergenerationen des 19. Jahrhunderts bezeichnen, die mit dem letzten Generalvikar und Bistumsverweser der Diözese Konstanz Ignaz Heinrich von Wessenberg in mannigfaltigen Bezügen unterschiedlich verbunden waren. Hoch ästimiert wurde Wessenberg zunächst von einer Reihe von Priestern seiner eigenen Generation, die in den Jahren ihres Studiums und ihrer beruflichen Ausbildung - so wie er selbst – von den religiösen und kirchlichen Reformvorstellungen Kaiser Josephs des II. beeinflusst worden waren und die seit Beginn des 19. Jahrhunderts in dem mit institutioneller Macht ausgestatteten Generalvikar eine Leitfigur erkannten, welche erhoffen ließ, dass die gemeinsamen Ideen einer Erneuerung der kirchlichen Praxis realisiert werden konnten. So ließen sie sich gerne dafür gewinnen, sich aktiv an seinem Streben nach Veränderung der von der römischen Kurie vorgeschriebenen Regularien zu beteiligen. - Verehrt wurde Wessenberg ferner von einer jüngeren Generation von Priestern, die unter seiner Ägide im Priesterseminar zu Meersburg ihre religiöse und professionelle Sozialisation erfahren hatten, wozu sie sich in der Regel auch ihr gesamtes Berufsleben hindurch zu bekennen pflegten, auch noch zu Zeiten, als Wessenberg von Rom schon längst entmachtet worden war. - Als Nachfahren Wessenbergs verstanden sich schließlich auch noch manche Priester, die nach dem Abschluss des ersten Vatikanischen Konzils in den 70er und 80er Jahren des 19. Jahrhunderts zur „altkatholischen Kirche" übergetreten sind.

Versucht man, für die Motive dieser hohen Wertschätzung Wessenbergs quer durch die Priestermilieus seiner Zeit den sachlich gemeinsamen Nenner zu definieren, wird man vorab feststellen dürfen, dass er eine katholische Kirche gewollt hat, die anders war als die realexistierende Kirche seiner Tage und Jahre: Wessenberg erstrebte eine radikale Demokratisierung und Föderalisierung der römisch-katholischen Kirche. Diese Kirche sollte sich synodal organisieren, dergestalt, dass die Richtlinien kirchlichen Handelns nicht einseitig von der Hierarchie aus fernem Abstand markiert würden, sondern an der Basis auszuhandeln seien - vom Bischof gemeinsam mit seinen Diözesanpriestern und auch unter angemessener Beteiligung der Laien. Und das sollte, soweit wie eben möglich, vor Ort geschehen: in den Diözesen, den Provinzen, den Nationen, ganz am Ende erst in Rom.

Ekklesiologisch stand Wessenberg am Ende eines kritischen Diskurses zum umfassenden Herrschaftsanspruch des Papstes über die katholische Kirche in Deutschland, der zu Beginn der 60er Jahre des 18. Jahrhunderts durch den Trierer Weihbischof Johann Nikolaus von Hontheim eröffnet worden war. Dieser publizierte 1763 unter dem Pseudonym „Justinus Febronius" eine in lateinischer Sprache verfasste Schrift unter dem Titel „De statu ecclesiae et legitima potestate romani pontificis". Das Werk wurde unverzüglich ins Deutsche übersetzt und erschien 1764 unter dem Titel „Buch von dem Zustand der Kirche und der rechtmäßigen Gewalt des römischen Papstes."

Konkrete Reformen der katholischen Religion in Deutschland hat Hontheim nicht vorgeschlagen, aber er hat einen rechtlichen Freiraum markiert, der spezifische Reformen möglich machen sollte. Vor allem galt es, die iurisdiktionellen Eingriffe der römischen Kurie in deutsche Kirchenrechtsangelegenheiten zu unterbinden und die Regelung derselben allein den deutschen Bischöfen zu überlassen. Die katholische Kirche sei keine absolutistische Monarchie, sondern ein Kollegialorgan von Bischöfen mit gleichen Pflichten und Rechten. Vom Domkapitel gewählt, vom Kirchenvolk applaudiert, bedürften die Bischöfe keiner förmlichen Bestätigung durch den heiligen Stuhl als „conditio sine qua non" (unerläßliche

Bedingung). Die Bischöfe sollten das Recht haben, diözesane und nationale Synoden einzuberufen, ohne die Zustimmung des heiligen Stuhls vorab erwirken zu müssen. Stets sei zu bedenken, dass eine authentische Frömmigkeit sich nur dann entfalten könne, wenn die mentale Prägung des jeweiligen Kirchenvolkes berücksichtigt werde. So sollte – wie die gallikanische Kirche in Frankreich – eine „deutsche Kirche" in Deutschland eingerichtet werden. Es sei zu beachten, dass sich die Schrift auch an die „der katholischen Kirche widrig Gesinnten" - also an die Protestanten - wende, um sie zu einer Wiedervereinigung zu bewegen.

Hontheims Werk wurde unter den Zeitgenossen eine geradezu sensationelle Aufmerksamkeit beschert. Jahr für Jahr erschienen weitere Auflagen, das Buch wurde in mehrere europäische Sprachen übersetzt, die Resonanz war überwältigend. Natürlich wurden auch romtreue Gegenschriften publiziert, was den Erfolg des Buches jedoch erst recht förderte. Das Buch wurde umgehend bei der römischen Kurie denunziert und prompt auf den Index gesetzt. Die Kurie ließ nach der Identität des Autors fahnden und konnte diesen erst nach endlich großer Mühe mehrere Jahre später ermitteln. Bemerkenswert ist, dass man Hontheim, nachdem er als Autor entdeckt worden war, nicht bestrafte, sondern zur Veröffentlichung eines umfangreichen Widerrufs nötigte, den Hontheim im Jahr 1778 angeblich schlechten Gewissens leistete.

„Febronianismus" wurde in den folgenden Jahren eine kirchenpolitische Kampfparole. So versammelten sich Delegierte der rheinischen Erzdiözesen 1769 in Koblenz, um ihre Bedenken gegenüber der römischen Kurie zum Ausdruck zu bringen („Koblenzer Gravamina"). Erst recht brisant waren die Beratungen eben dieser Bischöfe unter Beitritt des Erzbischofs von Salzburg 1786 in Bad Ems, wo man die jurisdiktionellen Eingriffe der Nuntiaturen in die Rechtsräume der deutschen Bischöfe beklagte („Emser Punktation"). Auch wenn Dalberg an diesen Verhandlungen persönlich nicht teilgenommen haben sollte, war er zweifellos durch seine enge Beziehung zum Mainzer Erzbischof Friedrich Karl Joseph von Erthal über die Reformbemühungen der rheinischen Kirchenfürsten informiert worden. Praktische Umsetzungen der Beschlüsse wurden jedoch durch die französische Revolution und ihre Folgen in Deutschland nicht umgesetzt. Die Säkularisation schuf kirchenpolitisch andere Prioritäten.

Wessenberg war zweifellos seit seinen Studienjahren, insbesondere durch seine Bekanntschaft mit Dalberg über den „Febronianismus" informiert worden, was seine Distanz im Umgang mit der römischen Kirchenregierung in den folgenden Jahren maßgeblich beeinflussen sollte. Aber er hütete sich, das Prädikat eines „Febronianers" öffentlich für sich selbst in Anspruch zu nehmen. Unter romorientierten Katholiken war dieses Signum verpönt. Wie sehr er sich aber für das Hontheim´sche Opus interessiert haben muss, lässt sich aus dem Sachverhalt schließen, dass sich 8 Exemplare des Buches in diversen Auflagen und auch diesbezügliche Kontroversschriften in seiner Bibliothek befinden.

Wessenberg selbst war als Theologe kein Fundamentalist, den die für ihn unlösbare Gottesfrage bedrängte. Dogmatische Gedankengänge haben ihn wenig interessiert und er hat auch die Priesterschaft der Diözese aufgerufen, offizielle Gespräche darüber zu vermeiden, weil Verhandlungen über dogmatische Differenzen die kollegiale Friedfertigkeit gefährden würden. In seinem geistlichen Selbstverständnis war Wessenberg allererst Pastoraltheologe, der sich um das rechte Leben der Menschen im weitesten Umfang zu kümmern berufen ist. Seines Erachtens waren die Priester also nicht nur dazu da, die „göttlichen Geheimnisse" und „Gnadenmittel" zu verwalten, sondern sie hatten nicht minder den Auftrag, die Menschen in der profanen Welt sittlich dergestalt aufzurüsten, dass sie den vielseitigen Versuchungen zu unrechtem Handeln zu widerstehen lernten. Deshalb sollten die Priester an den Schulen unterrichten und in der profanen Öffentlichkeit als sachlich kompetente Ratgeber tätig sein, weshalb sie sich während ihres Studiums oder während ihrer frühen Berufsjahre neben der Theologie auch praktische Kenntnisse, z.B. eine Ahnung von Medizin, Ökonomie oder Agronomie erworben haben sollten. Denn zu ihrem Auftrag sollte nicht zuletzt die Sorge um das gesellschaftliche Wohlergehen in ihren Gemeinden gehören, zumal um die Bekämpfung der Armut. Kurzum, Wessenberg hatte die Vorstellung, dass die Priester als eine Art väterlicher Autoritäten die persönlichen Bedürfnisse des Volkes in ihrem Sprengel wahrzunehmen hätten - und zwar, um es zu wiederholen, nicht nur die geistlichen, sondern auch die weltlichen Bedürfnisse. Priester waren für ihn nicht primär Mustergestalten einer wie immer beschaffenen Frömmigkeit, sondern im wörtlichen Sinne „Hirten" und der Zentralblick ihres Tuns sollte der Pastoral gelten. Das sind Formulierungen, die ihre Herkunft zumal aus der kirchlichen Gedankenwelt des „Febronianismus" bzw. „Josephinismus" deutlich erkennen lassen.

Es zeugt von der institutionellen Intelligenz Wessenbergs, dass er in klarer Einsicht der durch die Säkularisation ausgelösten Krise der katholischen Kirche in Deutschland es für geboten hielt, vor allem leistungsfähige Kleriker heranzubilden, die den Respekt der bürgerlichen Gesellschaft herauszufordern befähigt sein sollten, um damit der Institution Kirche, der sie dienten, die gebührende Autorität zu gewährleisten. Das von Wessenberg angestrebte Priesterprofil galt dabei nicht nur einer intellektuellen Kompetenzerweiterung, sondern auch der Bereitschaft zu einer „geistlichen" Lebensform, was immer er mit diesem von ihm gern verwendeten Attribut gemeint haben mag. Man darf vermuten, dass er mit dieser Mahnung die Gefahr des Gegenteils erahnen lassen wollte: die Verwahrlosung einer priesterlichen Existenz, die sich von der Befriedigung „sinnlicher Bedürfnisse" - so Wessenberg - okkupieren lässt. Der Widerstreit von Geist und Sinnlichkeit ist ein Denkmodell, das in der Anthropologie der seinerzeitigen Moralistik auf Schritt und Tritt begegnet. Der Mensch ist so beschaffen, dass er von tierischen Bedürfnissen bedrängt wird – Essen, Trinken, Sexualität, Aggressivität -, von Bedürfnissen, die durch eine geistgeprägte Sittlichkeit unter Kontrolle zu halten sind. Sittlichkeit ist ein Produkt der Erziehung. Priester sind zumal „Sittenlehrer".

Im Sinne dieses Bildungsziels unterzog Wessenberg unmittelbar nach seinem Dienstantritt das Priesterseminar in Meersburg einer kritischen Überprüfung und veranlasste eine grundlegende Veränderung der bestehenden Verhältnisse. Er reformierte nicht nur den intellektuellen Standard des Studiengangs, indem er den Seminaristen ein zeitgemäß erneuertes Fachlektürepensum vorschrieb, sondern er verordnete ihnen auch einen Tagesablauf von fast mönchischer Disziplin. Der Tag begann morgens um 5 Uhr und endete um 21 Uhr. 5 Stunden waren der Pflege der Spiritualität vorbehalten – dem Besuch der Messe, dem Gebet und der Schriftlesung im Plenum sowie der stillen Meditation -, 7 Stunden wurden dem Unterricht und dem Bücherstudium gewidmet, für Pausen zur Rekreation waren um die Mittagszeit und am Vorabend jeweils anderthalb Stunden vorgesehen. Die Wahrnehmung von Gelegenheiten zum geselligen Kontakt mit der Bevölkerung außerhalb des Hauses war eingeschränkt, verboten war insbesondere der Wirtshausbesuch. Man sollte als Priesteramtskandidat tunlichst unter seinesgleichen bleiben. - Regelmäßig hatte man sich Leistungskontrollen zu unterziehen.

Als Schinderei haben die Alumnen die Maßregeln dieser strengen Erziehung, wie es scheint, nicht empfunden. Autobiographische Erinnerungstexte bezeugen dies. Der Wessenberg-Biograph Joseph Beck, der selbst das Jahr 1824 als Priesteramtskandidat im Meersburger Seminar verbracht hat, fällt jedenfalls ein respektables Urteil: „Die Haus- und Lebensordnung der Zöglinge war im Notwendigen streng, im Übrigen von jener weisen Humanität geleitet, welche Vertrauen erntet, weil sie Vertrauen gewährt. Jeder falsche Esprit de corps des geistlichen Standes ... fand in diesem Institute keinen Boden und in seinen Einrichtungen keinerlei Nahrung." Über die periodischen Kontrollvisiten Wessenbergs - „jede sechste Woche!" - äußert sich Beck, wie folgt: „Die Prüfungen wurden ganz passend 'Cirkel' genannt, denn sie waren weniger ein Tentamen (= eine Sichtung) über die gemachten Fortschritte im Wissen als weit mehr eine vertrauliche Conversation, in der ein Vater, indem er die Schätze und Erfahrungen seines eigenen Innern mitteilt, an das Herz der Seinigen sich wendet, um sie mahnend und bittend zur würdigen Auffassung und zu gewissenhafter Vorbereitung für einen Beruf zu bestimmen, zu dem sie an ihm selbst ein so schönes Vorbild hatten... Noch wirksamer war, wenn er, wo es nötig schien, mit Einzelnen auf seinem Zimmer sich besprach, wobei nicht leicht ein Herz seinem scharfen und doch so liebevollen Blick verschlossen blieb und ohne Ermutigung und Erhebung von ihm schied... Der so viel beschäftigte Mann konnte nicht leicht durch irgendein Anderes, auch nicht durch Stürme und Witterung, zurückgehalten werden, wenn die festgelegte Zeit ihn von Konstanz über den See nach Meersburg rief." ... Man habe Wessenbergs Anwesenheit im Priesterseminar „jedesmal als Tage der Freude und einer festlich gehobenen Stimmung" genossen. (Joseph Beck, S. 107f.) - Bestätigt wird dieses positive Urteil durch die autobiographischen Notizen eines Pfarrers, die dieser 1844 im „Badischen Kirchen- und Schulblatt" publiziert hat: „Unter der weisen, humanen und praktischen Leitung eines ausgezeichneten Vorstandes der Anstalt wurden die Zöglinge ebensowohl für das wissenschaftliche Streben in ihrem Berufe begeistert, als für die praktische Seelsorge ausgebildet und mit biederem Sinne für die zukünftige Laufbahn durch die Welt ausgerüstet. Würdiger Ernst wechselten mit anständiger Heiterkeit, und fern von aller verdächtiger Kopfhängerei wuchsen die jungen Pflanzen kräftig heran, versprachen gesunde Früchte zur Ehre der Pflanzstätte, in welcher sie gepflanzt worden waren. Damals bestand weder ein Convikt noch waren die Seminaristen streng von der Welt abgeschlossen, sondern es herrschte unter ihnen eine freie Bewegung des Geistes und eine wahre Würdigung der Forderungen des menschlichen Lebens."

Wessenberg hat mit seinem Konzept der Ausbildung künftiger Kleriker offenbar das Ziel verfolgt, den Kurs von jährlich etwa 30 bis 50 Priesteramtskandidaten zu einem sozialen Körper zu vereinen: Man feierte zusammen die heilige Messe, man studierte die gleichen Bücher, man aß gemeinsam die gleichen Speisen, man trug die annähernd identischen Kleider, man schlief zusammen im „Dormitorium", also in Gemeinschaft mit anderen. Damit sollte aber in der Tat kein „falscher Esprit de corps" gezüchtet werden, wie Joseph Beck treffend konstatierte, also nicht das, was heutzutage unter dem Begriff „Klerikalismus" verfemt zu werden pflegt, sondern es sollte sich ein ständisches Gemeinschaftsbewusstsein entwickeln, das die notwendige Stabilität bereitstellte, um die erwartbaren Härten eines katholischen Seelsorgerlebens zu ertragen: „Schwer ist es und verlangt ständigen Kampf, mitten unter den Verderbnissen der Welt die Würde des Geistlichen zu erhalten",so Wessenberg in einer Rede an die Meersburger Seminaristen.

Dieses pädagogische Modell ist weit entfernt von dem säkularen akademischen Lebensstil der aufgeklärten Moderne, wie ihn fast gleichzeitig die preußischen Universitätsreformer propagierten. In der Vorstellung Humboldts sollten die zum Studium entschlossenen Jünglinge in Einsamkeit und Freiheit einer vielfältig zu erforschenden Welt begegnen, um sich der eigenen individuellen Lebensberufung inne zu werden. Wessenbergs Zielperspektive einer priesterlichen Ausbildung galt nicht primär dem Glück des Individuums, sondern der Repräsentanzqualität eines geistlichen Standesvertreters.

Reden zur idealen Identität des Priesters hat Wessenberg immer wieder gehalten, zumal an die Kandidaten bei Gelegenheit ihrer Entlassung aus dem Seminar unmittelbar vor ihrer Weihe.Es sind anlassgemäss pathetische Reden, die das Priestertum verklären als „innigste Vereinigung mit Christus". Obschon „ein der Sünde unterworfener Mensch", obschon „ein schwacher und gebrechlicher Erdensohn", sei der Priester von Gott bestellt, „Seligkeit in die finsteren Gemächer des Todes zu tragen". Der Priester garantiert also die metaphysische Geborgenheit der ihm anvertrauten Gläubigen. In diesem Auftrag manifestiere sich seine unvergleichliche Würde.

Diese „Würde" ist die zentrale Prämie, die ein Priester als Mitglied seines Standes erwarten darf. Voraussetzung ist, dass er in „Bildung, Charakter und Sitten ... dem Geist der katholischen Kirchenverfassung entspricht." Und das heißt nicht nur, dass er sich zur Glaubenslehre der katholischen Kirche bekenne, sondern auch deren „Disziplinarverfassung" akzeptiere, nicht erzwungenermaßen, sondern in „ Ebenmaß und Einklang", wie Wessenberg ausdrücklich konstatiert. Diese Disziplinarverfassung der katholischen Kirche verlange erstens, „daß der Geistliche eine von dem Geräusche und den Ergötzungen der Welt zurückgezogene Lebensart beachte" und zweitens, „daß er keusch und enthaltsam lebe und auch den Verdacht der Unenthaltsamkeit vermeide." Dieser sinnfällige Abstand gegenüber der bürgerlichen Lebensordnung um Christi willen werde von der Außenwelt sehr aufmerksam wahrgenommen und begründe nicht zuletzt den hohen Respekt, den der Priester in der Gesellschaft genießen dürfe.

Es ist unwahrscheinlich, dass es zur Zeit Wessenbergs in einer Herde von über tausend Klerikern in der Diözese Konstanz keine schwarzen Schafe gegeben hätte. In Anbetracht dieses intern denunziationsfreudigen Berufsstandes ist es auch nicht unwahrscheinlich, dass die kirchliche Obrigkeit über öffentliche wie verschwiegene Verstöße der Kleriker draußen im Lande informiert gewesen ist. Diese kirchliche Obrigkeit hatte seit eh und je das Recht, im Falle von Verletzungen der Disziplinarordnung durch einen Kleriker Strafverfahren gegen denselben durchzuführen. In posttridentinischer Zeit war es üblich geworden, die Delinquenten, z.B. notorische Zölibatsbrecher oder Trunkenbolde, unter streng asketischen Bedingungen in Priesterseminaren einzusperren, beiläufig wohl auch in edukatorischer Nebenabsicht als Warnung an die Alumnen. Die Aufklärer haben diesen Unfug einer Koexistenz von Straftätern und Aspiranten auf das geistliche Amt unter dem gleichen Dach offenbar erkannt und plädierten für eine radikale Trennung der beiden Institutionen. Stattdessen beschlossen die Bischöfe zu Beginn des 19. Jahrhunderts die Einrichtung von sog. „Demeritenhäusern" oder „Discolorien", also von „Correctionsanstalten", in denen nicht mehr „gestraft", sondern nur noch „gebessert" werden sollte, unter freilich immer noch erniedrigenden Erziehungsbedingungen für die Betroffenen.

Obwohl Dalberg als Erzbischof von Mainz, ein ansonsten liberaler Kirchenfürst, diese Option einer erzwingenden Sittenkorrektur unterstützte, hat es Wessenberg strikt vermieden, solche erniedrigenden Besserungsanstalten für die Diözese Konstanz einzurichten. Wie lässt sich dieser Widerstand erklären? - Priester waren für Wessenberg „Brüder im Geiste" und Brüder straft man nicht, man schändet sie nicht, wenn man nicht den ganzen Familienstand seiner Würde berauben will. Stattdessen vertritt er ausdrücklich die „correctio fraterna", die „brüderliche Zurechtweisung" (Siehe „Archiv 1805, Bd.2, S. 320.) Ausdrücklich bestätigt wird ihm diese Einstellung von dem ihm freundschaftlich eng verbundenen ehemaligen Benediktinermönch Georg Victor Keller in einer 1819 erschienenen Schrift über Pflichten und Rechte der unterschiedlichen Stände, die ihm der Autor namentlich gewidmet hat. Über den Umgang mit katholischen Geistlichen, die sich eines Vergehens schuldig gemacht haben, schreibt Keller: „Wie sein Herr Jesus Christus ist der Priester gegen alle Anderen, selbst gegen die größten Sünder, zutraulich und liebevoll, er bleibt sanft, selbst wenn er Verweise gibt, er hütet sich, durch ein steifes Amtsgesicht und barschen Ton den zu verschüchtern, den er zurechtweisen will. Er ist keiner von denen, die alles brechen, nichts beugen, alles nur durch Furcht und Zwang bewirken wollen. Er braust nicht sogleich auf, wenn er seine guten Absichten und Bemühungen verkannt sieht, sondern harrt geduldig des günstigen Augenblicks, seinen Belehrungen, Zusprüchen, Warnungen und Verweisen Folge zu geben. Er bringt die Heiligkeit des Gesetzes, aber auch die Schwäche des Menschen in Anschlag. Ist der Fehler geheim, so hütet er sich, ihn öffentlich zu rügen und den Fehlenden vor anderen zu beschämen, was mehr schaden als nützen würde." - Auffällig ist, dass in diesem Text die Opferperspektive, die uns heute so sehr bewegt, außer Sichtweite bleibt. Der Missbrauch von Frauen (vor allem Haushälterinnen) und Kindern anderer Leute war offenbar kein strafwürdiges Delikt, es handelte sich bei diesen Opfern, Gott sei es geklagt, offenbar nicht um eigenständige Rechtssubjekte.

Wessenberg hat große Anstrengungen unternommen, seine Priesteramtskandidaten dergestalt vorzubereiten, dass sie ihre pastoralen Pflichten erwartungsgemäß zu erfüllen vermochten. Klonierte Geschöpfe, erbgleiche Nachkommen Wessenbergs im Geiste, sind sie freilich nicht geworden, auch wenn sie sich gerne ausdrücklich als „Wessenbergianer" verstanden haben. Bemerkenswert häufig begegnet man in diesen Jahrzehnten Priesterpersönlichkeiten, die Eigenwilligkeit, Standvermögen und Mut zum Ausdruck brachten. Offenbar ist es Wessenberg gelungen, bei seinen Zöglingen und geistlichen Mitarbeitern die Einsicht und das stolze Gefühl zu vermitteln, im Geiste der Freiheit, zu welcher der „Christenmensch" berufen ist, zu wirken. Diese an Luther erinnernde Überzeugung wurde von Rom und den Romtreuen in Deutschland nicht ganz grundlos als latenter Protestantismus Wessenbergs und der „Wessenbergianer" diskriminiert.

In welchen Varianten die „Wessenbergianer" diesem Ideal in ihren differierenden Lebensvollzügen gefolgt, von Fall zu Fall aber auch gescheitert sind, soll in einigen biographischen Skizzen exemplarisch demonstriert werden. Die Auswahl wurde nicht zuletzt durch die Gunst der archivarischen und bibliothekarischen Zugänglichkeit der Primär- und Sekundärquellen entschieden. Das Stadtarchiv Konstanz verwaltet erhebliche Bestände des Wessenberg´schen Schriftverkehrnachlasses und die der Universitätsbibliothek von Konstanz angegliederte „Wessenbergbibliothek" speichert neben einem erheblichen Teil des zeitgenössischen Schrifttums zur Theologie, Kirchentheorie und Kirchenpolitik nahezu alles, was die Verehrer und Anhänger Wessenbergs in seinem Sinne zu Papier gebracht haben. Sie pflegten ihm ihre Schriften, oft auch mit persönlichen Widmungen versehen, zuzuschicken.

II. Die „Wessenbergianer“: Priesterprofile in der ersten Hälfte des 19. Jahrhunderts.

Vorbemerkungen zur Auswahl:

Im Folgenden sollen Kleriker der Weihejahrgänge 1785 bis 1826 in einer Art Porträtgalerie versammelt werden in der Hoffnung, dass ungeachtet des unterschiedlichen Charakters der einzelnen Priesterpersönlichkeiten die gemeinsamen Existentialien ihrer professionellen Identität erkennbar werden. Wir konzentrieren uns auf 16 Priester, die sich pointiert als „Wessenbergianer“ artikulierten. Das ist eine zugegebenermaßen geringe Anzahl und provoziert mit Recht die Frage nach der Repräsentanzqualität. Ausgewählt wurden Priester, die den „Schneid“ aufbrachten, ihre Gedanken über Religion und Kirche öffentlich in Zeitschriften und Broschüren zu bekennen wagten.

Eine wünschenswerte Erweiterung der Liste wird erst dann möglich sein, wenn die noch nicht erschlossenen Quellenbestände des Wessenberg-Nachlasses in den Archiven von Konstanz und Heidelberg und anderswo erschlossen sein werden. Beeinträchtigt wurde die Studie vor allem durch den Umstand, dass die reiche Korrespondenz Wessenbergs nicht in wünschenswertem Umfang erhalten geblieben ist, weil zumal die Papiere des Briefschreibers Wessenberg in den Wirren des Zweiten Weltkriegs verloren gegangen sind. So ist meistens nur eine einseitige Blickrichtung unvermeidlich. Eingeschränkt wird schließlich die Zuverlässigkeit eines Urteils über die Reichweite des „Wessenbergianertums“ auch dadurch, dass Tausende von gespeicherten Briefen an die Adresse Wessenbergs noch nicht dechiffriert worden sind.

Wieviele Priester der ersten Hälfte des 19.Jahrhunderts sich also in Deutschland als entschiedene „Wessenbergianer“ verstanden und sich als solche auch bekannt haben, ist numerisch auch nicht ungefähr zu erschließen. In den 25 Jahren der Zuständigkeit Wessenbergs für das Priesterseminar wurden, grob gerechnet,etwa 800 Kandidaten geweiht (30 bis 50 pro Jahrgang).Wieviele von ihnen sich tatsächlich und dauerhaft, wieviele nur zeitweise oder gar nicht den Wessenberg'schen Reformambitionen folgten, lässt sich nicht kontrollieren.

Schon um 1840 begegnet man in den „historisch politischen Blättern für das katholische Deutschland“, einem stramm römisch-katholischen Kampforgan, dem triumphierenden Ausruf: „Numerisch sind wir überlegen!“ - „Wir“: das sind im kirchenpolitischen Sprachgebrauch der Zeit die „Ultramontanen“, die Traditionalisten oder „Tridentiner“, die sich verschworen haben, den Geltungsanspruch der römischen Kurie in den kirchlichen Angelegenheiten Deutschlands vorbehaltlos zu unterstützen. Insofern profilierten sie sich demonstrativ als Verbündete der römischen Weltkirche in der Abgrenzung gegen alle Absichten, in einem Europa „diesseits der Berge“ nationale Kirchensysteme anzustreben. Die Nachbeben dieser Konfliktgeschichte dauerten bis zum Zweiten Vaticanum und sind auch heute noch akut.

Zur Problematik der Denomination „Wessenbergianer“ siehe Irmtraud Götz von Olenhusen: „Klerus und abweichendes Verhalten. Zur Sozialgeschichte katholischer Priester im 19. Jahrhundert. - Die Diözese Freiburg.“ Göttingen 1994, S.285f.
Zur Reform der Priesterausbildung im 19. Jahrhundert siehe Erwin Keller, „Das Priesterseminar Meersburg zur Zeit Wessenbergs 1801 – 1827.“ Freiburger Diözesan Archiv 1977, Bd. 97, S. 108 - 207, und 1978, Bd. 98, S.353-447.

Georg Viktor Keller (1760 - 1827)

Schriften von Keller:

„Ideal für alle Stände oder Sittenlehre in Bildern. (mit einer persönlichen Widmung an Wessenberg auf dem Titelblatt.) 1818.

„Katholikon. Für alle unter jeder Form das Eine.“ 1824

„Blätter der Erbauung und des Nachdenkens. - Eine Fortsetzung der Stunden der Andacht. - Aus dem Nachlaß herausgegeben von J. Barbisch“. 1830 – 1832.

3 Briefe Kellers an Wessenberg aus der Briefausgabe von Wilhelm Schirmer.

Schriften über Keller:

F. Weech: Georg Viktor Keller. Badische Biographien I/ S.457

H. Reusch: Deutsche Biographie Bd. 15/S.579.

K.H. Braun: Georg Viktor Keller, Aufklärer. 3LThk, 5 (1996). S.976.

Als die Mönche in der Folge der Säkularisation aus ihren Klöstern vertrieben wurden und nicht wenige die Gelegenheit nutzten, ihre Mönchsgelübde zu verabschieden, um eine Weltpriesterexistenz anzutreten, zögerte Wessenberg trotz all seiner grundsätzlichen Vorbehalte gegen die „Möncherei“ (im Jargon der Zeit) keineswegs, dieselben, wenn sie sich bewarben, in den Diözesanklerus aufzunehmen und ihnen eine Pfarrei zur Seelsorge anzuvertrauen.Von Fall zu Fall ergaben sich sogar freundschaftliche Beziehungen zwischen dem Generalvikar und diesen ehemaligen Mönchen, ganz besonders, zum Beispiel, mit dem Exbenediktiner Georg Viktor Keller.

Wessenberg hat immer wieder die Überzeugung kundgetan, dass der Zusammenhalt einer Gruppe auf eine gemeinsame Moral angewiesen ist. Der Konsens der moralischen Reflexion ist nicht selbstverständlich gegeben, sondern muss in einem kommunikativen Reflexionsprozess hergestellt werden. Das gilt insbesondere für den Stand der Priester: Ihr Ansehen gründet auf ihrer moralischen Integrität. Wessenberg hat dementsprechend solche Priester besonders geschätzt, die ihre Energie dem moralischen Denken gewidmet haben. Dazu gehörte für ihn der Exbenediktiner Georg Viktor Keller.

Keller, Jahrgang 1760, war Sprössling einer nicht unvermögenden Handwerkerfamilie in Ewattingen, einem Dorf im Südschwarzwald. Er genoss, wie es scheint, eine sorgenfreie Bildungskarriere. Er wurde nach dem 7-jährigen Besuch der Dorfschule in die weiterführenden Schulen zunächst nach Villingen und anschließend nach Freiburg geschickt. Ein Jahr lang gönnte ihm die Familie sogar den Besuch der Universität in Wien. Nach seiner Rückkehr bewarb er sich 1778 achtzehnjährig um Aufnahme in das Noviziat des Benediktinerklosters St. Blasien, einer der reichsten und angesehensten Abteien im deutschen

Südwesten. Abt Martin Gerbert, selbst ein hochgebildeter Mann, erkannte alsbald die intellektuellen Qualitäten des Novizen und übertrug ihm anspruchsvolle Aufgaben im Unterrichtssystem des Klosters. 1785 ließ sich Georg Viktor Keller zum Priester weihen. Nach Abt Gerberts Tod im Jahr 1893 wurde Keller von seiner akademischen Tätigkeit im Kloster entbunden, man schickte ihn in die Dörfer Schluchsee und Gurtweil, die zum Sprengel von St.Blasien gehörten, und erteilte ihm den Auftrag, sich um die pastoralen Angelegenheiten der Bauern zu kümmern. Einige Jahre später versetzte man ihn nach Wislikon im Aargau, um dort eine kleine Propstei zu leiten, welche ebenfalls zum Sprengel von St. Blasien gehörte. Als das Kloster St. Blasien im Jahr 1806 im Prozess der Säkularisation aufgehoben wurde, war Keller schlagartig heimatlos geworden. Was sollte aus ihm werden? Glücklicherweise war es ihm in den Jahren zuvor gelungen, mit einigen Honoratioren in der nahegelegenen Stadt Aarau bekannt zu werden, die ihm den gerade vakant gewordenen Platz des Stadtpfarrers von Aarau zu verschaffen wussten. Gleichzeitig wurde er in leitender Funktion in das kantonale Schulamt berufen.

Keller publizierte sein erstes Buch 1819 unter Titel „Ideal für alle Stände oder Sittenlehre in Bildern“, eine Schrift, in der er die ständische Gesellschaft seiner Zeit vom Fürsten bis zum Bettelmann in ihren unterschiedlichen Tätigkeitsbereichen porträtierte. Jeder Angehörige seines Standes, so die These des Buches, ist berufen und befähigt, ein gottgefälliges moralisches Leben zu führen. Befremdlicherweise schickt er dieser Reihe von typischen Vertretern ihres jeweiligen Standes einen Essay voraus, in dem er eine weitgehend profane Lebensgeschichte des Jesus von Nazareth unter Verzicht aller seiner Wundertaten erzählt. Über den Sinn dieses Verfahrens kann man nur rätseln: ein missglückter Versuch der Entmythologisierung des Gottessohnes? Das Buch wurde jedenfalls von konservativen Lesern als üble Provokation empfunden. Wessenberg war insofern betroffen, als ihm der Autor Keller diese Schrift auf dem Titelblatt namentlich widmete.

Wahrscheinlich hat sich Keller auch bereits in diesen Aarauer Jahren an Heinrich Zschokkes ambitioniertem Zeitschriftenprojekt „Stunden der Andacht zur Beförderung wahren Christentums und häuslicher Gottesverehrung.“ beteiligt. Dabei handelt es sich um eine Sammlung christlich moralischer Gedanken, die zunächst periodisch als Sonntagsblatt zwischen 1809 und 1816 erschienen sind und dann anschließend in einem achtbändigen Buchformat publiziert worden sind. Diese Schrift wandte sich ursprünglich an das einfache Christenvolk, avancierte aber alsbald zu einem Modebuch der Gebildeten in ganz Europa. Queen Victoria soll das Werk auf ihrem Nachttisch liegen gehabt haben. Das Werk ist in immer neuen Auflagen bis in die dreißiger und vierziger Jahre hinein erschienen. Da sich ein Verfasser nicht zu erkennen gab, wurde in der Öffentlichkeit über die Autorschaft gerätselt, zeitweise wurde Wessenberg verdächtigt, immer wieder aber auch Georg Viktor Keller. Ende der 20er Jahre, nachdem Keller bereits gestorben war, outete sich Heinrich Zschokke als alleiniger Autor, was bis zum heutigen Tag in Frage gestellt wird. (Vgl. Appendix dieses Kapitels!).

Um eine Ahnung vom Geist und der Machart dieser Schrift zu vermitteln, sei im Folgenden exemplarisch das Eingangskapitel des 6. Bandes (Auflage 1829) vorgestellt.

Titel:„Der Kuß des Verräters“, im Untertitel eine biblische Bezugsstelle: „Lucas 22/48.“ Angekündigt wird also eine Reflexion über die Tat des „Judas Ischariot“, der Urgestalt allen Verrätertums dieser Welt.

Der Text beginnt mit einem Selbstbekenntnis: „Wenn ich mir den Lebenslauf Jesu vergegenwärtige, ergreift mich jedesmal eine wundersame Empfindung. Ich erblicke darin das

Höchste und Tiefste des gesamten menschlichen Wesens...Ich erblicke in dieser Lebensgeschichte gleichsam die Lorbeer- und Dornenkrone der ganzen Menschheit....Am göttlichsten war Jesus, da das Laster am teuflischsten wurde. Er war es, da Judas, sein eigener Schüler, in der Schreckensnacht an der Spitze seiner Verfolger zu ihm kam und ihn küssend verriet, - und Jesus, noch immer liebend, ihm die abscheuliche Tat nur mit den schonenden Worten vorwarf: Juda, verrätst du des Menschen Sohn mit einem Kuß?" Diese Urgeschichte des Verrats wird nun Anlaß, die alltäglichen Verrätereien der Menschen unserer Tage anzuprangern und durchzudeklinieren: Verrat am Freund, am Vorgesetzten, am Liebes- und Ehepartner, Verrat der Eltern an den Kindern und der Kinder an den Eltern, schließlich der Verräter des Vaterlandes etc. - „ Verrat - ein Laster äußerster Ekelhaftigkeit!" - Dann folgen auf 440 Seiten 32 weitere Kapitel dieses Formats mit unterschiedlichen Themen zur Moral: Neid, Undank, Rache, Missbrauch von Schwächen anderer, Ehrfurcht vor fremdem Eigentum, Luxus, Ambivalenz der Almosenspende, der Christ und seine Widersacher, wie der Christ sein Recht verteidigt, Versöhnung, Selbstmord etc. Schließlich der Appell: „Vergiß nicht, daß Du der Bürger einer besseren Welt sein sollst!"

Dieses Schriftwerk predigte eine transkonfessionelle christliche Moral, es ignorierte ausdrücklich jeden Anspruch auf spezifisch katholische Gesinnung. Es ließ sich erklärtermaßen nicht beirren durch „Konzilienbeschlüsse, Dekretalien, Konkordienformeln, Religionsedikte, symbolische Bücher, politische und hierarchische Ordonanzen." Das konnte dem heiligen Stuhl nicht gefallen, Papst Pius VII. setzte das Werk unverzüglich auf den Index.

Verstimmungen mit der Aarauer Verwaltung veranlassten Keller, seine Tätigkeit in Aarau 1814 zu verlassen und die Pfarrei in der benachbarten Stadt Zurzach zu übernehmen. Da blieb er aber nicht lange, denn mit dem gleichzeitigen Abschied der katholischen Schweiz aus der Großdiözese Konstanz schien der vielleicht überempfindliche Keller erneut von einem Gefühl des Ausgestoßenseins überwältigt worden zu sein. Er wandte sich an seinen alten Gönner Wessenberg, der ihm 1816 zunächst die freie Pfarrstelle in Grafenhausen bei Bonndorf und dann 1820 die Pfarrstelle in Pfaffenweiler im Breisgau zuwies. Dort ist er, von einer langen und schweren Krankheit heimgesucht, 1827 gestorben.

Unter den Klerikern, mit denen Wessenberg in langdauernder Korrespondenz gestanden ist, gab es nur wenige, die ebenso energisch wie Keller den Generalvikar und Bistumsverweser in seinem Willen bestärkten, die realexistierende römische Kirche der Zeit zumindest in Deutschland anders zu gestalten, als sie war. Briefe Kellers, die erhalten sind, bezeugen das sehr deutlich. Auch wenn gerade in diesem Falle besonders zu bedauern ist, dass Wessenbergs Briefe verloren gegangen und dass auch nur ein Bruchteil der Briefe von Keller an Wessenberg archiviert ist, geben diese die wechselseitige Vertrautheit zu erkennen, die zwischen beiden bestanden hat. Am Schreibstil eines Briefes sind in der Regel nicht nur die sozialen, sondern auch die menschlichen Distanzen deutlich zu erschließen. Drei ausgewählte Briefe Kellers an Wessenberg aus verschiedenen Lebenszusammenhängen bestätigen die menschliche Nähe zwischen den beiden, um nicht zu sagen: ihre „Kameradschaft". - Wir zitieren diese Briefe.

Brief Pfarrer Kellers an Wessenberg:

„Hochwürdigster gnädiger Herr! Aarau, 2. März 1807.

Wer den Klerus im Badener Gebiet und im freien Amt kennt und anbei weiß, daß viele Pfarrer unter klösterlichem Einfluß von Muri, Wettingen stehen, den wird es nicht befremden, wenn der getroffenen Anordnung in Bezug auf abgestellte Feiertage derjenige Nachdruck nicht gegeben wird, den jede gute Einrichtung verlangt. Einige haben weder Kenntnis noch Mut genug, diesfalls den Volksvorurteilen entgegenzuarbeiten und wollen sich durch übel angebrachte Nachgiebigkeit in Gunst erhalten, andere stehen so tief, daß sie bereits in jeder bischöflichen Verordnung, wodurch verjährte Mißbräuche abgestellt werden, Ketzerei wittern und eben darum bei jeder Gelegenheit wider das losziehen, was sie ex officio von öffentlicher Kanzel verlesen mußten. Die wenigen übrigen, welche heller denken, müssen sich mit ihren Grundsätzen an sich halten und dürfen es nicht wagen, der guten Sache Vorschub zu geben, wenn sie sich nicht ewigen Neckereien ihrer anders denkenden Amtsbrüder und dem Volkshaß bloßstellen wollen, der von jenen geflissentlich angefacht und genährt wird. Sehe man nun noch hinterdrein die seraphischen Obskurantenbrüder Sturm laufen, so darf sich niemand wundern, wenn das Volk auf seinen hergebrachten Feiertagen besteht und dem Bischofe und seinem Generalvikar den schuldigen Gehorsam versagt, die jene oft geflissentlich dadurch beim Pöbel herabzuwürdigen suchen, daß sie über dieselben als Freimaurer schimpfen. Solange nicht auch in der Schweiz die Bruthäuser des Aberglaubens gestürzt werden, können die besten Reformen unmöglich gedeihen.

Ew. Exzellenz dankbar gehorsamster Diener
Keller"

Brief des Dekans Keller an Wessenberg (ohne Orts- und Zeitangabe, wahrscheinlich nach 1816):

„Exzellenz,

So sanft, wie Hochselbe, kann freilich nicht jedermann sein; auch wäre es nicht immer ratsam; denn nichts für ungut, Hochdero Güte und Nachgiebigkeit geht zuweilen über die Grenze der Gebühr. Die Pharisäerbrut zieht daraus gar gerne den Schluß, daß das Bewußtsein der guten Sache fehle und stürmt mit desto größerer Frechheit auf diejenigen ein, die sich nicht auf die engen Schranken des Herkommens und des gewohnten Schlendrians wollen einbannen lassen. Solchen Geisteskindern, welche Religion heucheln, aber keine haben und mit dem Heiligsten gewissenlos Spiel treiben, muß man mit Spott und Härte zu Leibe gehen und gewaltsam die Larve vom Angesicht reißen, um sie erkennbar und unschädlich zu machen. Jesus war sanft und schonend gegen jedermann, nur nicht gegen die Frömmler, welche durch öffentliche Beschämung niederzuhalten er jeden Anlaß benutzte. Was dem göttlichen Lehrer recht war, wird wohl dem Schüler nicht Sünde sein. Soviel zu meiner Rechtfertigung über den Vorwurf zu harter Äußerung gegen die Römlinge. Da sie ihre Lästerungen und Umtriebe mit dem Schild der Orthodoxie bedecken, um sicherer die Fortschritte des Guten zu hemmen, so muß man`s doch der Welt sagen, wer sie sind und was sie eigentlich beabsichtigen. Brentano und Kollegen (ultramontane Zeitgenossen als Verleumder Wessenbergs) sind gar die Männer nicht, als Apologeten der Katholizität vorzutreten. Solche Glaubensprediger sind eine wahre Satire auf die Kirche, die sie in Schutz nehmen.

Bitte um fortdauerndes Wohlwollen
Keller, Dek."

Brief Dekan Kellers an Wessenberg:

Grafenhausen, 28. Mai 1820

„Reverendissime!

Unser Zeitalter gleicht mit jedem Tage mehr einem Orchester, das die Instrumente zu einem kräftigen Konzert stimmt, wo noch alles unerhört in einander scharrt und pfeift. In der Kirche wie in den Staaten tönt´s noch wild durcheinander, und es möchte auch noch lange anstehen, bis sich die vielen und lauten Mißtöne in Harmonie auflösen. Wo die Grenzen der Kirche nicht gehörig geschieden sind, und die Staatsbehörden Gefallen daran finden, sich im Schiff der Kirche ans Steuerruder zu setzen oder noch sogar das Christentum politischen Zwecken unterzuordnen: da wird es so bald nicht besser werden. Wenn´s einigen hohen Herren nachgeht, werden wir in kurzer Zeit Disteln fressen müssen. Es ist sonderbar, daß man es ohne Bedenken duldet, daß Finsterlinge über die edelsten Wahrheitsfreunde ohne Schonung herfallen und es dagegen diesen als großes Vergehen anrechnet, wenn sie in Unmut einmal jene „munkelnde Pharisäer" nennen.
Der heillose Pfaffenkrieg am 25. (Konflikte innerhalb der Klerikerschaft im Dekanat Stühlingen anläßlich der fälligen Dekanatswahl) hat das Ärgernis im Volke bedeutend gesteigert, überall heißt es: die Geistlichen predigen uns immer Liebe vor und leben unter sich wie Hunde und Katzen. Möge das Ganze dem Staatsministerium zur Warnung dienen, nie wieder störrische Landgeistliche und Mönche gegen die bischöflichen Behörden in Schutz zu nehmen! Seit das Bistum Konstanz steht, sah man gewiß nie ein ähnliches Beispiel. Solche Auftritte müssen sich erneuern, wenn man fortfährt, das bischöfliche Ansehen zu lähmen und dadurch im niederen Klerus Anarchie zu begünstigen. Ich wünsche allen pensionierten Äbten im Lande den Himmel; dann wird's gewiß besser werden: in caelies sedeant, dummodo non redeant! (sie mögen in den Himmeln hocken bleiben, wenn sie nur nicht wiederkommen.). Solange diese bei Hofe und bei den Ministerien Zutritt und Gelegenheit zu feindseligen Einflüsterungen und Delationen haben, werden sich die in Pfarrer umgeschaffenen Mönche wohl nicht zum Ziele legen.

Mit tiefster Verehrung Keller, Dek."

Wessenberg verkehrte, wie diese Briefe belegen, mit seinen Priestern nicht im Kurialstil der Zeit. Kellers Briefe wurden hier exemplarisch zitiert, um sinnfällig zu machen, dass Wessenberg von den Seinen keine spezifisch hierarchische Respektsbekundung einforderte. Man arbeitete kollegial im gleichen Weinberg.

Appendix:

1830 erschien völlig überraschend Georg Victor Kellers „Nachlaß: Eine Reihe moralischer, politischer und wissenschaftlicher Aufsätze mit beigefügter Biographie" in 4 Bänden – offenbar ein Gedenkunternehmen! 1832/33 erschien noch einmal eine veränderte bzw. ergänzte Ausgabe unter dem Titel „Blätter der Erbauung und des Nachdenkens" in ebenfalls 4 Bänden. Diesem Titelblatt wird die Mitteilung zur Seite gestellt, es handle sich bei dieser Ausgabe um eine „Fortsetzung der Stunden der Andacht zur Beförderung des wahren Christentums". Über die Person des Herausgebers Joseph Barbisch gibt das Diözesanarchiv Freiburg die Auskunft, dass er im Jahr 1800 geboren, 1826 zum Priester geweiht worden ist und anschließend als Kaplan Victor Kellers in der Pfarrei Pfaffenweiler tätig war. 1828 wurde er als Cooperator an die Pfarrei St. Martin in Freiburg versetzt. 1832 ist er gestorben.

Bei diesen „Blättern der Erbauung und des Nachdenkens" handelt es sich um ein Textensemble von rund dreihundert Essays vorwiegend moralistischen Inhalts. Sie wenden sich an kein spezifisch gebildetes Publikum, sondern an jeden Leser, der mit einem gesunden Durchschnittsverstand ausgestattet ist. Thematisch sind diese Reflexionen auf keinen gemeinsamen Nenner zu bringen. Von Fall zu Fall ist ein christlicher Geist zu entdecken, der jedoch jeder kirchlich-konfessionellen Prägung entbehrt. Erörtert wird, „was vor die Flinte kommt", was also mehr oder weniger zufällig im Alltagsleben moralische Aufmerksamkeit weckt. So werden unterschiedlichste Aspekte der Lebenswelt diskutiert in der Erwartung, dass die Gedanken vom Leser nachvollzogen und seinerseits weitergedacht werden, auch in der Erwartung, dass sich der Leser rühren lasse, das Gelesene sich zu Herzen nehme und so mit einer Erfahrung belohnt werde, die im Wortgebrauch der Zeit als „Erbauung" bezeichnet wurde.

Um eine Vorstellung über den Reflexionsraum dieser Essays und ihre nahe Verwandtschaft zu den „Sunden der Andacht"zu vermitteln, sei im Folgenden das Titelverzeichnis eines Bandes kopiert:

„Schlaf. - Religiöse Duldsamkeit. - Gott schont langmütig. - Selbstveredlung. - Kleines gedeiht zu Großem. - Zufriedenheit mit seinem Stande. – Arbeitsamkeit. – Glaube. – Bewerbung um Erdengüter und Tugend. – Große Bemühen oft wenig belohnt. - Tugend sei uneigennützig. – Religion nicht bloße Klugheit. – Warum die Predigten so oft erfolglos sind. – Gottes Wort die Saat alles Guten. - Welche Verbreitung Gottes Wort zuweilen finde. - Christliche Seelengröße. – Ruhige Erwartung des Todes. - Vernunft und Einbildungskraft. – Was das Vaterland an uns fordert. – Vorsehung. – Wir gehören auch der besseren Welt an. – Einigkeit mit sich selbst. - Der Gute und der Heuchler. – Schonung fremder Ehre. – Ordnungsliebe. – Verbindung mit Gott. – Beurteilung Anderer. – Letzte Sorge für die Seinigen. – Besserung des Herzens. - Unbestand des Glücks. – Unter Bösen leben ist schwer. – Volksgunst wandelbar. – Jesu Auferstehung hebt den Mut Aller. – Der Tod hat nichts Schreckbares. – Der Tod führt zum Leben. – Freudengefühl über Jesu Auferstehung. – Heitere Tage folgen nach trüben. - Gott legt in alle Herzen den Wunsch weiter zu leben. - Christenweihe. – Der Unbescheidene verlangt auch von Gott zu viel. – Leichtgläubigkeit und Unglaube. – Wie die Religion erfaßt, so wirkt sie. – Man darf das Volk nicht in Dummheit niederhalten. -Über Eigenlob. - Wo ein Mietling wacht, hält das Verderben den Einzug."

Diese Prosatexte werden häufig mit Versen zeitgenössischer Poeten bestückt, die irgendeinen verwandtschaftlichen Bezug zu dem im Essay abgehandelten Thema enthalten. Welche Dichter kommen zum Zug? - Götz, Bouterwek, Gellert, Seume, Voß, Canitz, Claudius, auch Goethe, Schiller und Herder sind mit einem Gedicht vertreten. Es handelt sich meistens um Spruchlyrik, die in der zweiten Hälfte des 18. Jahrhunderts kurrent geworden und bis in die Biedermeierzeit hinein eine im Bürgertum geschätzte Lektüre war.

Bemerkenswert ist, wie häufig der Dichter Ignaz Heinrich von Wessenberg zum Zuge kommt, z. B.:

„Wie schön hat Gott die Welt gemacht!
Doch ist bei aller Schöpfungspracht
So selten wo wir wohnen,
In Hütten und auf Thronen,
Ein Auge, das zufrieden lacht."

Diese Verse begleiten einen Essay mit dem Titel „Zufriedenheit mit seinem Stande."

Fridolin Huber (1763 -1841)

Schriften von Fridolin Huber:

Christkatholische Bußanstalt. Abhandlung über die Preisfrage des bischöflichen Ordinariats zu Konstanz: Welche Ursachen sind es vorzüglich, die der heilsamen Wirksamkeit der Bußanstalten nach den Pastoralerfahrungen Abbruch tun? Und welche Mittel sind anwendbar, um den wichtigsten Zweck ihrer Einsetzung zu befördern? Allen Seelsorgern und insbesondere den Beichtvätern im Bistum Konstanz gewidmet. 1806

Essays zur christlichen Moral für Kleriker und Laien im „Archiv für die Pastoralkonferenzen in den Landkapiteln des Bistums Konstanz“, Jahrgänge 1804 – 1827.

Wessenberg und das päbstliche Breve. Nebst einem Anhang über die Kirchengewalt, bischöfliche und päbstliche Rechte. 1817

Vollständige Beleuchtung der Denkschrift über das Verfahren des römischen Hofes bei der Ernennung des General-Vikars Freiherrn von Wessenberg zum Nachfolger im Bistum Konstanz und zu dessen Verwerfung. 1819.

Freymüthige Darstellung der Ursachen des Mangels an katholischen Geistlichen. - Ein Gutachten der theologischen Fakultät zu Landshut mit kritischen Anmerkungen und wichtigen Zusätzen von Fridolin Huber. 1819.

Verteidigung der katholischen Religion gegen Angriffe neuerer Zeit. 1826

Über den Rücktritt katholischer Geistlichen höherer Weihen in den Laienstand. - In: Freimüthige Blätter für Theologie und Kirchentum. 1831.

Schriften über Fridolin Huber:

Johann Friedrich von Schulte: Fridolin Huber. In: Allgemeine Deutsche Biographie. Bd.13. S.231.

Friedrich Kössing: Fridolin Huber. Badische Biographien Bd. 1.S.394.

Johann Anton Sulzer: Die erheblichsten Gründe für und gegen das katholisch-kirchliche Coelibatsgesetz, zu nochmaliger Prüfung dargelegt. 1820

H.v.B. (anonym), Rezension des Sulzer´schen Buches in der Zeitschrift „Der Katholik“. Bd. 1/1821, S.21-42.

Anonym (wahrscheinlich J.B. Hirscher): Rezension des Sulzer´schen Buches. In: Theologische Quartalschrift Jg. 1820, S.638 – 670.

Anonym (wahrscheinlich J.B. Hirscher): Verteidigung der katholischen Religion... von F.Huber (Rezension) in: Theologische Quartalsschrift Jg. 1828, S.154 – 159.

Fridolin Hubers Leben und literarisches Wirken: eine demselben aus Veranlassung seines

Priesterjubiläums gewidmete Denkschrift von Benedikt Alois Pflanz. 1839.
August Hagen: Die kirchliche Aufklärung in der Diözese Rottenburg. 1953 Kap. 2, S.279-335.

Ignaz Heinrich von Wessenberg: Grabschrift für Fridolin Huber, Pfarrer zu Deißlingen. - Sämtliche Dichtungen von I.H. v. Wessenberg, Bd. VI, 1844, S.142.

Ignaz Heinrich von Wessenberg war nach dem Antritt seines Amtes als Generalvikar der Diözese Konstanz im Jahr 1802 von allem Anfang an darauf bedacht, die reformorientierte Priesterschaft im Bistum Konstanz untereinander ins Gespräch zu bringen, um sich in einem gemeinsamen Diskurs über die anstehenden Probleme der durch die Zeitverhältnisse gebotenen Erneuerung der Kirchen- und Gesellschaftsordnung zu verständigen. So traf er die Anordnung, dass sich die Priester eines jeden Kapitels (Dekanats) in regelmäßigen Abständen versammelten, um die Erfordernisse einer zeitgemäßen Pastoral zu beraten. Darüber hinaus gründete er eine Zeitschrift, in der die Ergebnisse solcher Tagungen referiert und zur öffentlichen Diskussion gestellt wurden, - ein „Konferenz-Archiv". Um eine aktive Kooperation der Leser zu wecken, d. h. Kleriker zu gewinnen, die bereit waren, ihre pastoralen Erfahrungen in den Gemeinden diözesanweit mitzuteilen, lud Wessenberg dazu ein, sich an einem honorierten Preisausschreiben zu beteiligen. Die im Jahr 1804 zum Wettbewerb ausgeschriebene Aufgabe war thematisch den Schwierigkeiten der Beichtpraxis gewidmet. Der Preis wurde einem bisher nicht auffälligen Pfarrer einer Landgemeinde im Schwarzwald zugesprochen: Fridolin Huber, der von nun an das „Archiv" eifrig wie kein anderer mit Beiträgen bediente.

Fridolin Huber ist 1763 in dem Dorf Hochsal bei Laufenburg am Hochrhein in eine bitterarme Bauernfamilie hineingeboren worden. Nach dem Besuch der Dorfschule, wechselte er zunächst an das Lyceum in Konstanz, 1786 an das Generalseminar in Freiburg und absolvierte daselbst seine theologischen Studien. 1789, also vergleichsweise spät, ließ er sich in Konstanz zum Priester weihen. Er setzte anschließend jedoch seine Studien an der Universität Freiburg fort und beendete dieselben mit einer Promotion. Wie er all diese Ausbildungsjahre finanziert haben mag, ist nicht zu ermitteln. Nach einer kurzen Kaplanszeit wurde er 1796 Pfarrer in Waldmössingen, einem kleinen Dorf unweit der Städte Villingen und Schwenningen. 1809 wechselte er auf die relativ gut dotierte Pfarrstelle in Deisslingen bei Rottweil und blieb daselbst - von einer kurzen, nur drei Jahre währenden Unterbrechung abgesehen, - bis zu seinem Lebensende.

Der Ehrgeiz eines tiefsinnigen Fundamentaltheologen war Fridolin Huber fremd. Unhinterfragt galt ihm der Glaube, dass Gott seinen Sohn Jesus Christus in die Welt gesandt hat, um die Menschen das rechte Leben zu lehren. Recht zu leben, ist keine Selbstverständlichkeit, denn der Mensch ist nach Huber ein doppelt gepoltes Wesen, das aufgrund seiner Anlagen im Spannungsfeld zwischen Geist und Sinnlichkeit existiert, ein Wesen, das unentwegt Vernunftentscheidungen zu treffen berufen ist, aber auch ständig von der Versuchung bedroht ist, der ihm eigenen Triebstruktur zu verfallen. Die Kirche, die Christus gestiftet hat, wurde mit dem Auftrag betraut, die Menschen zu lehren, das Leben so einzurichten, dass das Bedürfnis nach Tugend geweckt und das falsche Leben, das Laster, verabscheut werde. Auf dieser Basis beruht das professionelle Selbstbewusstsein Hubers. Als Priester ist er nicht nur Gnadenverwalter, sondern vor allem Hirte, welcher der Herde den rechten Weg weist. Diesem Selbstbewusstsein entsprechen viele seiner Beiträge im „Archiv", in denen er sich als christlicher Alltagsmoralist präsentiert, als geistliche Sitteninstanz. Wessenberg hat dieses professionelle Selbstverständnis Hubers zweifellos hochgeschätzt. Keinem anderen hat er jedenfalls im „Archiv" so häufig das Wort erteilt wie dem Deißlinger

Landpfarrer. Umgekehrt hat aber auch Huber seinen kirchlichen Vorgesetzten, den Freiherrn von Wessenberg, zutiefst bewundert. Er blieb mit diesem in lebenslanger Korrespondenz verbunden, auch noch jenseits der schmählichen Entlassung Wessenbergs aus dem Dienst der Kirche. Seine Verehrung brachte Huber zum sinnfälligen Ausdruck, indem er sich mit zwei wahrhaft mutigen Plädoyers zugunsten Wessenbergs in dessen Konflikt mit der römischen Kurie an die Öffentlichkeit gewandt hat.

Am 10. Februar 1817 ist Bischof Carl Theodor von Dalberg gestorben. Das Domkapitel der Diözese Konstanz versammelte sich wenige Tage später, um – kirchenrechtlich korrekt – einen Bistumsverweser zu wählen und diesen Vorgang der Kurie in Rom mitzuteilen: Man habe sich einstimmig auf Ignaz Heinrich von Wessenberg geeinigt. Statt der eigentlich fälligen Bestätigung durch die Kurie folgte jedoch umgehend ein päpstliches „Breve" vom 15. März, in dem diese Wahl verworfen wurde. Begründet hat Rom die Ablehnung mit dem vernichtenden Hinweis auf den schlechten Leumund Wessenbergs in der katholischen Öffentlichkeit. Zahlreiche Freunde und Anhänger Wessenbergs nicht nur aus dem Klerus, sondern auch aus dem gebildeten Bürgertum und aus der säkularen Politik reagierten mit anhaltender Empörung gegen diese Rufschädigung. In vielen Schriften wurde in der Folgezeit die Übergriffigkeit Roms verworfen.

Als Huber durch die Presse über den Skandal informiert worden war, entschloss er sich unverzüglich, eine Gegenschrift wider das päpstliche „Breve" zu verfassen. Dass er diese Entscheidung in Absprache mit Wessenberg getroffen hat, ist nicht belegbar, aber nicht unwahrscheinlich. Es ist jedenfalls im Hinblick auf die Autoritätskonvenienzen der Zeit kaum vorstellbar, dass sich ein gewöhnlicher Dorfpfarrer ein noch so wohlgemeintes, aber unabgefordertes Gutachten über seinen Bischof hätte erlauben können. In der Vorrede dieser Schrift teilt Huber jedenfalls mit, dass er als „ein genauer Kenner und Verehrer" des Angeschuldigten die Absicht habe, „einen Unschuldigen zu retten". Und so beginnt er im Habitus eines Advokaten mit einem rühmlichen Portrait seines prominenten Klienten. Er schildert ihn als einen strengen christlichen Asketen, als einen inspirierenden Kirchenlehrer, der mit seinen Schriften die Aufklärung der Priesterschaft und die Frömmigkeit des katholischen Volkes fördere und sich als „warmer Verehrer des reinen Katholizismus" auszeichne, dem zwar nicht eine bedingungslose „Anhänglichkeit an die Entscheidungen zu Rom" zu bescheinigen sei, wohl aber eine um so treuere „Anhänglichkeit an die Entscheidungen der Kirche," - eine subtile Unterscheidung! Daran anschließend nimmt Huber einige Diensthandlungen Wessenbergs aus seiner Regentschaft als Generalvikar ins Visier, von denen bekannt war, dass sie das Missfallen des Nuntius in Luzern erregt hatten und folglich auch in der römischen Kurie erregt haben mochten: unerlaubte Entlassungen aus dem Ordensstand nach Aufhebung der Klöster als Folge der Säkularisation (Dispense), die Reformen der Liturgie, zumal die Einführung der deutschen Sprache in den rituellen Verrichtungen der Kirche, die Aufhebung der Verbindlichkeit des vorgeschriebenen Breviertextes für alle Priester der Diözese, die Nachsicht im Umgang mit unsittlich lebenden Geistlichen etc. Huber weist die meisten dieser Vorwürfe als falsche Nachrichten zurück oder er verharmlost dieselben mit kirchenrechtlich abgesicherten Argumenten. Den vermuteten Hauptvorwurf leugnet er allerdings nicht, den Vorwurf, dass sich Wessenberg anschicke, in Deutschland eine „Oppositions-Partei gegen den römischen Hof zu bilden": „Wenn der Papst die Bischöfe nicht als Brüder, nicht als Mithirten betrachten wolle, wenn er es im Sinne hat, sich zum Monarchen der Kirche aufzuwerfen und die Bischöfe bloß für seine Präsidenten (Außenamtsleiter der römischen Behörde?) zu halten, die nicht einmal in den geringfügigsten Dingen aus eigener Macht und Gewalt verordnen können, dann sind die gesamten deutschen Bischöfe berechtigt, ja im Gewissen verbunden, sich diesen Anmaßungen zu widersetzen."

Die strategische Absicht der Huber'schen Verteidigung ist evident: das entehrende Pauschalurteil der römischen Kurie über die Persönlichkeit Wessenbergs wird vorab korrigiert, um dem Ernst der sachlichen Differenz den gebührenden Raum zu öffnen: Huber geht es zumal um die Markierung der ekklesiologischen Differenz zwischen der „römischen Kirche" und einer spezifisch „deutschen Kirche". Dass er diese Schrift im Spätjahr 1817, also noch vor der Rückkehr Wessenbergs aus Rom, publiziert hat, mag der irrigen Hoffnung zugeschrieben werden dürfen, mit einem entschiedenen Plädoyer für Wessenberg die Position desselben gegen die Römische Kurie von Deutschland aus stützen zu können. Auf jeden Fall hat Hubers Schrift in Deutschland eine Debatte ausgelöst, die erst recht polemisch angeheizt wurde, als Wessenberg nach seiner Heimkehr im Frühjahr 1818 den authentischen Schriftverkehr seiner Verhandlungen in Rom der deutschen Öffentlichkeit zugänglich machte: Am 17. Mai wurde mit ausdrücklich „großherzoglichem Privileg", das heißt mit förmlicher Billigung des badischen Regenten, eine „Denkschrift über das Verfahren des Röm. Hofs bei der Ernennung des General-Vikars Frhrn. v. Wessenberg zum Nachfolger im Bistum Konstanz" herausgegeben, in welcher alle relevanten Dokumente zu der Affäre Wessenberg der Öffentlichkeit zur Verfügung gestellt wurden.

Auf ein Referat der heftigen Für- und Wider-Argumentationen, die daraufhin erfolgten, sei hier verzichtet – mit einer Ausnahme: Fridolin Huber publizierte 1819, nachdem er nun genauer über den gescheiterten Rechtfertigungsversuch Wessenbergs in Rom informiert worden war, eine weitere einschlägige Schrift mit dem Titel: „Vollständige Beleuchtung der Denkschrift über das Verfahren des römischen Hofes bei der Ernennung des Generalvikars Freiherrn von Wessenberg zum Nachfolger im Bistum Konstanz und zu dessen Verwerfung". Am Fall Wessenberg demonstriert Huber den fundamentalen Widerspruch zwischen einem papal – autokratischen und einem episkopal – demokratischen Kirchensystem, zwischen einer despotisch diktierenden „Petruskirche" und einer synodal verhandelnden „Apostelkirche", zwischen einer „römischen Kirche", die Unterwerfung fordert, und einer „deutschen Kirche", einer freisinnigen Kirche, in der das Kirchenvolk nach dem Prinzip einer gemeinsamen Verständigung verfährt. „Die Bischöfe der Gegenwart", gibt Huber kritisch zu bedenken, „haben ihre Gewalt nicht unmittelbar von Gott, sondern vom Papst, sie können daher aus eigener Machtvollkommenheit nichts verfügen, sie üben nur die vom allgemeinen Primas (d.h. dem Papst!) ihnen übertragene Jurisdiktion aus, die dieser nach Gutbefinden bald erweitern, bald einschränken kann. Wir Deutsche verwerfen diese Grundsätze, wodurch die aristokratische Kirchenverfassung in eine unumschränkte Monarchie, gegen den Willen ihres heiligen Stifters, in eine Willkür umgeschaffen wird. Nach unsern Grundsätzen sind die Bischöfe die eigentlichen Nachfolger der Apostel und treten somit in jene Vollmacht ein, die die Apostel hatten...Nicht Petrus allein, sondern alle Apostel sind das Fundament der Kirche." - Härtere Abgrenzungen gegen die römische Kirche dürfte man seit den Zeiten der Reformation in Deutschland kaum finden können: „Zwischen den deutschen und römischen Kanonisten läßt sich im Gebiete des Kirchenrechts keine Aussöhnung hoffen. Die hellen Begriffe der ersten vertragen sich mit den finsteren Grundsätzen der zweiten so wenig als Licht und Finsternis...Was man zu Rom als Irrlehre beschuldigt, das wird in Deutschland allgemein als heilsame Wahrheit geglaubt." - Da ist wohl nachzufragen, warum Hubers Pamphlet von Rom kommentarlos hingenommen wurde und warum der Priester Fridolin Huber von Seiten der römischen Strafbehörde unbehelligt blieb.

Huber mag das Schweigen Roms zu seinen kritischen Auslassungen über das Verfahren gegen Wessenberg als demonstrative Ignoranz empfunden haben, als einen Akt obrigkeitlicher Arroganz. Jedenfalls eröffnete er unverzüglich ein weiteres Gefechtsfeld, das für Rom, wie er annehmen durfte, nicht ignorabel war. Er wählte dafür ein taktisch schlaues Verfahren. 1817 hatte die theologische Fakultät der Universität Landshut ein Gutachten zur Frage der

Ursachen des aktuellen Priestermangels publiziert. Die Herren Theologen, u.a. der renommierte Johann Michael Sailer, bestritten in diesem Gutachten nicht den Sachverhalt des Priestermangels, wohl aber die Annahme, dass dieser Mangel auf die Verpflichtung zum Zölibat zurückzuführen sei. Diese Bezweifelung war für Huber Anlass zu heftiger Gegenrede, er erhob öffentlich Widerspruch. Er ließ das Landshuter Gutachten noch einmal abdrucken, begleitete aber den laufenden Text ausführlich mit „kritischen Anmerkungen und wichtigen Zusätzen" unter dem Strich, die im folgenden auszugsweise zitiert bzw. referiert seien: Mit dem Eintritt in das Berufsleben, schreibt Huber, beginne für die Priester „ein ewiger Kampf" gegen das, was ihnen im Laufe ihrer Erziehung als edel und gut geschildert worden sei: Sie sollen zwar „ewig unter Weibern und Kindern umherwandeln, aber mit jansenistischer Eingezogenheit eine Enthaltsamkeit erkünsteln, zu welcher sie im Grunde weder Kraft noch Willen haben. Wohin sich bei diesem Kampfe der Sieg neigen werde, läßt sich erraten. Aber dieser Sieg, der ohne den Cölibat das Leben verschönern und die Sitten rein halten würde, muß, solange dieser dauert, eine Quelle der Unordnung und unnatürlicher Zerstörungen unter den Geistlichen werden." ... „Ist die Kirche berechtigt, das zu verbieten, was die Natur laut fordert? Ja, dieses Gesetz widerspricht des Menschen Natur, der eine Komposition von Geist und Sinnlichkeit ist und in dieser doppelten Eigenschaft genommen werden muß... Nicht nur die geistigen, sondern auch die sinnlichen Vergnügen gehören zur Natur des Menschen, weil er eine Zusammensetzung von Geist und Sinnlichkeit ist, nur daß die Sinnlichkeit unter der Vormundschaft des Geistes stehen soll." Dem Priester die Aufgabe zuzuweisen, sich in die ehelichen Angelegenheiten anderer Menschen in wohlgemerkt nur pastoraler Absicht einzumischen und dennoch „selber ehelos zu bleiben", „die Kinder zur Ähnlichkeit Gottes heranziehen helfen, aber ja nicht seine eigenen – ist das nicht unnatürlich?" Schließlich möge ihm eine letzte Frage erlaubt sein: „Steht denn die Ehe wirklich auf einer gar so niederen Stufe, daß sie sich mit dem Priesterstand nicht vereinigen läßt? - Nein, die Ehe ist das herrlichste Denkmal der göttlichen Vorsehung!" Und dann hält Huber eine Eloge auf das protestantische Pfarrhaus, nicht nur auf das daselbst herrschende private Glück der Familiarität, sondern auch im Hinblick auf den sich daraus ergebenden pastoralen Nutzen für die Gemeinde.

Es ist durchaus wahrscheinlich, dass Huber den Widerspruch gegen das Landshuter Gutachten, wenn nicht im Auftrag, so doch in Absprache mit Wessenberg geschrieben hat. Ursprünglich scheint zwar Wessenberg willens gewesen zu sein, selbst gegen dieses Gutachten Stellung zu beziehen. Ein diesbezüglich fertiggestelltes Manuskript aus dem Jahr 1817 mit dem Titel „Von den Ursachen der Abnahme von Kandidaten des geistlichen Standes" hat er zunächst jedoch nicht veröffentlichen lassen – aus naheliegendem Grund: in Anbetracht seiner persönlich prekären Situation gegenüber Rom nach dem Tod Dalbergs (1817) wäre es wahrlich nicht ratsam gewesen, gerade jetzt ein kritisches Votum wider den Zölibat zu veröffentlichen. Und demnach wäre es plausibel, wenn er Huber veranlasst hätte, dieses kritische Geschäft an seiner statt zu übernehmen. Indem er sich 1832 dann doch entschloss, sein Manuskript aus dem Jahr 1817 zum Druck freizugeben, wäre dies als Bekundung seiner Solidarität mit der Ende der zwanziger / Anfang der dreißiger Jahre besonders heftig auftretenden Antizölibatsbewegung des südwestdeutschen Klerus zu verstehen.

Einen erheblichen Rumor, den sich Huber mit seiner Streitschrift erhofft haben mag, hat er zunächst nicht ausgelöst. Rom verzichtete auf jede Äußerung und auch die Landshuter Herren Professoren, die das Gutachten publiziert hatten, dachten nicht daran, sich auf eine öffentliche Auseinandersetzung einzulassen. Wohl aber meldete sich ein gewisser Dr. Johann Anton Sulzer zu Wort, „Professor der praktischen Philosophie, der Weltgeschichte u.a. Fächer auf dem großherzogl. Lyceo zu Constanz", welcher der Huber'schen Schrift eine ordentliche

Abfuhr erteilte. Hubers Schrift, heißt es da, sei eine pure „Radotage“, eine „Schwätzerei“, ein „Machwerk“, das die Argumente gegen den Zölibat, die in josephinischen Zeiten, also in den 80er Jahren des 18. Jahrhunderts, vorgebracht worden seien, lediglich wiederhole – kurzum: „eine abgedroschene Materie“. „Abgedroschen“ war diese „Materie“ freilich keineswegs, solange Rom keinerlei Zeichen zu erkennen gab, die eine Nachgiebigkeit in der Streitsache in Aussicht gestellt hätten. Ob Huber erhofft oder gar erwartet hatte, mit seinem Votum gegen das Landshuter Gutachten einen Sturm der Gleichgesinnten zu entfachen und die Kleriker in Deutschland zu einem Aufstand wider den Zölibat zu bewegen, sei dahingestellt. Dieser Sturm ist vorderhand ausgeblieben. Wohl aber ist anzunehmen, dass die Hubersche Streitschrift aus dem Jahre 1819 im kollektiven Bewußtsein der Klerikerschaft erhalten blieb und ein knappes Jahrzehnt später in der Zölibatsrevolte der Priester in der Erzdiözese Freiburg als Fanal erinnert worden ist. Wie sehr ihn die Zölibatsfrage bewegte, brachte er noch einmal 1831 zum Ausdruck, indem er in den von Aloys Benedikt Pflanz herausgegebenen „freimüthigen Blättern“ dazu aufrief, eine Synode eigens einzuberufen, um den Zölibat abzuschaffen.

1825 ließ sich Huber vom Dienst in seiner Pfarrei Deisslingen beurlauben und folgte einem Ruf des Generalvikariats Rottenburg in das Amt des Regens im Priesterseminar, das er drei Jahre lang verwaltete. 1828 beendete er diesen Dienst und kehrte in seine Heimatgemeinde zurück. - Im Priesterseminar hatte er es vielfach mit Kandidaten zu tun, die nur unzureichend mit der kirchlichen Realität ihrer künftigen beruflichen Wirkungsstätte auf den Dörfern des Landes vorbereitet waren, obwohl sehr viele von ihnen ursprünglich aus solchen Dörfern stammten. Häufig begegnete die Klage, dass sie meistens schon als Knaben in früher Jugend ihre Heimatdörfer verlassen hatten, dass sie in den Städten, in denen sie ihre Gymnasialzeit verbrachten, primär mit dem Erlernen alter Sprachen und einer Einführung in die Grundlagen der Philosophie befasst waren, aber in ihrer spezifisch religiösen Bildung weitgehend vernachlässigt wurden. Die Universitäten schließlich galten vielfach als Institutionen, an denen eine zwar intellektuell anspruchsvolle, aber inhaltlich bedenkliche „Aufklärungs-theologie“ gelehrt wurde, welche eher der Kultivierung des kritischen Zweifels als der Befestigung einer alltagsnahen Gebrauchsgläubigkeit diente. Der einjährige Aufenthalt der Kandidaten im Priesterseminar sollte die Versäumnisse einer solchen Berufsausbildung aufholen, um sie für den Dienst als Gemeindepfarrer tauglich zu machen.

Huber hat die Ausbildungsdefizite der künftigen Geistlichen sehr wohl erkannt und 1826 ein fast 500 Seiten starkes Werk unter dem Titel „Verteidigung der katholischen Religion gegen Angriffe neuerer Zeit“ in offensichtlich berufsqualifizierender Absicht veröffentlicht. Die Kandidaten sollten lernen, sich aller Formen von Attacken gegen ihre katholische Identität zu erwehren. Mit dem Titel erklärte Huber ausdrücklich seine Selbsteinreihung in die rhetorische Tradition der christlichen „Apologetik“, d. h. der Abwehr bzw. der Korrektur von Fehlurteilen, Unterstellungen und anderer Irrtümlichkeiten in feindlichen Reden wider die katholische Kirche und ihre Mitglieder. Über die Widerlegung solcher Reden hinaus gilt die Anstrengung des Apologeten aber auch der Behauptung der Wahrheit, die im Horizont der katholischen Kirche durch den Katechismus und das Kirchenrecht und nicht ganz so verbindlich durch das Rituale und das Benedictionale definiert ist. Apologetik ist somit auch ein didaktisches Medium.

Auf dem Titelblatt zeigt Huber nicht namentlich an, welche Personen er als „Angreifer“ ins Visier zu nehmen gedenkt. Das geschieht erst in der einleitenden Vorrede: „Wer vom reinen Katholizismus die richtige Ansicht hat und daher zwischen dem Wesentlichen und Zufälligen unterscheiden kann, wer von der Wahrheit und Göttlichkeit des ersten überzeugt ist, der muß beim Lesen des H e n h ö f e r s c h e n Glaubensbekenntnisses bald mit Betrübnis, bald mit

Unwillen erfüllt werden." Huber erinnert also an eine Affäre, die einige Jahre zuvor einen interkonfessionellen Konflikt in der vergleichsweise kleinen Gemeinde Mühlhausen im Enzkreis ausgelöst hatte. Aloys Henhöfer, Jahrgang 1789, war Absolvent des Meersburger Seminars gewesen und ist 1815 zum katholischen Priester geweiht worden. Er begann seine berufliche Laufbahn zunächst als Hauslehrer in einer frommen Adelsfamilie (Gemmingen-Steinegg) in eben diesem Dorf Mühlhausen und wurde daselbst 1818 als Gemeindepfarrer investiert. Er hat in dieser Zeit, über welche Wege auch immer, Anschluss an einen Personenkreis gefunden, der, pauschal gesagt, eine Variante protestantisch-pietistischer Christlichkeit praktiziert zu haben scheint und – gelinde gesagt - auf Abstand zur römisch-katholischen Kirchlichkeit bedacht war. Henhöfer hat seine Nähe zu dieser religiösen Gruppe in seinen Predigten und in anderen geistlichen Verrichtungen offenbar deutlich zu erkennen gegeben. Die Gläubigen der Gemeinde reagierten kontrovers, es entstanden Zwistigkeiten, die staatliche Kirchenbehörde in Bruchsal schaltete sich ein, Henhöfer wurde vorgeladen, verweigerte jedoch eine Kapitulation und wurde exkommuniziert. Er konvertierte zur protestantischen Kirche und diente fortan unangefochten als evangelischer Pfarrer in verschiedenen badischen Dörfern.

Dieser Aloys Henhöfer hat nicht widerspruchslos das Feld verlassen. Unmittelbar nach seiner Konversion publizierte er 1822 ein „Christliches Glaubens-Bekenntnis", in dem er seine wahren konfessionellen Überzeugungen dokumentierte. Mit dieser Schrift bezeugte er eine von der Aufklärung geprägte Religiosität, die viel eher der lutherischen Gläubigkeit als den Vorschriften des tridentinischen Konzils verpflichtet war. Insbesondere verwarf er alle magischen Elemente der römisch-katholischen Frömmigkeitskultur. Als ein besonders aggressives Beispiel sei das höhnische Urteil über die heilige Messe zitiert: „An Messe und Abendmahl liegt das größte Elend der katholischen Kirche. Die Messe, so wie sie heute gefeiert wird, ist das Ruhekissen, worauf die Leute schlafen, der Jahrmarkt der Geistlichkeit, der Krempel in Gottes Tempel, das Schauspiel der Kirche, die Speise, woran Priester und Volk sich zu Tode isst."- Fazit: „Denket selbst, prüfet selbst, glaubet nicht darum, weil es die Geistlichen sagen, sondern weil Ihr in Eurem Innern durch Gottes Wort und den heiligen Geist überzeugt seid!" Das sind Angriffe gegen die römische Kirche als Institution und gegen die persönliche Geltung ihrer Priester.

Huber hat das Henhöfer´sche Credo mit Recht als Akt der Beleidigung römisch- katholischer Gläubigkeit wahrgenommen und mit einer tiefen Gehässigkeit beantwortet, die sich nicht minder gegen die Person des Angreifers Henhöfer wendete als gegen die Sache, die dieser vertrat. An seinem Fall konnte musterhaft demonstriert werden, wie man mit externen Gegnern zu verfahren habe. Der Streitfall Henhöfer wurde von Huber als Lehrstück genutzt, um die Kandidaten im Priesterseminar vorsorglich aufzurüsten.Inszenatorisch verfährt Huber nun dergestalt, dass er zwei fiktive katholische Priester A. und B. auftreten lässt, um die Henhöfersche Attacke in einem gemeinsamen Gegenangriff zu erledigen. Huber ließ sich dabei auch nicht abhalten, seine beiden fiktiven Stellvertreter Positionen einer traditionellen Katholizität vertreten zu lassen, gegen welche er selbst all die Jahre zuvor stets einen kritischen oder zumindest skeptischen Abstand gewahrt hatte: Ablasswesen, Reliquienkult, Rosenkranz, Sakramentalien in allen Varianten, eine überreiche Zeremonialität, Segnungen ohne Ende! Selbst die Verfassung der römischen Kirche, der Papst und die Kurie, werden nun von Hubers fiktiven Kämpfern in ein freundliches Licht gesetzt. Kurzum, katholischer ist Huber in all seinen beruflichen Lebzeiten zuvor nie gewesen.

Ein Rezensent hat das Huber´sche Buch in der Theologischen Quartalschrift (1828) in einer geradezu kränkenden Kürze beurteilt: „Es geschieht mehr aus persönlichen Rücksichten für den Verfasser, dessen Verdienste um die katholisch-theologische Literatur Rec. achtet, als aus

Interesse für den von Herrn Dr. Huber diesmal behandelten Gegenstand, daß die vorliegende Schrift zur Anzeige gebracht wird. Sie beschäftigt sich dem größten Teile nach mit H. Henhöfer und seinen Schmähungen über den Katholizismus. Nun ist aber Henhöfer bereits verschollen und wird auch nach allen Anzeichen, die wir von seinem polemischen Leben und Tod haben, schwerlich wieder zum Vorschein kommen." Man vermisse für die Huber'sche „Apologie" einfach das notwendige „Zeitinteresse." - Der namentlich nicht genannte „Rezensent" (wahrscheinlich der Professor Johann Baptist Hirscher) hat offenbar nicht bedacht, dass Huber seine Schrift nicht an ihn oder seinesgleichen adressiert hatte, also nicht an die Universitätsprofessoren im Lande, sondern an die Kandidaten im Priesterseminar, um sie für bescheidenere Streitgespräche zu präparieren: „Die Protestanten" heißt es in der Einleitung, „sollen doch einmal lernen, was katholisch ist und was in dem Katholizismus unbeschadet geändert werden kann. Die Katholiken sollen im Glauben an die wesentlichen Lehren ihrer Kirche gestärkt werden."

1828 kehrte Huber in seine Heimatgemeinde Deisslingen zurück und nahm seine Tätigkeit als amtierender Pfarrer wieder auf. Am 22. September 1839 fand aus Anlass des 50jährigen Jubiläums seiner Priesterweihe ein Fest statt, zu dem neben der Ortsbevölkerung die Kleriker der näheren und ferneren Umgebung eingeladen wurden. Der Gottesdienst wurde unter freiem Himmel gefeiert, Huber predigte über Sinn und Gehalt der Messe, insbesondere über das Verständnis der Präsenz Jesu Christi in der Eucharistie und stellte dessen spezifisch „sakramentale Gegenwart" heraus, womit er sich von einem allzu wörtlich zu verstehenden „Transsubstantiationsgeschehen" zu distanzieren suchte. Renommierte Aufklärer der Gegend, u.a. die Stadtpfarrer Kuenzer aus Konstanz und Pfarrer Wocheler aus Überlingen, hielten programmatische Reden, es wurde um Spenden gebeten für ein Schulprojekt und für die Armen im Dorf. 900 Gulden sollen eingesammelt worden sein und Huber soll noch einmal 300 Gulden aus eigener Tasche dazugelegt haben. Der Jubilar wurde im Namen des Staats mit dem Titel „Oberkirchenrat" geehrt. Aloys Pflanz dokumentierte die Feierlichkeiten mit einer bibliophilen Publikation: „Doctor Fridolin Hubers Leben und literarisches Wirken / eine demselben aus Veranlassung seines Priesterjubiläums von mehreren seiner Verehrer gewidmete Denkschrift." Eröffnet wird die Schrift mit einem stattlichen Kupferstichporträt Hubers.

Offensichtlich hatten sich zur Feier dieses Jubiläums die Reformer der Region versammelt - und das heißt: die bekennenden „Wessenbergianer". Es ging immerhin darum, gegen die rapide wachsende Truppe der Ultramontanen ein vitales Zeichen zu setzen. In der Tat war auch in der Inszenierung dieses Festes eine feiernde Rede auf Wessenberg vorgesehen, die von dem Wessenbergfreund Wocheler vorgetragen wurde. Wessenberg selbst war aber nicht persönlich anwesend. Das ist auffällig. Nachweislich scheute er sich, Volksfeste zu besuchen, auch solche, die in geistlicher Absicht gefeiert wurden. Immerhin widmete er dem Jubilar in der nachträglich gedruckten Denkschrift die folgenden Verse als poetischen Kommentar zu Hubers Porträtbildnis die folgenden Verse:

„Ihr lest in diesen schlichten Zügen
Des Christusjüngers milden Geist,
Der sichern Pfad zum Borne weist,
Wo Lieb` und Wahrheit nie versiegen."

Und wenig später brachte Wessenberg noch einmal seine persönliche Verbundenheit mit Fridolin Huber zum poetischen Ausdruck, indem er nach dem alsbald darauf erfolgten Tod desselben (17. Oktober 1841) die folgenden Verse als Nachruf veröffentlichte:

„Euch allen bleibe heilig dieses Grab.
Es mahnt Euch an ein frommes Leben.
Der Edle, der den Staub hier streifte ab,
ward Euch als Hirt von Gott gegeben.
Der Herde war sein Leben ganz geweiht.
Für alt und jung ein Christenspiegel."
Des Heiles Lehre, in ihr Herz gestreut,
Bekräftigte des Beispiels Siegel.
Jetzt fleht er, daß kein Glied der Herde
Dem Gottesreich entzogen werde."

Die Gemeinde Deißlingen hat irgendwann im 19. Jahrhundert zu Ehren ihres ehemaligen Pfarrers Fridolin Huber einen Gedenkstein errichten lassen. Die eingemeißelten Verse Wessenbergs sind heute von Verwitterung bedroht und nur noch mühsam zu entziffern. Fröhlich immerhin rauscht der Verkehr durch die örtliche „Pfarrer-Huber-Straße"!

Appendix:
Der verwüstete Weinberg Gottes.

Fridolin Huber hat trotz seiner zeitgenössischen Prominenz in der kirchenhistorischen Forschung wenig Aufsehen erregt. Erst August Hagen hat ihm über hundert Jahre nach seinem Ableben ein Kapitel in einem Buch über „die kirchliche Aufklärung in der Diözese Rottenburg" gewidmet, das 1953, am Vorabend des Zweiten Vatikanischen Konzils, erschienen ist. Hagen, ab 1935 Professor für Kirchenrecht an der Universität Würzburg, wurde 1947 ins Domkapitel von Rottenburg berufen und im folgenden Jahr mit dem Amt des Generalvikars betraut. Insofern war er ein Repräsentant der traditionellen und das heißt zu seiner Zeit: der damals noch „ultramontanen Kirche". Hagen hat das Buch über die Aufklärer im Schwabenland in kritischer Absicht geschrieben. Dementsprechend fällt er ein bitteres Urteil über Fridolin Huber. Seine Kritik fasst er, wie folgt, zusammen:

1. Kirchenrechtlich war Huber „ein offenkundiger Episkopalist mit einer starken antirömischen Wendung gegen die Zentralisation durch die Kurie." - Vorzuwerfen sei ihm ferner sein Synodalismus: „Weil er einen falschen Kirchenbegriff hatte, war er geneigt, die Bedeutung der Synoden in der Verfassung der Kirche zu überschätzen. Die Kirche kann ihrer (also der Synoden) vollkommen entraten, ohne, daß ihr Wesen angegriffen würde."
2. Dogmatisch „ging durch seine Schriftstellerei ein starkes rationales Element, so wie wenn er die natürliche Religion, die Offenbarung Gottes in der Natur, zum Ausgangspunkt seiner Darlegungen des katholischen Glaubens machte. Allein man hätte nur dann ein Recht, ihm Deismus vorzuwerfen, wenn er die natürliche Religion als Kern aller Religion angesehen und zugleich die geoffenbarte Religion abgelehnt hätte. Das hat er nie getan." - Er sei durchaus religiös gewesen, aber seiner Religiosität „mangelte es an Glaubenskraft. Konfessionell sei er im Grunde ein „Indifferentist" gewesen.
3. In pastoraler Hinsicht habe Huber eine „Vergeistigung des Kultus und eine Förderung des religiösen Gemeindelebens" angestrebt. „Aber der von Huber vertretene Weg war verkehrt. Die Wirkung in seiner Pfarrgemeinde und in der Diözese war jedenfalls eine Verwüstung des Weinbergs Gottes. Seine Ideen waren ungeeignet, die Kirche zu erneuern. Sie blieben eine bloße Zeiterscheinung. Der Zeitgeist begreift jedoch immer nur sich selbst und zieht den Gottesgeist und die Religion zum Zeitgeist herab."

Konrad Martin (1765-1844)

Schriften von Konrad Martin:

Artikel im Archiv für die Pastoralkonferenzen der Landkapitel des Bistums Konstanz:
Über den Glauben an gute und böse Geister. 1808/2
Was ist der Hauptzweck aller Schulen? 1820/1
Vom Gebete. 1825/1

Beitrag zu einem zeitgemäßen Katechismus für die Diözese Freiburg. 1837

Der Weinbau im Oberrheinkreise des Großherzotums Baden. 1844.
Anonyme Artikel im „Archiv für die Geistlichkeit der oberrheinischen Kirchenprovinz 1838 -1841.

Schrifttum über Konrad Martin:

Nekrolog: Catalogus mortuorum Praedicatorum conventus Friburgensis. In: Freiburger Diözesan-Archiv Bd. 16/ 1883. S.336.

Cajetan Jäger: Literarisches Freiburg im Breisgau. 1839, S.102ff.

Wessenberg scheint seit Beginn seiner Amtszeit als Generalvikar der Diözese Konstanz insbesondere solche Priester geschätzt zu haben, die sich durch ihre pastorale Energie als lebenspraktische Begleiter der Gläubigen auszuzeichnen wussten. Er würdigte insbesondere eine Fähigkeit, die ihm selber aufgrund seiner sozialen Herkunft versagt geblieben war, zumal das Vermögen, an der Arbeitswelt der Bevölkerung aktiv teilzunehmen. Bewunderung empfand er für Pastoren, die bei Verwerfungen in und zwischen den Gemeinden als Krisenmanager den Frieden wieder herzustellen vermochten. Einen ganz besonderen Respekt bezeugte er jenen Pastoren, die sich zum Schulunterricht verpflichten ließen.

Konrad Martin, Jahrgang 1765, ist in einem Familienmilieu aufgewachsen, das ihn sein Leben lang in spezifischer Weise prägen sollte. Die Eltern waren Gemüse- und Obstbauern im „Paradies", einem Vorstadtviertel von Konstanz, in dem die ansässige Bevölkerung von intensiver land- und gartenwirtschaftlicher Arbeit lebte. Man wird annehmen dürfen, dass Konrad Martin schon in frühen Jahren – wie andere Kinder in dieser Zeit allenthalben – zur Mitarbeit im elterlichen Betrieb herangezogen wurde, was ihm eine agronomische und hortologische Praxiserfahrung einbrachte, die er in späteren Jahren fruchtbar zu nutzen die Gelegenheit finden sollte. Offenbar war die Familie so wohlhabend, dass man die Weiterbildung des Sohnes Konrad im Lyceum der Stadt und auch ein anschließendes Studium der Theologie am Generalseminar und an der Universität Freiburg zu finanzieren vermochte. 1788 ließ er sich als Alumnus in das Priesterseminar Meersburg aufnehmen und im folgenden Jahr wurde er im Konstanzer Münster zum Priester geweiht.

Seine frühen Dienstjahre absolvierte er als Kaplan in einigen Dörfern im äußersten Südwesten des späteren Großherzogtums Baden, 1795 wurde er als „Stadtpfarrer" nach Neuenburg am Rhein berufen. Er wusste sich alsbald Ansehen zumal bei der bäuerlichen Bevölkerung vor Ort zu verschaffen, indem er das dem Pfarrhaus angegliederte Gartengrundstück zur Anlage von musterhaften Gemüse- und Obstkulturen verwendete. Die Gemeinde hat ihm einige Jahre später in Würdigung seiner dergestalt handfesten Lehrpraxis ein weiteres Grundstück zur Verfügung gestellt, um seine landwirtschaftlichen Erprobungen erweitern zu können, z. B. Rebstöcke unterschiedlicher Sorten auf ihre Tauglichkeit in der Region zu prüfen. Diesbezügliche Resultate teilte er einer interessierten Öffentlichkeit viele Jahre später in einem Fachbuch über den „Weinbau im Oberrheinkreise des Großherzogtums Baden" mit, in dem er die Vielfalt von Rebsorten beschrieb, die damals angebaut wurden und heute weitgehend ausgestorben sind. In Anerkennung seiner einschlägigen Verdienste hat ihn die Regierung zum Leiter des „großherzoglichen landwirtschaftlichen Vereins" in Karlsruhe ernannt. - Darüberhinaus verschaffte er sich als Bürger Respekt, indem es ihm gelang, jahrelang währende Rechtsstreitigkeiten der Stadt mit Nachbargemeinden über Gemarkungsgrenzen durch ein aufwendiges Studium der einschlägigen historischen Urkunden aufzuklären und damit beizulegen.

Natürlich war Martin primär Theologe und als Priester vor allem praktischer Seelsorger. Das zeigt er in einigen Konferenz-Reden, die er im Wessenberg`schen „Archiv" publiziert hat. So äußert er sich im Jahrgang 1808 „Über den Glauben an gute und böse Geister". Er eröffnet diesen Essay mit einigen Bemerkungen zum Bedürfnis des Menschen, unberechenbare, kontingente Erfahrungen, unverschuldetes Unglück, zu plausibilisieren. Er erinnert an den Götterglauben der Antike. Die alten Völker, Griechen und Römer glaubten, dass die Menschen im Glück und Unglück Gunstempfänger oder Opfer überirdischer Mächte seien. Reste solcher Vorstellungen seien auch in der Christenheit jahrhundertelang virulent gewesen. Es reichte nicht, an einen allweisen und allmächtigen Gott zu glauben, der unser Handeln je nach unseren Verdiensten oder Versäumnissen belohnt oder bestraft, sondern man habe gute und böse Geister erfunden, die uns hilfreich oder schädigend begleiten. Es sei nicht zu leugnen, dass solche Geister auch in den heiligen Schriften der christlichen Religion begegnen: Engel oder Teufel. Es handle sich dabei um Phantasiewesen, die von heidnischen Nachbarvölkern in die Vorstellungswelt der Israeliten eingewandert seien als Verantwortungsinstanzen für gute oder schlechte Widerfahrnisse im Alltag. Konrad Martin plädiert für eine radikale „Entmythologisierung", ohne diesen Begriff schon zur Verfügung zu haben. Er plädiert für eine Negation aller abergläubischen Phantasien, die in unserem aufgeklärten Zeitalter noch immer nicht gänzlich ausgerottet seien. Es seien „Pflanzen, die der himmlische Vater nicht gesät hatte." Kurzum, Konrad Martin hält eine Brandrede wider alle magischen Vorstellungen, die uns im profanen wie auch geistlichen Alltag begegnen. Er verwirft alle „Bespritzungen, Beräucherungen und Salbungen", auch „alles sinnlose Fasten oder Wallfahren." Stattdessen übe man „seine Sinne und seinen Verstand, lese und höre Männer, die sich mit Kenntnis und Erklärung der Naturerscheinungen beschäftigen." Darüberhinaus empfiehlt er, die heilige Schrift zu studieren und die Aussprüche der ökumenisch versammelten Kirche zur Kenntnis zu nehmen. Schließlich zieht er das folgende Resümee: „Wer von uns allen, er mag sich dünken lassen, so viel er will, kann in Ernst und Wahrheit behaupten, er wäre in irgendeinem Zeitpunkte diese 18 Jahrhunderte weiser und besser gewesen als sein Zeitalter? ... Laßt uns alle Kräfte anstrengen, daß auch unseren irrenden Schafen der Weg und das Licht der Wahrheit geöffnet und gewiesen werde." Konrad Martin bekennt sich zu einem entschiedenen Aufklärertum.

Eine andere Konferenzrede im Archiv 1825 ist dem „Gebet" gewidmet. Rechtes Beten, sagt Martin, sei nicht das geistlose, gleichsam mechanische Daherplappern auswendig gelernter Gebetstexte (wie Rosenkranz oder Litaneien, auch wohl das Brevier), wahres Beten ereigne sich im unentwegten Bewusstsein der Anwesenheit Gottes, wo immer man sei und was immer man tue, das Gefühl wahrzunehmen, auf Schritt und Tritt von Gott begleitet zu sein. Auch Jesus sei nicht eigens in die Synagoge gegangen, um dort die vorgeschriebenen Gebete zu verrichten, Jesus habe überall gebetet, auf Berghöhen oder in der Wüste, im Garten Gethsemane und am Kreuz. Es gehe darum, Gott in seinem Inneren stets präsent zu wissen und ihm gleichsam Wohnrecht in uns zu gewähren.

Auf einer Schulkonferenz im Dekanat Neuenburg im Jahr 1819 hielt Konrad Martin einen Vortrag über den „Hauptzweck aller Schulen". Vom Lesen, Schreiben und Rechnen ist nicht die Rede, das mag selbstverständlich sein, wichtiger aber ist der Begriff der Schule als Ort einer Einbürgerung „in das unermeßliche Reich der Welt." Die Schüler sollten etwas erfahren über Himmel, Erde und Menschen und über die Gesetze ihres Soseins. „Schlußstein aller Erziehung sei die Religion – die Erkenntnis des Schöpfers als Regent der Welt." - Die Schule sei aber auch ein Ort des sozialen Lernens, man lerne Freiheit und Zügellosigkeit zu unterscheiden. Der Lehrer sei wohl beraten, jeden Anschein von Despotie zu vermeiden.

Kurzum, Konrad Martin war kein Gelehrter, aber er war auch nicht nur ein Bauer, der versehentlich auf die Kanzel geraten ist. Ihm ist im Laufe der Jahre ein Ansehen zugewachsen, das über den Neuenburger Horizont hinausreichte. 1834 wurde er in das Freiburger Domkapitel berufen. In diesem Gremium agierte er zum Ärgernis der Ultramontanen als unerschütterlicher Liberaler, um nicht zu sagen als „Statthalter" Wessenbergs.

Am sinnfälligsten zeigte sich dies in seinem Bemühen, unmittelbar nach Eintritt in das Domkapitel die abgebrochene „Archiv"-Serie der Wessenberg'schen Zeitschrift wieder zum Leben zu erwecken. Mit einer leichten Varianz des Titels erschien 1838 das erste Heft einer Folgezeitschrift: „Archiv für die Geistlichkeit der Oberrheinischen Kirchenprovinz." Der Name des Herausgebers wird verschwiegen, verantwortlich ist eine anonyme „Redaktion". Der zeitgenössische Freiburger Schriftsteller Cajetan Jäger, der offenbar Bescheid wusste, nennt Martin ausdrücklich als Autor und Redakteur. In der Tat bestätigt eine Passage im Vorwort den „Gartenbauer" Konrad Martin: „Wie die Natur alle Perioden des Wachstums in Stetigkeit durchgeht, die Knospen, die Blätter und die Bluten treibt, bis endlich die reife Frucht abfällt, so der kluge Seelsorger. Er übertreibt weder sich noch Andere, er will die beste Frucht, aber er erwartet sie nicht vor der Zeit." Strukturell wird das neue „Archiv" weiterhin so geführt, wie das Wessenberg'sche „Archiv" gestaltet war: Es werden Leitartikel von Dekanatskonferenzen mitgeteilt. Der Resonanzraum ist aber erheblich erweitert, ist nicht wie zuvor auf die Diözese Konstanz beschränkt, sondern gilt für die Kleriker aller Bistümer der Oberrheinischen Kirchenprovinz. Diese Veränderung wird auch erkennbar, indem die Zeitschrift die jeweiligen Bischöfe der Provinz zu Wort kommen lässt: Freiburg, Rottenburg, Mainz, Limburg und Fulda. Thematisch nimmt man auf, was schon das Vorgängerorgan bewegt hat. Und auch die Tendenz wird aufrechterhalten. Man fordert eine zeitgemäße Liturgie, man wünscht eine Veränderung der Bußsakramentspraxis, man dringt auf die Ablösung der ungeliebten Ohrenbeichte durch einen kollektiven Bußgottesdienst, man wettert gegen alle Praktiken des Aberglaubens. Man kritisierte das Exkommunikationswesen und erhoffte sich die Beilegung von Differenzen innerhalb der Kirche durch die Einberufung von Synoden.

Dieser Zeitschrift war leider kein langes Leben gegönnt: Nach vier Jahrgängen wurde ihr Erscheinen 1842 eingestellt. Die ultramontanen Blätter - „Der Katholik" und die „Historisch politischen Blätter für das katholische Deutschland" - waren im Begriff, den katholischen Lesemarkt vollständig zu erobern.

Konrad Martin ist 1844 in Freiburg gestorben – gerade noch rechtzeitig, bevor Hermann von Vicari als Erzbischof von Freiburg gnadenlos strenge Zügel im Kirchenregiment einführte

Markus Fidelis Jäck (1768 -1845)

Schriften von Fidelis Jäck:

Verdienen die Hymnen der katholischen Kirche bei dem deutschen Kirchengesang so ganz beseitigt und ungenutzt zu bleiben? In: Archiv für die Pastoralkonferenzen in den Landkapiteln des Bistums Konstanz. 1809, Bd.I.

Psalmen und Gesänge der heiligen Schrift nebst den Hymnen der ältesten christlichen Kirche. 1817.

Salomon und Sulamit – allegorische Deutung des hohen Liedes von Salomon – paraphrasierend metrisch übersetzt, mit Einleitung und Commentar, ein Nachtrag zu den Psalmen und Gesängen der heiligen Schrift. 1825.

Über die katholische Gottesdienstfeier mit dem Namen „Messe". Archiv 1810, Bd. I.

Die religiöse Feier für die Verstorbenen nach dem Ritus der katholischen Kirche oder Officium Defunctorum, lateinisch und deutsch. 1815.

Über Bildungsanstalten des Klerus unter dem Namen Seminarien oder Konvikte. In Archiv für die Pastoralkonferenzen 1820, 1, S.84-98.

Kleiner Katechismus der christkatholischen Religionslehre. Mit Reimliedern für die Anfänger des Christenlehrunterrichts. 1835.

Bericht des Dekans und Pfarrers Jäck zu Kirchhofen, vormaligen Pfarrverwesers zu Mühlhausen an der Würm, über die pietistischen Umtriebe des Pfarrers Aloys Henhöfer und die durch ihn bewirkte Glaubensspaltung in der katholischen Gemeinde daselbst. 1824.

Briefwechsel über die Glaubensspaltung mit besonderer Rücksicht auf die 2. Vorrede zu dem Glaubensbekenntnis des Pfarrers A.Henhöfer. 1823.

Tryberg oder Versuch einer Darstellung der Industrie und des Verkehrs auf dem Schwarzwald. 1826.

Kleine Beiträge zur gemütlichen Unterhaltung in der Liedersprache. 2 Bde, 1836/38.
43 Briefe und Schriftstücke Jäcks an Ignaz Heinrich von Wessenberg im Stadtarchiv Konstanz: (AstAKN XXVII/1127/ Nr.279)

Schriften über Fidelis Jäck:

Allgemeine Deutsche Biographie. Bd. 13/1881 Verf.: Heinrich Reusch.

Badische Biographien. Erster Teil 1875 Verf.: Friedrich Kössing.

Karl Goedeke: Grundriß der Geschichte der deutschen Dichtung 1857/8. Buch, S.196.

Joseph Beck: Freiherr I. Heinrich von Wessenberg. Sein Leben und Wirken. 1862

Markus Fidelis Jäck kam 1768 in Konstanz zur Welt. Sein Vater war Knopfmacher, ein Kleinhandwerker also, der aber offenbar die Bildungsfähigkeit seines Sprösslings erkannte und ihn auf das Lyceum schickte. Ein Armenstipendium ermöglichte den Besuch der Schule und anschließend auch den Besuch der Universität. Jäck studierte in Freiburg Theologie. 1792 wurde er im Konstanzer Münster zum Priester geweiht. Sein Berufsweg verlief zunächst über zahlreiche, immer nur mehr oder weniger kurz befristete Stationen im Schwarzwald und im Markgräflerland: Buchenbach 1792 – 95, Bellingen 1795 – 1801, Breitnau 1801 – 04, Gütenbach 1804 - 08, Triberg 1808 – 13. Offenbar war er auf der Suche nach „seiner Gemeinde", die er schließlich 1813 in Kirchhofen, einem Weindorf im Markgräflerland südlich von Freiburg, gefunden zu haben scheint.

Jäck hatte allerdings keineswegs die selbstgenügsame Behaglichkeit einer idyllischen Landpfarrerexistenz im Sinn. Er distanzierte sich schon in seinen frühen Jahren als Kleriker ausdrücklich von all jenen „Hirten des Volkes", die „sorglos beym gefüllten Becher sitzend" sich mit „geistlosem Kartenspiel" zu unterhalten pflegen und darüberhinaus nur „mit der Sorge beschäftigt sind, die Einkünfte ihrer Pfründe zu berechnen und sie in eigennütziger Unthätigkeit zu verzehren". (Geistliche Monatsschrift, 9. Stück, 1802, S.695) Mit diesem spöttischen Urteil über das herkömmliche Pfarrherrenprofil auf dem Lande bekundete Jäck demonstrativ seine Zugehörigkeit zu jener neuen Klerikergeneration, die seit Ende des 18. Jahrhunderts vom Geist der Aufklärung geprägt eine Erneuerung der Katholischen Kirche in einem umfassenden Anspruch anstrebte: organisatorisch, rechtlich, liturgisch und moralisch.

Als nun Wessenberg unmittelbar nach seinem Amtsantritt anno 1802 als Generalvikar der Diözese Konstanz ein publizistisches Forum kreierte, das den Reformwilligen im Lande die Gelegenheit eröffnen sollte, ihre diesbezüglichen Ideen und Erfahrungen zur Diskussion zu stellen, erklärte Jäck umgehend seine Bereitschaft zur Mitarbeit. Er veröffentlichte in der „Geistlichen Monatsschrift" (1802/03) und im „Archiv für die Pastoralkonferenzen in den Landkapiteln des Bistums Konstanz" (1804ff.) mehrere Beiträge, in denen er zu erkennen gab, dass er eine Erneuerung der Liturgie, also eine Neugestaltung der Gottesdienste, für dringend geboten hielt. Mit Wessenberg war er sich einig, dass die Gläubigen aktiv am Messgeschehen zu beteiligen seien und dass dies nur gelingen konnte, wenn die Messe zumindest streckenweise in deutscher Sprache gesprochen und gesungen wurde. Den Gläubigen geeignete Textvorlagen zur öffentlichen wie privaten Andacht zur Verfügung zu stellen, war Jäck ein Anliegen, das ihn sein Leben lang bewegte. Insofern war er ein hochwillkommener Partner Wessenbergs.

Als Jäck davon erfuhr, dass Wessenberg ein offizielles Gesang- und Andachtsbuch für die gesamte Diözese plante, setzte er sich mit dem Generalvikar unverzüglich ins Benehmen und bot ihm Lieder an, die er selbst gedichtet hatte. In einem Brief vom 16. Juli 1803 an Wessenberg schreibt er: „Ich gestehe, der Wunsch, gute religiöse Volkslieder für den öffentlichen und privaten Gebrauch des katholischen Volkes zu hegen, ist bei mir sehr lebhaft und fast zu einer Leidenschaft geworden." Jäck wiederholt mehrfach seinen Willen zur Kooperation bei dem Projekt, - möglicherweise auch in der Hoffnung, nach Konstanz berufen zu werden. Am 4. Februar 1805 schreibt er: „Ja, gnädiger Herr, wenn ich in Konstanz wäre! Sie hätten einen Zuarbeiter in der Nähe, der nicht ruhen würde, bis er seine Arbeit Ihrem kritischen Kenneraug zu Dank gemacht hätte." Inwieweit Wessenberg das liturgische Dienstangebot Jäcks in Anspruch genommen hat, wissen wir nicht. Inzwischen hatte er nämlich in Joseph Willibald Strasser einen Mitarbeiter angeworben, der für das geplante Projekt bereits solide Vorleistungen aufzuweisen vermochte. Das in jahrelanger Arbeit entstandene Gesangbuch ist schließlich 1812 erschienen und enthält eine überwältigende Fülle von neuen Liedern, die dem Geiste der Zeit entsprachen. Mit hoher Wahrscheinlichkeit ist anzunehmen, dass Jäck als routinierter Verseschmied ebenfalls Liedtexte beigesteuert hat. Welche dieser Texte ihm eventuell zuzuschreiben wären, ist nicht zu entscheiden. Die Dichter sind in diesem Gesangbuch namentlich nicht genannt, was gewiss programmatisch begründet war: Man wollte ein „Volksliederbuch" anbieten und Volkslieder haben bekanntlich keine individuell zu bestimmenden Dichter. So könnten manche dieser Liedtexte auch Resultate mehrerer Federn sein, also Gemeinschaftsprodukte.

Jäcks Vorliebe galt jedoch nicht primär dem Kirchenlied, vor allem war er ein begeisterter Hymniker und Hymnologe. In einem im „Archiv"- Jahrgang 1809 publizierten Essay vertrat er in der Nachfolge von Gellert und Klopstock die Überzeugung, dass es keinen feierlicheren Akt der öffentlichen Verehrung Gottes gebe als die Hymne und dass es geboten sei, die Hymnentradition aus den alten Zeiten wieder aufzugreifen und in der Muttersprache dem Volk zugänglich zu machen. Damit, so meint Jäck, solle das schlichte Kirchenlied, das man gewohnt sei, nicht abgewertet werden, wohl aber sei zu beachten, dass das Kirchenlied als „moralisches Lied" eine andere spirituelle Funktion erfülle als die Hymne. Wecke das Lied vor allem die erbauliche Reflexion, versetze die Hymne in einen frommen Affektzustand, in eine die Seele erhebende Leidenschaft, in einen gleichsam heiligen Rausch. 1817 veröffentlichte Jäck als Frucht langjähriger Anstrengungen eine deutsche Übersetzung von „Psalmen und Gesängen der heiligen Schrift nebst den Hymnen der ältesten christlichen Kirche" in einer „metrisch-paraphrasierenden" Manier, wie er selbst auf dem Titelblatt ankündigt. Einleitend bringt er die Hoffnung zum Ausdruck, dass in diesem ambitionierten Versuch der ursprüngliche „Geist der erhabenen religiösen Empfindung nicht ganz verloren gegangen" sein möge. Aus der Sicht unserer literarischen Gegenwart sind die Zweifel, die er selbst gehegt haben mag, leider nur zu bestätigen. Fatal erscheint vor allem Jäcks Entscheidung, die lateinische Vulgatafassung der israelitischen Hymnen in deutsche Textgebilde mit prononciert poetischem Anspruch zu verwandeln. Er liefert jambisch rhythmisierte Verszeilen und schmückt diese zu allem Überfluss mit Endreimkonstruktionen. - Eingang in die Volksfrömmigkeit haben diese „deutschen Hymnen" nicht gefunden – mit einer allerdings prekären Ausnahme.

Den nachhaltigsten Rezeptionserfolg dieses Hymnenkonvoluts fand die Übersetzung der mittelalterlichen „Improperien", der Anklagen Jesu gegen das undankbare Volk der Juden, die in den Karfreitagsliturgien der diversen christlichen Konfessionen jahrhundertelang rezitiert zu werden pflegten.

Lateinischer Text:	Jäcks Übersetzung:
Popule meus, quid feci tibi?	O du mein Volk, was tat ich dir?
Aut in quo contristavi te?	Betrübt ich Dich?
Responde mihi.	Antworte mir.

Das ist der Eingangs- und zugleich der Kehrvers, der nach 7 Strophen jeweils am Ende wiederholt wird. - Man achte wiederum auf Rhythmus und Reim:

1. Ägyptens Joch entriß ich dich,
   du legst des Kreuzes Joch auf mich.
   O du mein Volk ...

2. Ich führte dich durch vierzig Jahr
und reichte dir das Manna dar,
das Land des Segens gab ich dir
und du gibst mir das Kreuz dafür.
O du mein Volk …

3. Was hab ich nicht für dich getan?
Pflanzt dich als meinen Weinberg an,
und du gibst bittern Essig mir
durchbohrst des Retters Herz dafür.
O du mein Volk …

4. Ich führte dich durchs Rote Meer,
und du durchbohrst mich mit dem Speer.
Der Heiden Macht entriß ich dich,
du übergabst den Heiden mich.
O du mein Volk …

5. Ich nährte in der Wüste dich
und du, du läßt verschmachten mich
gab dir den Lebensquell zum Trank
und du gibst Galle mir zum Dank.
O du mein Volk..

6. Ich schlug den Feind, gab dir sein Land,
und grausam schlägt mich deine Hand.
Das Königszepter gab ich dir,
du gabst die Dornenkrone mir.
O du mein Volk ...

7. Ich gab dir Gnaden ohne Zahl,
du schlägst mich an des Kreuzes Pfahl.
O du mein Volk, was tat ich dir?
Betrübt ich dich?
Antworte mir.

Dieser offenkundig aggressiv-antijüdische Text ist in den katholischen Gebet- und Gesangbüchern des Erzbistums Freiburg auch noch in der Nachkriegszeit - „Magnifikat" (1960) und„Gotteslob"(1975) – in geringen Variationen für die Karfreitagsliturgie angeboten worden. Er ist erst unlängst in der "Gotteslob" - Ausgabe von 2013 gelöscht worden.

Besonders schwer tat sich der Zölibatär Fidelis Jäck mit einer züchtigen Übertragung des „Hohenlieds". Auf jeden Fall glaubte er sich verpflichtet, jeden Verdacht abzuwehren, dass durch diesen hocherotischen Text die Keuschheit des frommen Lesers touchiert werden könne. Das Hohelied sei keinesfalls als Lobpreis der „Sinnenliebe" oder gar als Ausdruck des „nackten Geschlechtstriebs" zu lesen, sondern müsse in der Nachfolge der Kirchenväter allegorisch gedeutet werden – als „geistliche Vermählung Jesu Christi mit der menschlichen Natur oder mit der Kirche oder mit jeder einzelnen gerechten Seele". Auch er, Jäck, lese den Text allegorisch: „Salomon, der Vernunftgeist, Sulamit, die gemüthliche Seele … sind Geschwister, Bruder, Schwester. Er, König, leitend – sie, Braut, sich anschließend". Die allegorisch verpackte Quintessenz des „Hohenlieds" laute demnach: „Willst du Mensch,

Ebenbild Gottes, ganz Eins seyn mit dir selbst, so vermähle Kopf und Herz, Geist und Seele, Salomon und Sulamit, im Bunde zum Göttlichen durch Liebe." - Ein abstruser Lektürevorschlag gegen die protestantisch gelehrten Exegeten der Zeit, die Jäck sehr wohl gekannt hat, er zitiert sie namentlich: den Professor Johann Christoph Döderlein von der Universität Jena und den Generalsuperintendenten von Weimar Johann Gottfried Herder - sie haben das Hohelied als das gelesen, was es war: als pure Liebespoesie der alten Israeliten. Jäck verwirft ihre Lesart mit Abscheu. - Grenzen eines ansonsten aufgeklärten Klerikers!

Jäcks professionelle Interessen galten jedoch nicht nur der Liturgie und ihrer Reform. Er verstand sich im Grunde als geistlichen Allrounder. So kümmerte er sich schon früh um eine ordentliche Finanzverwaltung in den Pfarreien. In einem „Archiv"-Artikel des Jahrgangs 1806 brachte er sein diesbezügliches Pflichtbewusstsein, wie folgt, zum Ausdruck: „Sonderbar bleibt es, daß unsere Pastorallehrbücher den Seelsorger als Lehrer, Katechet, Prediger, Funktionär des öffentlichen Gottesdienstes, Ausspender der heiligen Sakramente betrachten, von seinen scientifischen, moralischen und körperlichen Eigenschaften reden, aber die Sorge des Seelsorgers für Amts- und Ökonomieverwaltung kaum des flüchtigsten Blickes würdigen. Keiner, welcher ex professo über Pastoral geschrieben hat, ist mir bekannt, der in seiner Pastoralanleitung der Sorge für die Ökonomie des Seelsorgers eine eigene Abhandlung gewidmet hätte."

Unbestreitbar modern war Jäck in sozialreformerischer Hinsicht. In mehreren Pfarreien, die er pastoral betreute, hat er sich energisch um die Armenfürsorge gekümmert. Er tat dies auf Anregung und in Befolgung der sozialen Direktiven Wessenbergs. Dieser hatte 1809 ein Dekret erlassen, wonach die traditionellen „Bruderschaften" in den Gemeinden der Diözese aufgelöst bzw. umfunktioniert werden sollten. Es handelte sich dabei von Fall zu Fall um jahrhundertealte Vereine, in denen eine meistens vormoderne Frömmigkeit mit magischen Hintergrundelementen gepflegt wurde. Dass diese „Bruderschaften" ursprünglich vor allem soziale Funktionen im Sinne eines Zusammenhalts der Dorfgemeinschaft in Notfällen gehabt haben mochten, also zumal karitative Pflichten erfüllten, scheint im Laufe der Jahrhunderte vielfach in Vergessenheit geraten zu sein. Wessenberg wollte diese in ihrem historischen Kern karitative Intention der Bruderschaften wieder revitalisieren. Kirchlich sollte statt der bunten Vielfalt von Bruderschaften fortan nur noch eine Einheitsbruderschaft zugelassen sein und zwar in der ganzen Diözese: „Die Bruderschaft von der Liebe Gottes und des Nächsten". Wessenberg hatte offenbar die Absicht, die weit verbreitete Bruderschaftskultur zu entfolklorisieren und stattdessen eine Solidarorganisation zur wechselseitigen Hilfe ins Leben zu rufen – nach Möglichkeit in jeder Gemeinde: eine Art „Caritas" oder „Diakonie".

Als Jäck 1808 die Pfarrei Triberg im Schwarzwald übernahm, gab es im Ort zwei Bruderschaften, in denen einmal der heilige Rosenkranz und ein andermal ein „Skapulier", ein Wundertuch, verehrt wurden, - jeweils Anlass für diverse Festlichkeiten übers Jahr, die sich das Volk nicht ohne weiteres nehmen lassen wollte. Kristiane Schmalfeldt hat die Schwierigkeiten beschrieben, mit denen es Jäck zu tun hatte, um die nunmehr vereinten Bruderschaften auf ihre eigentliche Zielverpflichtung umzupolen: Hilfeleistung für jene, die der Hilfe bedurften. (K.S.: Marcus Fidelis Jäck und die gottesdienstlichen Reformen in Triberg 1808 – 1813. In FDA 110/1990, S. 281-298.) Ein „Armenvater" wurde erkoren, der das jeweils gesammelte Geld unter mehrfacher Kontrolle – in oberster Instanz vom Pfarrer! - unter den Bedürftigen zu verteilen beauftragt war. Immerhin wurde mit einer ersten Sammlungsaktion soviel Geld eingebracht, dass eine Pockenimpfung auch für die Kinder armer Familien im Dorf finanziert werden konnte. - Dass Jäck in der Pfarrei Kirchhofen einige Jahre später ebenfalls eine Armenfürsorge organisiert hat, zeigen seine Schriften, die er in einem eigens von ihm gegründeten Verlag herausgegeben hat. Auf dem Titelblatt seines

Psalmenbuches von 1817 vermerkt er ausdrücklich: „zum besten der Armen herausgegeben von der Armen-Unterstützungs-Anstalt in Kirchhofen.“

Um Armut, um deren Ursachen und die Chancen ihrer Überwindung, geht es auch in Jäcks Buch über die Geschichte der Uhrenmanufaktur im Schwarzwald. Er ist dieser industriellen Technik mit ihren ambivalenten ökonomischen Folgen schon früh begegnet – in den Jahren seiner Tätigkeit als Pfarrer in den Schwarzwälder Uhrendörfern Gütenbach und Triberg (1805 – 13). Dieses Interesse hat ihn offenbar jahrzehntelang begleitet, bis er endlich 1826, von Wessenberg ermuntert, Anlass fand zu formulieren, was ihn an diesem Industrialisierungsprozeß thematisch eigentlich bewegte: Aufstieg und Niedergang eines ökonomischen Paradigmas! – Wie erklärt sich die Logik dieser Kurve? - Jäck erzählt zunächst mit großer Sympathie von findigen Bauern und Häuslern der Region, die zu Beginn des 18. Jahrhunderts in den arbeitslosen Tagen der Winterzeit sich daran machten, Uhrwerke zu basteln, zunächst aus Holz, später, nachdem taugliches Werkzeug beschafft worden war, auch aus Metall. Wer schnitzen und malen konnte, stellte für diese Uhrwerke attraktive Gehäuse her. Wer weder das eine noch das andere konnte, dem wurden die fertigen Uhren auf den Rücken geladen mit dem Auftrag, dieselben in die Dörfer und Städte der näheren und ferneren Umgebung, später auch ins Ausland zu tragen und dort auf den Märkten zu verkaufen. Der Handel mit Schwarzwälder Uhren war nach wenigen Jahrzehnten europaweit so erfolgreich geworden, dass man Fabriken errichtete und die Produktion, so weit wie möglich, auf den Maschinenbetrieb umstellte. Geld kam in die Schwarzwalddörfer, man baute neue Häuser, manche wurden reich. - Der Niedergang begann damit, so Jäck, dass die Händler draußen die Arbeiter daheim betrogen, die Arbeiter lieferten im Gegenzug Ware minderer Qualität an die Händler, manche verließen den Schwarzwald, zogen ins Ausland und gründeten dort Konkurrenzunternehmen, alle Missstände gingen zu Lasten der heimischen Wirtschaft. - „Der Schreiber dieser kunstlosen Herzensergießungen“, sagt Jäck, stelle sich nun die Frage: „durch was erhob sich diese ungekünstelte ländliche Manufaktur von einem einzelnen planlosen Unternehmen zu einem ausgedehnten vaterländischen Industriezweig und wodurch sank dieses nützliche Handlungsgewerbe?“ - Jäck liefert keine systemkritische Abrechnung mit dieser früh-kapitalistisch organisierten Wirtschaftspraxis. Er argumentiert moralisch, er verwirft Eigennutz, Gewinnsucht, Erschütterung des Gleichgewichts von Mein und Dein, er fordert Ehrlichkeit und Treue, Genügsamkeit und vor allem Gerechtigkeit. - Schlussendlich riskiert Jäck einen warnenden Blick in eine mögliche Zukunft: „Kunstfleiß, Gewerbstätigkeit, Handel und Verkehr des gesellschaftlichen Menschen, in Verbindung mit den Aussaatsanstalten menschlicher Kenntnisse, den Schulen, bilden das Volk zu einem leitsamen, für allgemeine Zwecke nützlichen Wesen. - Lasset durch die Fügungen des Schicksals diese Pfeiler des gesellschaftlichen Wohles morsch werden und sinken, lasset es an Volksschulen und ihrer zweckmäßigen Einrichtung mangeln, lasset Kenntnisse versiegen, Industrie stocken, Handelsverkehr verschwinden, so wird der Charakter des Volks eine trotzende, rohe, verwilderte, eine dem gesellschaftlichen Bedarf widrige Gestalt annehmen. Wahn und Vorurtheile, Aberglaube und Dummheit mit ihren schrecklichen Äußerungen werden das Reich der Menschlichkeit entstalten.“ - Das sind Sorgen oder gar Ängste, die in diesen Jahren häufig artikuliert worden sind, zumal von jenen, welche die französische Revolution mit ihren Folgen wie auch immer erlebt hatten. Sie begegnen dann und wann auch in den Äußerungen Wessenbergs.

Am Konflikt zwischen Wessenberg und der Römischen Kurie hat sich Jäck publizistisch nicht beteiligt, aber es werden angeblich authentische Sätze von ihm überliefert, die zu erkennen geben, dass er sich vorbehaltlos auf der Seite des Konstanzer Bistumsverwesers positioniert hat. Er soll es gewesen sein, der den triumphalen Empfang Wessenbergs bei dessen Rückkehr aus Rom im Januar 1818 in Freiburg organisiert hat. Ihm hat man den Satz in den Mund gelegt: „Heinrich von Wessenberg hat auf sein ehrwürdiges Haupt einen so reichen Kranz kirchlicher Verdienste um das deutsche Vaterland und um die gute Sache des Christentums und der Menschheit gesammelt, daß eine römische Inful keinen Platz mehr darauf finden konnte." (Zitiert nach Joseph Beck: Wessenberg. S.332.)

Auch in der Folgezeit blieb das Verhältnis zwischen Wessenberg und Jäck durch ein professionelles Vertrauen geprägt. So entsprach er der Bitte Wessenbergs, die prekäre Henhöfer-Affäre anno 1823 zu bereinigen, die schon in dem Kapitel über Fridolin Huber gestreift worden ist. - Aloys Henhöfer, ein katholischer Priester in Mühlhausen, einem Dorf, das in den Iahren vor der Errichtung des Erzbistums Freiburg verwaltungsmäßig zum nördlichen Teil der katholischen Landeskirche Badens gehörte, hatte in seiner Gemeinde durch „pietistische Umtriebe" eine Spaltung der katholischen Gläubigen verursacht. Da die zuständige Kirchenbehörde in Bruchsal den Fall nicht zu regeln vermochte, wandte man sich an Wessenberg, der seinerseits Fidelis Jäck für drei Monate vom Dienst in seiner Gemeinde Kirchhofen beurlaubte und nach Mühlhausen schickte, um daselbst Frieden zu stiften. Das ist ihm auch aufgrund seiner diplomatischen Geschicklichkeit gelungen. Henhöfer konvertierte zur protestantischen Kirche und wurde als evangelischer Pfarrer zunächst nach Graben und dann in die Dörfer Spöck und Staffort versetzt. - Jäck berichtete nach seiner Rückkehr in einer Sitzung des Kapitels ausführlich über das delikate Verfahren zur Erledigung des Konflikts und ließ dieses Referat anschließend in einer Broschüre veröffentlichen.

Schließlich der Gipfel des Vertrauens: 1824 bat Wessenberg Jäck, das vakante Amt des Regens im Priesterseminar zu Meersburg zu übernehmen. Die Berufung erfolgte nicht zufällig oder notgedrungen, weil Wessenberg in der Verlegenheit war, keinen anderen gefunden zu haben. Jäck hatte sich bereits 1820 mit einem Aufsatz im „Archiv" eigentlich selbst als Regens in Vorschlag gebracht: „Über Bildungsanstalten des Klerus unter dem Namen Seminarien oder Konvikte." Jäck verließ also sein geliebtes Dorf im Markgräflerland und folgte dem Ruf, obwohl er wusste, dass er dieses Amt nur noch für eine kurze Zeit würde wahrnehmen können. In der Tat wurde die Bistumsverwaltung in Konstanz drei Jahre später aufgelöst und in Freiburg unter Erzbischof Bernhard Boll neu installiert. Das Priesterseminar wurde von Meersburg nach Freiburg verlegt und Jäck aus seinem Amt als Regens entlassen.

Am 20. September 1827 verfasste Jäck aus Anlass der Beendigung seiner Tätigkeit die folgende „Dankadresse des bischöflichen Seminars in Meersburg" an Wessenberg:

„Der Zeitpunkt einer neuen Gestaltung der Diözesan-Verfassung unseres vaterländischen Bistums ist nach langjähriger Unentschiedenheit endlich erschienen. Aus unversieglicher Quelle ehrfürchtiger Huldigung und tief gegründeter Dankbarkeit schöpfen alle Gemüter der zahlreichen Bistumsgeistlichkeit die lebhaftesten Empfindungen der innigsten ehrfurchtsvollen Liebe und des höchsten kindlichen Dankes für die hohen Verdienste um das allgemeine kirchliche Wohl, so wie für die tätige, rastlose, weise und liebevolle Sorgfalt um den Diözesanklerus, mit der Ew. Excellenz sechs und zwanzig Jahre Ihre bischöfliche Regierungsverwaltung krönten.

Ein durch höchste Leitung der göttlichen Vorsehung, deren Wege und Absicht menschliche Augen nicht ergründen, herbeigeführtes Ereignis trennt uns jetzt von dieser segensreichen Leitung und zärtlich väterlichen Sorgfalt, deren große zahllose Wirkungen aufs Ganze wie aufs Einzelne der Diözese die ruhige parteilose Nachwelt freudig aufzählen wird. Uns, der Mitwelt aber, sei es vergönnt, im Momente dieser Trennung laut und öffentlich bezeugen zu dürfen, daß wir in ehrerbietigster Huldigung diese hohen Verdienste um das Gemeinwohl

unserer heiligen Kirche bewundern und diese leitende segensreiche Sorgfalt für das geistliche Wohl des Einzelnen mit unerlöschlicher Dankbarkeit anerkennen.
Möge Ew. Excellenz heilig väterlicher Segen und Ihres großen Herzens fromme, liebevolle Wünsche uns geleiten in die neue Ordnung der Dinge! Genehmigen Ew. Excellenz, wir bitten, die Bezeugungen unserer tiefsten Ehrfurcht und innigsten Dankbarkeit, mit denen wir ersterben."

Diese Dankadresse ist nicht nur von Fidelis Jäck als Regens des Seminars unterzeichnet worden, sondern auch von allen seinen geistlichen Kollegen am Seminar und schließlich von 41 Priesteramtskandidaten des aktuellen Jahrgangs. Es handelt sich also um einen hochoffiziellen Text. Die Okkasion erzwang den steifen Kurialstil dieses Schreibens, was den modernen Leser befremden mag, aber Jäck entsprach damit durchaus den Korrespondenzkonventionen der Zeit im offiziellen Umgang der niederen Geistlichkeit mit Vertretern der kirchlichen Hierarchie. Eine einseitige oder gar wechselseitige Kommunikation über persönliche oder gar private Angelegenheiten war in einem asymmetrischen Dienstverhältnis ausgeschlossen. Diese eigentlich selbstverständliche Feststellung eines sozialhistorischen Sachverhalts ist fällig, weil Jäck nach dem Sturz Wessenbergs im Abstand einiger Jahre das vorige Verhältnis von 'Herr und Knecht` zu verabschieden sich erlaubte – auf noble Weise, wohlgemerkt!

Jäck kehrte nach der Schließung des Meersburger Priesterseminars zunächst in seine alte Pfarrei Kirchhofen zurück in der Absicht, daselbst sein Alter zu verbringen. Sein Aufenthalt im Breisgau währte allerdings nicht lange. Denn 1830 war Vitus Burg, ehemals engster Vertrauter Wessenbergs, wider Erwarten zum Bischof von Mainz gewählt worden, und er berief Jäck, den er als loyalen Mitarbeiter Wessenbergs kennen und schätzen gelernt hatte, unverzüglich in das neu organisierte Domkapitel dieser Diözese. Gleichzeitig betraute ihn der Bischof mit der Leitung des Mainzer Priesterseminars. Burg tat dies nicht zuletzt deshalb, um in Anbetracht der in Mainz besonders forsch auftretenden Ultramontanen einen verlässlichen Verbündeten Wessenbergianischer Herkunft an seiner Seite zu wissen. Das schreibt Jäck in einem Brief an Wessenberg vom 25. Mai 1833, in dem er diesem den überraschend frühen Tod von Bischof Burg zur Kenntnis gibt. Jäck beginnt diesen Brief, wie bisher üblich, mit der Anredeformel „Hochwürdigster! Gnädigster Herr!", fährt dann aber fort: „Geliebtester Herr und Freund - ich darf Sie ja noch, gnädiger Herr! - Ihrer mich ewig freuend – Freund nennen? Gönnen Sie mir diese mich sehr erhebende Gnade! ... Er (gemeint ist Burg), der, um nicht allein fremd hier zu sein, mich aus meinem Vaterland, von meinen Geschwistern und Freunden wegzog – Burg ist mir vorausgegangen, und ich hoffte, er sollte noch lange wirken, wenn er längst meiner nicht mehr bedürfte... Mein großer Bischof – noch keine vier Jahre trug er den Hirtenstab und er hat mehr geleistet als mancher Kurfürst nicht in vielen Jahren ... Ich soll eine Leichenrede halten und weiß meine Gedanken nicht zu ordnen. Vergeben Sie, gnädiger Herr! meine Fassungslosigkeit!" Nach einer kurzen Schilderung des zum Tode führenden Krankheitsverlaufs gibt er noch einmal seiner Trauer Ausdruck: „Mainz hat für mich keine Bedeutung mehr – gerne, wenn es sich tun ließe, kehrte ich wieder zurück ins Vaterland. Gott wird mich alten Knaben auch bald ins rechte Vaterland führen. Gott erhalte Ihren Lebenstag und segne sein Reich!" - Schließlich folgt ein Postskript: „Noch am 24. v. M. (vorigen Monats) schrieb mir Burg von Darmstadt aus: Salve Fidelis! Quo non fidelior aliter! vivite laete tibi, perge valere Deo!" (Sei gegrüßt Fidelis! Kein anderer ist treuer als Du, lebe froh und bleibe gesund mit Gottes Hilfe!)

Leben Sie wohl, geliebter, gnädiger Herr!
Ihr
Fidelis Jäck

PS: Noch am 24. v. M. (vorigen Monats) schrieb mir Burg von Darmstadt aus: Salve Fidelis! Quo non fidelior aliter! vivite laete tibi, perge valere Deo!“ (Sei gegrüßt Fidelis! Kein anderer ist treuer als Du, lebe froh und bleibe gesund mit Gottes Hilfe!).

Jäck war sich offenbar bewusst, dass er mit diesem Brief eine soziale Grenze zu überschreiten im Begriffe war. Er ratifizierte gleichsam, was seit sechs Jahren, seit der Entlassung Wessenbergs aus dem Amt des Bistumsverwesers, der Fall war. Die beiden Männer stehen nicht mehr in einem ausschließlich durch den Dienst geprägten Verhältnis. Jäck erlaubte sich nun, um ein Verhältnis auf Augenhöhe zu bitten, um ein Freundschaftsverhältnis, das für den Austausch von Menschlichem und Allzumenschlichem offen sein durfte. - Ein diesbezüglicher Antwortbrief Wessenbergs konnte nicht gefunden werden und so wissen wir nicht, was den Freiherrn bei der Lektüre der Jäck´schen Freundschaftsofferte bewegt haben mochte. Er hat dieselbe zumindest nicht förmlich abgewiesen, denn Jäck blieb auch in späteren Briefen bei dieser bürgerlichen Anrede.

Als Jäck 1845 starb, widmete ihm Wessenberg einen poetischen Nachruf und publizierte diesen 1846 in seinen „Denkblättern der Freundschaft und freundlichen Erinnerung.“ (Hier zitiert nach der Ausgabe „Sämmtlicher Dichtungen“ Wessenbergs Bd.7, Abt.6, S. 273, 1854)

+ 1845

Fidelis Jäck, Domherr zu Mainz

Stirb, frommer Greis! Der Sternenkranz der Treue
umstrahle deine Stirn fortan!
In vielgeprüfter Tage langer Reihe
wichst nie du von der Treue Bahn.

In deiner Brust klang keine falsche Saite,
Zweizünglern stimmtest du nicht bei,
Und als ums Licht die Arglist Dunkel streute,
bliebst du Gott und dir selber treu.

Dieser Nachruf sei hier nicht als poetische Meisterleistung gewürdigt – verdient aber dennoch im Hinblick auf die feinsinnigen Allusionen literarischen Respekt. Das Gedicht simuliert die Abschiedsbegegnung mit einem alten Mann, der im Sterben liegt, - vielleicht auch schon soeben gestorben ist. Der zunächst befremdliche Zuruf: „Stirb, frommer Greis!“ indiziert jedenfalls den Zustand der Todesnähe. Bedrohliche Assoziationen werden jedoch nicht geweckt: Du kannst guten Gewissens gehen, signalisieren die folgenden Zeilen, denn du hast allzeit die Tugend der Treue gepflegt, trotz aller Prüfungen eines langen Lebens. Dreimal rühmt Wessenberg in dem Gedicht die Treue des Sterbenden oder Verstorbenen. Was bedeutet das? - Zunächst eine Anspielung auf den Namen „Fidelis“, lateinisch: treu, zuverlässig, ehrlich, aufrichtig. Sinngemäß ist Treue keine Eigenschaft, die einem angeboren ist, sondern ist eine Haltung, für die man sich von Fall zu Fall entscheidet. Treue bewährt sich in der Krise, man bleibt standhaft um jeden Preis. Wessenberg erinnert am Ende dieses Gedichts - „Als ums Licht die Arglist Dunkel streute ...“ - an eine offenbar schwere Krise, die der Sterbende irgendwann einmal in seinem Leben bestanden hat, ohne dazu Näheres auszuführen. Aber es muss ein Äußerstes gewesen sein, was ihn auf die Probe gestellt hatte: Es ging um ihn selbst und um seinen Gott. Was da aber wirklich geschehen ist, das Jäcks Treue so markant besiegelt haben soll, bleibt ein Geheimnis dieser beiden Männer.

Appendix:

„Urteil Aloys Henhöfers, Pfarrers in Mühlhausen, über Fidelis Jäck aus Anlaß von dessen rund drei Monate währendem Aufenthalt in Mühlhausen und dessen Bemühungen um eine Wiederherstellung des konfessionellen Friedens daselbst. (Zitat aus der autobiographischen Schrift: „Christliches Glaubens-Bekenntnis des Pfarrers Henhöfer`s von Mühlhausen, jetzt evangelischen Pfarrers zu Graben im Großherzogtum Baden.“ 1823.)

„Es kam der Herr Dekan und Pfarrer Jäck zu Kirchhofen. ein in der Welt erfahrener und gewandter Mann. Dieser Mann, der sich gleich in seiner ersten Predigt als der Missionär des Gebietes ankündigte, fing nun an das große Werk der Bekehrung auf eine ganz andere und weit feinere Weise als seine Vorgänger. Er sprach wenig vom äußerlichen Christentum und behandelte auch alles Äußerliche mit einer Art, daß man wohl sah, er setze keinen besonderen Wert darein. Manches änderte er, Anderes ließ er ganz weg, so, daß wenn ich irgend der Art etwas getan hätte, des Geschreis kein Ende sein würde. Seine Predigten waren rein evangelisch, handelten von Christus und dem in der Liebe tätigen Glauben – und da diese Predigten nun mit den meinigen und mit der Überzeugung der Leute übereinstimmten, so kamen sie auch zu ihm in die Kirche. Vom Papste und der alleinseligmachenden Kirche, von der Heiligenanrufung, vom Christus im Tabernakel redete er wenig und äußerte selbst Meinungen daher, die gar nicht katholisch waren. So leugnete er privatim auch die wesentliche Verwandlung des Brots und Weins beim Abendmahl und erklärte in Hinsicht der Anbetung der Hostie, daß man nicht das Brot, sondern nur Christus in dem Brote anbete, der ja überall nach seiner Verheißung zugegen sei, wo zwei oder drei in seinem Namen versammelt seien. Die Messe behandelte er mehr als Abendmahlsfeier und uneigentliches, denn als eigentliches Opfer. Vom Concilium Tridentinum wollte er wenig hören, überhaupt meinte er, daß diese Diözese (also Bruchsal in Nordbaden) im Vergleich mit der Oberländer (also Konstanz) noch sehr im Schatten des Todes und der Finsternis sitze. Auch meinte er, es sei in meiner Behandlung durch die Kirchenbehörde in Bruchsal besonders darin gefehlt worden, daß man mich aus der katholischen Kirche ausgeschlossen habe.“

(Zitat aus der autobiographischen Schrift: „Christliches Glaubens Bekenntnis des Pfarrers Henhöfer´s von Mühlhausen, jetzt evangelischen Pfarrers zu Graben im Großherzogtum Baden.“ 1823

Joseph Willibald Strasser (1769 - 1846)

Schriften von Strasser:

Zahlreiche Artikel im Archiv für die Pastoralkonferenzen der Landkapitel des Bistums Konstanz.

Andachts- und Gesangbuch zur gemeinschaftlichen Erbauung für den öffentlichen Gottesdienst gesammelt. 1807

Das Leiden und Sterben unseres Herrn Jesu Christi: nach der göttlichen Vernunft in XV Stationen zum Gebrauche in der Fasten, den Betstunden und anstatt der sogenannten Rumpelmetten in der Karwoche. 1810.

Katholisches Gesang- und Gebetbüchlein für Stadt- und Landschulen. 1810

Kurzer Entwurf einer Fortbildungsschule. 1821
Handbuch der Naturlehre, Naturgeschichte und Technologie für die obere Klasse. 1818.

Christkatholischer Katechismus für die obere Klasse der Elementarschüler. 1814
Handbuch für deutsche Elementarschüler. 1828

Der Unterricht in der Volks-Schulkunde: eine Forderung der Zeit an Seminarien für Geistliche. 1831

Über die Bildung der gewerbetreibenden Volksklassen. 1833.

Der Lehrstoff und Lehrgang der Volksschule. Ein Vademecum für Schulkandidaten. 1833.

Die Parabel des verlorenen Sohnes in sechs Bildern zum Unterrichte über das heilige Bußsakrament. In „Archiv für die Kapitelskonferenzen“ 1826, 2, S.147-196.

Liedersammlung zur Beförderung des Gesanges für die Jugend der Stadt Constanz. 1826

Der Theaterfreund für die Jugend. 1819

Die Wichtigkeit der wieder einzuführenden Synoden für das Wohl und das Bedürfnis der katholischen Kirche dieser Zeit. 1833.

Schriften über Strasser:

Friedrich Kössing in Badische Biographien, 2. Teil, S.327.

Franz Karl Felder: Gelehrten- und Schriftstellerlexikon der katholischen Geistlichkeit. 2.Bd. 1820.
Heinrich Maas: Geschichte der katholischen Kirche im Großherzogthum Baden. 1891. S.149.

Christian Schröder: Armenfürsorge und katholische Identität – Südbaden und die Saarregion im historischen Vergleich (1803 – 1870). 2014.

Im Stadtarchiv Konstanz sind 89 Schriftstücke Strassers aufbewahrt.
Im erzbischöflichen Diözesanarchiv finden sich keine relevanten Quellen zu Strasser.

Joseph Willibald Strasser ist 1769 in Wolfach, einer kleinen Stadt im Nordschwarzwald, auf die Welt gekommen – als Sohn eines Beamten, wie das Felder'sche Lexikon ausdrücklich vermerkt.
Nach der Beendigung seiner Volksschulzeit musste er den Ort, wo er aufgewachsen war, verlassen und wurde nach Donaueschingen geschickt, um am Gymnasium die „Humaniora" (Latein, Griechisch, Philosophie etc.) zu absolvieren und anschließend an einer Universität studieren zu können. Auffällig ist, dass der junge Strasser, als er die Schule hinter sich hatte, sich nicht wie erwartet an der Universität Freiburg immatrikulierte – in der Regel Heimatuniversität der künftigen Kleriker der Diözese Konstanz -, sondern an der Benediktineruniversität Salzburg. Er zog damit in eine Stadt, die sich in der zweiten Hälfte des 18. Jahrhunderts zumal in den Jahren der Regentschaft des hochrenommierten Fürstbischofs Hieronymus Colloredo zu einem kulturellen Zentrum von europäischem Rang entwickelt hatte. Colloredo war ein entschiedener Aufklärer und in diesem Geiste organisierte er auch seine kirchliche Reformpolitik. Er bekämpfte jene konventionelle katholische Religiosität, die sich zumindest beim gemeinen Volk immer noch dominant in den Ausdrucksformen der traditionellen Barockfrömmigkeit äußerte. So verbot er alle Inszenierungen einer sinnenfrohen Gläubigkeit, also Passionsspiele, Christi-Himmelfahrts-Theater, weihnachtliche Krippen-seligkeit, aber auch die im Volk so beliebten Sakramentalienbräuche wie Salz-, Kräuter- oder Wasserweihen, kurzum er verbot alle Veranstaltungen, die einer magisch-abgründigen Praxis hätten verdächtigt werden können. Colloredos kirchliche Reformideen galten insbesondere der Liturgie, den Messgottesdiensten, die entlatinisiert und somit verständlich für alle in deutscher Sprache gefeiert werden sollten. Dementsprechend führte er ein bayrisches Gesangbuch mit deutschsprachigen Liedern ein.

In diesem geistigen Milieu also studierte der junge Strasser drei Jahre lang Philosophie und Theologie, bis er in seine Heimatdiözese zurückkehrte und sich 1792 in Konstanz zum Priester weihen ließ. In den folgenden zwölf Jahren war er auf der Suche nach einer pfründlich hinreichenden Gemeinde. Wie üblich unter seinesgleichen blieb er immer nur kurzfristig in kleinen, finanziell dürftigen Landpfarreien der allemannisch – schwäbischen Region: Geisingen, Trochtelfingen, Emmingen ab Egg, Honstetten, zwei Jahre lang (1802 – 04) fungierte er als Hofkaplan bei den Fürstenbergern in Donaueschingen, schließlich übernahm er 1804 die auskömmliche Dorfpfarrei Göggingen bei Meßkirch.

In diesem Jahr beginnt Strassers Korrespondenz mit Wessenberg. Man wird annehmen dürfen, dass der Generalvikar beim Antritt seines Amtes die Personalakten seiner Priesterschaft sichtete und dabei auf den außergewöhnlichen Bildungsgang Strassers aufmerksam geworden war, sodass er in demselben einen möglichen Bündnispartner seiner eigenen Reformziele zu finden hoffte. Jedenfalls betraute er Strasser alsbald mit dem zusätzlichen Amt eines bischöflichen Deputierten und Dekanatsadjunkts im Kapitel Meßkirch, womit dieser zwar nicht förmlich, aber faktisch zur maßgeblichen Instanz in diesem Dekanat aufstieg. Es handelte sich dabei um einen taktischen Schachzug Wessenbergs: Indem er unter dem Vorwand eines Entlastungsangebots den Kapiteln Priester seines Vertrauens beiordnete, die sein Reformkonzept stützten, konnten etwaige Widerstände konservativer Dekane vor Ort, wenn nicht gänzlich gebrochen, so doch geschwächt werden.

Einig war sich Strasser mit Wessenberg insbesondere in der Überzeugung, dass eine Liturgiereform, die den Bedürfnissen des Zeitgeistes entsprach, dringend geboten war. Aufgrund seiner praktischen Berufserfahrung als Landpfarrer vermochte Strasser ein geeignetes Konzept für die religiöse Bildung der Landbevölkerung zu erstellen. 1807 publizierte er ein „Andachts- und Gesangbuch zur gemeinschaftlichen Erbauung bei dem öffentlichen Gottesdienste für das christkatholische Volk", ein Werk, das Wessenbergs uneingeschränkten Beifall fand – nicht zuletzt deshalb, weil ausschließlich deutsche Texte vorgelegt wurden. In der Vorrede schreibt Strasser an die Adresse der herkömmlicherweise in lateinischer Sprache zelebrierenden Priester: „Wenn Du in der Begeisterung in einer fremden Sprache betest, wie kann der Ungelehrte dazu Amen sagen, er weiß ja nicht, was Du betest? In der gottesdienstlichen Versammlung will ich lieber fünf Worte in einer bekannten Sprache reden als 10tausend in einer fremden." In Strassers Buch werden Mess- und Vespertexte angeboten für die Sonntage des Kirchenjahrs vom Advent bis zur Kirchweih, ferner Messen zu unterschiedlichen Anlässen, zur Hochzeit, zum Begräbnis, Dankopfermessen zur Ernte, nicht nur für eine „reich" ausgefallene, sondern auch für eine „mittelmäßige" oder sogar auch für eine „Fehlernte". Beigebunden war unter anderem ein Andachtstext zum Passionsritual: „Das Leiden und Sterben unseres Herrn Jesu Christi nach der göttlichen Vorschrift in XV Stationen – zum Gebrauche in der Fasten, bey Bethstunden und an Statt der sogenannten Rumpelmetten in der Karwoche". - Zur Vokabel „Rumpelmette" äußert sich Strasser einleitend, wie folgt: „Wer auch nur einige Jahre auf dem Lande in der Seelsorge gestanden ist, weiß es, welch eine äußerst schwere Sache es sey, sich auch nur einen erträglichen Sing-Chor in der lateinischen Sprache zu bilden. Nicht selten erregen dergleichen Metten ein lautes Gelächter, statt heilige Rührung. Sie werden aber auch an jenen Orten, wo sie mit gehörigem Anstande gehalten werden, nicht zahlreich besucht. Der gemeine Mann sagt es laut, was sein Herz täglich mehr fühlt: daß ihn die lateinische Sprache nicht erbauen könne, weil er sie nicht versteht". Vor allem die Sprache der Liturgie sollte verstanden werden. Gegen zeremonielle Reste der traditionellen Volksfrömmigkeit sei im Übrigen nichts einzuwenden: z. B. der „dreyeckichte Leuchter" mit brennenden Kerzen, die von Station zu Station zu löschen seien, „denn das war dem Volk bey der Metten seit langem das Interessanteste, wohin ich auch noch die große Retsche oder Kläpper zähle". Schließlich fasst Strasser das Generalziel dieses liturgischen Konzepts, wie folgt, zusammen: „Es wird der süßeste Lohn dieser Arbeit für mich seyn, wenn ich vernehme, daß auch dieser Versuch dem Mechanismus einen Abbruch thut, denn ich weiß nicht: ob der Unglaube oder der Mechanismus der Religion mehr schadet. Beide sind Mörder des religiösen Sinnes." - „Mechanismus" meint in diesem Zusammenhang die Unsitte des Rosenkranzgebets während der Messe, ungeachtet dessen, was der Priester am Altar tut. - Strasser nahm als Autor dieses Gesangbuchs Rücksicht auf das Sprachvermögen der bäuerlichen Nutzer. Das lassen insbesondere die Liedtexte erkennen: sie sind nicht allzu tiefsinnig und also leicht verständlich, die Verszeilen sind einfach gebaut und also umstandslos memorabel, die Texte somit insgesamt geeignet, den pastoralen Zweck der Bildung eines christlichen Gemeindebewusstseins im gemeinsamen Singen und Beten zu erfüllen.

Wessenberg hatte in der Tat Anlass, die Leistung Strassers als Herausgeber dieses pastoralen Modellwerks zu würdigen. Denn er selbst hatte seit Beginn seiner Tätigkeit im Generalvikariat den Plan verfolgt, ein einheitliches Gesang- und Andachtsbuch für das gesamte Bistum bereitzustellen. (Vgl. Fidelis Jäck!) Bei diesem Vorhaben scheint ihm nun Strasser in den folgenden Jahren nicht der einzige, wohl aber der wertvollste Mitarbeiter geworden zu sein. Das lässt sich auch aus seiner Entscheidung erschließen, Strasser in seine Nähe zu berufen: 1810 wurde dieser zum Pfarrer von Meersburg ernannt. Das Konstanzer Diözesangesangbuch ist schließlich 1812 erschienen. Das Werk erzielte einen durchschlagenden Erfolg und blieb viele Jahre lang im Gebrauch – auch dann noch als die Diözese Konstanz schon längst untergegangen war.

1813 veranlasste Wessenberg die Versetzung Strassers nach Konstanz mit dem ehrenvollen Auftrag die neuerrichtete Dompfarrei zu übernehmen und das kirchliche Dekanat des Konstanzer Kapitels zu leiten. In diesem Amt hatte er eine Aufsichts- und eine Vermittlungsfunktion. Er hatte Pfarreivisitationen vorzunehmen, er kontrollierte also bis zu einem gewissen Grade den Klerus, und er hatte eine Moderierungspflicht, wenn es zu Reibungen kam zwischen dem Pfarrer einerseits und der Gemeinde andererseits, oder auch zwischen dem Pfarrer und dem Bischof. Außerdem wurde er ständiges Mitglied des Ordinariats und blieb das auch bis zum Ende des Bistums 1827.

Neben seinen kirchlichen Ämtern wurde Strasser von Seiten der Staatsregierung auch zum landesfürstlichen Dekan ernannt mit der besonderen Zuständigkeit für das Schulwesen. Als offizieller „Schulvisitator" war er damit der oberste Schulbeamte im Bezirk. Es ist ihm zu bescheinigen, dass er dieses Amt mit höchst respektablem Einsatz seines persönlichen Interesses verwaltet hat. Gerechtfertigt ist dieses Urteil zumal im Hinblick auf das Schrifttum, das er in den folgenden Lebensjahrzehnten publiziert hat. Der Liturgiker Strasser, der als solcher schon pädagogisch interessiert war, wurde nun vollends zum Schulpädagogen. Von der eminenten Bedeutung einer guten Elementarausbildung überzeugt machte er handfeste Vorschläge, wie den Kindern das Lesen und Schreiben und Denken beizubringen sei oder wie bei den Jugendlichen das Interesse für Naturwissenschaft und Technik geweckt werden könne. Besonders zukunftsträchtig waren seine Überlegungen zu einer fundamentalen Reform des Schulsystems. Knaben sollten nach Beendigung des Volksschulbesuchs als Dreizehn- oder Vierzehnjährige nicht unverzüglich zum Eintritt in die Arbeitswelt genötigt werden, sondern mindestens zwei weitere Jahre lang eine Fortbildung genießen dürfen, und zwar nicht an einem Gymnasium, das auf ein akademisches Studium vorbereite, sondern in einer Gewerbeschule, die nützliches Wissen für jene vermittle, die später ihren Beruf im Handel oder Handwerk finden wollten. Es ist Strasser tatsächlich gelungen, 1829 eine solche „Real- oder Bürgerschule" in Konstanz einzurichten. Schließlich sprach er sich für die Gründung einer technischen Hochschule aus, in der die Begabten unter diesen Technikern studieren sollten – wie eben die „Humanisten" an der Universität. Dass die Dominikanerinnen in Konstanz eine Fortbildung der Mädchen nach der gewöhnlichen Schulzeit anboten, begrüßte er außerordentlich, indem er einen Lehrplan für einen zweijährigen Kurs entwarf.

Strasser war selbst ein passionierter Lehrer. Das gibt er nicht zuletzt in seinen Schriften zur religionspädagogischen Praxis zu erkennen. So publizierte er 1826 in dem von Wessenberg herausgegebenen „Archiv" einen Vorschlag zum Unterricht über die bekanntermaßen schwierige Aufgabe, den Kindern die Praxis des Bußsakraments zu vermitteln. Er erzählt die vom Evangelisten Lukas überlieferte „Parabel vom verlorenen Sohn". Die Stationen der Einsicht des Sünders über sein Unrecht, seine Bekehrung und Bereitschaft zur Versöhnung mit dem Vater dienen als sinnfälliges Modell für den sakramentalen Akt der Schuldliquidation, also Gewissenserforschung, Reue, Bekenntnis, Vorsatz der Umkehr und Wille zur Wiedergutmachung, schließlich der Akt der Vergebung und das Fest der Versöhnung als Glücksprämie. Da Strasser überzeugt war, dass das Interesse der Kinder und Jugendlichen durch bildhafte Vermittlung leichter zu erregen wäre als durch das Hören allein, bestellte er bei der „lythographischen Anstalt der feiertäglichen Zeichnungsschule" in München bei Hermann Joseph Mitterer 6 Illustrationen zur „Parabel vom verlorenen Sohn" und zwar in der Größe von Plakaten, um den zuschauenden Schülern eine Art von Kinoerlebnis zu bescheren. - Die Inszenierung der Beichte als Versprechen eines Festes verdient als genialer Einfall gewürdigt zu werden.

Grundlegend war für Strasser die Idee, dass die Schule für Kinder, für Jugendliche und nicht zuletzt auch für die Lehrer keine Abrichtungsanstalt sein dürfe, sondern ein Ort des fröhlichen Lehrens und Lernens. Diesem Ziel dienten unter anderem Strassers mannigfaltige kulturelle Unternehmungen. So publizierte er 1826 eine „Liedersammlung zur Förderung des Gesanges für die Jugend der Stadt Constanz": 126 Lieder für Kinder und Heranwachsende jeglichen Alters als Stimulantien für die Bewältigung des Schulalltags, Lieder „zur Eröffnung und zum

Ende des Unterrichts“, Lieder „vor, unter und nach der Prüfung“, Lieder „bey des Lehrers Geburts- und Namensfeste“, Lieder „beym Tod eines Mitschülers oder einer Mitschülerin“, Lieder zu allen Jahreszeiten. Nicht vergessen wird schließlich der Himmel als alles überspannender Horizont. Nicht alle Lieder stammen von Strasser selbst, manche auch von mehr oder weniger prominenten Zeitgenossen, z.B. von Matthias Claudius: „Der Winter ist ein rechter Mann...“.

Unter pädagogischem Aspekt besonders bemerkenswert sind die Theaterstücke, die er eigens für die Jugendlichen fabriziert hat, jeweils bestückt mit zahlreichem Personal, sodass möglichst viele Schüler eines Jahrgangs eine Chance zum Auftritt hatten, zum Beispiel: „Das Lehrverdienst erhält seine Krone oder die Schulmeister von Langohrhausen und Lerngernbach. Ein Jugendschauspiel in 5 Aufzügen“. Oder: „Der Dummheit Lohn ist Hohngelächter. Ein Lustspiel in einem Aufzug“, etc. Gespielt wurde auf der Bühne des alten Jesuitentheaters in der Stadt. In Anwesenheit der zuschauenden Elternschaft mochte die Schule dann für ein paar Stunden zum Familienfest geworden sein. Vielleicht hat auch Wessenberg zugeschaut. Jedenfalls begegnet einmal die zumindest halbironische Widmung: „Seiner Exzellenz, dem Hochwürdigsten, Hochwohlgebohrnen Freyherrn Ignaz Heinrich von Wessenberg ehrfurchtsvoll geweiht vom Verfasser.“

Dieses breite pädagogische Engagement Strassers beruhte auf der in der Zeit der Aufklärung vom Klerus generell vertretenen Überzeugung, dass Bildung unabdingbare Voraussetzung für ein gelingendes Leben des Einzelnen wie auch für eine gelingende Gesellschaft insgesamt ist. Für christliche Aufklärer war ein gelingendes Leben immer zuerst ein christliches Leben, ein menschenwürdiges Leben. Dieses Ziel setzt ein Wissen über die materiellen Bedingungen der Welt voraus, aber darüberhinaus erst recht ein christlich-ethisches Verantwortungsbewusstsein im Umgang mit diesen Bedingungen. Beiden Zielperspektiven hat die Schule gerecht zu werden. Der Auftrag des Priesters in der Schule ist evident. Vgl. dazu J.W.Strasser: „Der Unterricht in der Volksschulkunde. Eine Forderung der Zeit an Seminarien für Geistliche.“1831.

Zum Pflichtbereich des Klerus gehörte nicht zuletzt die Sorge um die Armen in der Gemeinde. Vielen katholischen Priestern der Generation, die hier im Blick ist, war diese urchristliche Pflicht bewusst und sie haben die Not der Bedürftigen wahrgenommen und von Fall zu Fall auch karitative Abhilfe zu leisten versucht. Strasser hat sich dieser Pflicht gestellt. Als die große Heilig-Geist-Stiftung in Konstanz Anfang der 20er Jahre des 19. Jahrhunderts einen neuen Vorstand zu installieren hatte, bat man den Dompfarrer Strasser, dieses aufwendige Amt anzunehmen. Der Aufgabenbereich war tatsächlich voluminös: Strasser war als Vorstand der Institution nicht nur verantwortlich für den Geist derselben, sondern auch für alle ökonomischen Angelegenheiten, er organisierte die Funktionalität der Stiftung, er verwaltete das Vermögen, er beaufsichtigte das tätige Personal. Allein die schriftliche Protokollarbeit war so umfangreich, dass für die bisher vorrangigen Geschäftsfelder Strassers – die Seelsorge und die Schule – nur noch wenig Zeit übrig blieb. 1829 bat Strasser um Entlassung aus diesem Verwaltungsamt. Seine diesbezügliche Kündigung ist eindrucksvoll: „Ich habe die Stelle des ersten Spitalvorstandes zwar seit dem Jahr 1823 mit redlichem Willen, mit Aufopferung von Zeit und mit Erduldung vieler trüber Stunden verwaltet, aber itzt vermag ich es nicht mehr, ohne mein Gemüth dem Trübsinn und der Verwirrung Preis zu geben und mich für Seelsorge und Schule unwirksam zu machen. Ich diene über 38 Jahre in der Seelsorge und habe stets für die Schulen nicht nur meine Geisteskräfte, sondern auch alle Ersparnisse und insbesondere für die hiesigen Elementar- und Fortbildungsanstalten so viel verwendet, dass ich außer meiner Hausgeräthschaft kein Vermögen besitze. Auch bin ich schon im 62ten Jahr meines Lebens, einem Alter, das Schonung seiner Kräfte fordert. Ich will nicht müßig gehen, aber mich auch nicht mit Geschäften befassen, die den Abend meines Lebens verbittern.“ (Zitiert nach Christian Schröder, S. 78). Ob diese Erschöpfungsklage seine Resignation ausreichend begründet, sei dahingestellt. - Nicht auszuschließen ist, dass auch der in eben diesen Jahren erfolgte Umbruch der kirchlichen Verhältnisse diesen partiellen Rückzug motivierte. Immerhin musste Strasser mit dem Abgang Wessenbergs den Verlust seiner dominanten professionellen Bezugsperson bewältigen. Die Bedeutung Wessenbergs für Strasser lässt sich an einem schriftlichen Bekenntnis desselben sinnfällig dokumentieren. Als im Jahre 2827 das Ende des Bistums Konstanz und die Gründung des Erzbistums Freiburg endgültig bevorstand, wandte sich Wessenberg am 21. Oktober 1827 mit einem öffentlichen, sehr bewegenden Abschiedsbrief an die Kleriker im Lande. Eine Woche später, am 28. Ohtober, antwortete Strasser im Namen der Kleriker der Stadt Konstanz mit dem folgenden Dankschreiben:

„Hochwürdigster Herr Bisthumsverweser, Hochwohlgeborener Freyherr,
hoch- und innigst verehrter gnädiger Herr!

In wehmüthig schmerzlichem Gefühle, das Ihr liebevolles Abschiedswort in uns erregte, nahen wir Euer Hochwürden Excellenz.

Das neu errichtete Erzbisthum entreißt uns Ihrer oberhirtlichen Leitung, aber es wird nie das Band der Verehrung und Liebe zerreißen, das uns mit Ihnen bis zu jener verheißenen Zeit verbindet, wo nur ein Hirt und eine Herde seyn wird. Ihre Hirtenbriefe waren uns Worte des Lebens, Ihre Verordnungen weise Verfügungen zur Vorbereitung des göttlichen Reiches, Ihre Anstalten Mittel der Beförderung zur Anbetung Gottes im Geiste und in der Wahrheit, Ihre rastlose Geistes-Thätigkeit eine Aufforderung zu unserer wissenschafttlichen Fortbildung, Ihre unermüdliche Arbeitsamkeit eine Ermunterung zur unausgesetzten Wirksamkeit in unserem Berufskreise. Ihr unbefleckter Wandel war das anschaulichste Zeugnis Ihres gottesfürchtigen Sinnes und uns ein leuchtendes Vorbild zur Nachfolge.
In stiller Geduld ertrugen Sie Mißkennung, Lästerung und Verläumdung. Sie segneten jene, die Ihnen fluchten und thaten wohl denen, die Sie haßten und verfolgten. Wohlthun war Ihres Herzens Lust und Freude, aber nie erfuhr Ihre linke Hand, was Ihre rechte gethan hat. Dem bedrängten und hilfsbedürftigen Geistlichen waren Sie ein reicher Quell des Trostes und der Unterstützung; dem fehlenden, aber reumüthig nach Besserung ringenden ein verzeihender Vater und nur dem Unverbesserlichen ein strenger Richter.
Was wir hier ausgesprochen haben, ist nicht der Nachklang naher oder ferner Sage, wir haben es selbst gesehen, selbst gehört, selbst erfahren, und dies bezeugen wir und unser Zeugnis ist wahrhaftig.
Dieses Zeugnis weihen wir Euer Hochwürden Excellenz, unserem ehemaligen Oberhirten. Nehmen Sie es als Huldigung unserer dankbaren Verehrung an. So lange unser Herz schlägt, werden wir des Wortes Ihrer Lehre, Ihres Beyspiels und des Guten dankbar gedenken, das wir so reichlich von Ihnen empfangen haben.
Wir werden nie aufhören, die Tage zu segnen, die wir unter Ihrer oberhirtlichen Leitung verlebt haben. Wir werden ohne Unterlaß zum Himmel für Ihre Wohlfahrt hienieden flehen. Über den Sternen werden Sie nach vollendeter Pilgerbahn mit Freuden ernten, was Sie hier mit Thränen ausgesät haben.
Würdigen Sie uns fortdauernd Ihrer Gnaden und erlauben Sie, daß wir, wie bisher so auch ferner, weisen Rath, Trost und Hilfe bey Ihnen suchen dürfen.

Constanz, den 28. October 1827.

Seiner Hochwürden Excellenz, unserm Hoch- und innigstverehrten Herrn Bisthumsverweser
Freyherrn von Wessenberg
Unterthänigste Dankadresse der Pfarrgeistlichkeit der Stadt Konstanz.
J.W. Strasser, Münsterpfarrer
J. B.Hipp, Pfarrer von St, Stephan, Pfarrer C. Vögele von der Spitalkirche St. Augustin, sowie sämtliche Cooperatoren der Stadtpfarreien.

Das ist eine zweifellos noble Würdigung, wenn nicht eines Freundes, so doch eines uneingeschränkt hochgeschätzten Vorgesetzten. Ob sich Wessenberg für diesen Brief jemals bedankt hat, wissen wir nicht. Hatten sich die beiden Männer einander entfremdet?

In den folgenden Jahren sind Spuren des Kontakts zwischen diesen beiden Männern, die doch in inmittelbarer örtlicher Nachbarschaft lebten, kaum noch nachweisbar. Selbst an den Volksfesten, welche Stadt, Land und Erzdiözese zu Ehren Strassers und zur Würdigung seiner Verdienste aus Anlass seiner Jubiläen ausrichteten – 1837 zu seiner Verabschiedung aus dem Amt des landesherrlichen Dekans und 1842 zur Feier des 50. Jahrestags seiner Priesterweihe – scheint Wessenberg nicht teilgenommen zu haben. Vermieden hat er schließlich auch seine Anwesenheit bei den opulenten Funeralien, die nach Strassers Tod am 25. März 1846 in Konstanz stattgefunden haben. Wohl aber publizierte Wessenberg wenige Tage nach der Beisetzung einen poetischen Nachruf in der „Konstanzer Zeitung“ (30. März 1846):

Am Grabe J. Willibalds Straßer
Münsterpfarrers und geistl. Raths zu Konstanz
gestorben am 25. März 1846.

Dir starb ein guter Hirt, doch niemals sterben,
geliebte Stadt! Soll sein Gedächtnis dir.
Spät auf die Enkel mög´ es sich vererben!
Frucht bringe, was er säte, für und für.

Trug er nicht treu im Herzen deine Jugend?
War ihre Bildung nicht sein Ehrenkranz?
Gab nicht der Predigt ungeschminkter Tugend
Sein Sinn für Wohlthun einen reinen Glanz?

Was that er nicht, damit nach Christi Lehre
Wahrhaft ein Gotteshaus der Tempel sei,
Wo man in Geist und Wahrheit Den verehre,
Der Lippendienst verwirft und Heuchelei.

O ja, das sind die schönen Fruchtgewinde,
Die unverwelklich blüh`n an seinem Grab.
Geliebte Stadt, dein frommer Sinn verkünde,
Daß Gott umsonst nicht dir den Hirten gab!

Appendix:

In der katholischen Öffentlichkeit galt Joseph Willibald Strasser weit über seinen Tod hinaus bis jenseits der Mitte des 19. Jahrhunderts als unbeugsamer „Wessenbergianer". Bezeugt wird dieses Urteil in allerdings kritischer Absicht von Heinrich Maas, dem langjährigen kirchlichenrechtlichen Berater des Erzbischofs Hermann von Vicari in Freiburg, der in seinem 1891 publizierten Werk zur „Geschichte der katholischen Kirche im Großherzogthum Baden" sich, wie folgt äußert: „Die wessenbergischen Pfarrer Strasser und Kuenzer in Konstanz" seien von einem „revolutionären Bestreben" besessen gewesen. In einem Schreiben der beiden vom 23. April 1845 an den Erzbischof Hermann von Vicari hätten sie die Einberufung von „Laiensynoden als oberste Gesetzgeber der Kirche" gefordert und sich über das Freiburger Kirchenregiment beklagt, „weil dieses nicht dem Fortschritte Wessenbergs huldige." Sie beschwerten sich, „daß man sich in mehreren theologischen Fächern mehr und mehr in die Zeiten des Ultramonanismus zurück versetzt sehe und der helle Geist, der ehemals in den bischöflichen Seminarien des Bistums Konstanz heimisch war, immer mehr entfernt werde." Sie hätten allen Ernstes gewünscht, „die dort eingeführten liturgischen Einrichtungen, die Vornahme der heiligen Handlungen in der Volkssprache, beizubehalten" und sie hätten auch gefordert, „die unter Wessenberg übliche liberale Praxis der Einsegnung gemischt konfessioneller Paare nicht zu verändern, weil dies angeblich dem Frieden diene." Damit aber nicht genug: Diese „unkirchlichen Pfarrer" hätten sich erlaubt, die römische Kurie generell zu kritisieren. Sie hätten u. a. behauptet, „das Ansehen des Römischen Stuhles sei entschwunden, weil Rom jeder Verbesserung in kirchlichen Dingen entgegen sei."

Johann Ludwig Koch (1772 -1853)

Schriften von Koch:

Kirchenrechtliche Untersuchung über die Grundlage zu den künftigen katholisch-kirchlichen Einrichtungen in Deutschland. 1816.

Ausführliches Rechtsgutachten über das Verfahren des römischen Hofes in der Angelegenheit der Konstanzer Bistumsverwaltung des Kapitularvikars Freiherrn von Wessenberg. 1819.

Erörterung der beiden höchst wichtigen Fragen: 1. Was ist in der Streitsache über gemischte Ehen Rechtens? - 2. Welche Vorschläge sind zur endlichen Ausgleichung der desfallsigen Differenz zulässig oder empfehlenswert? 1841 (anonym).

Der Kirchenfriede und dessen dauerhafte Begründung. 1842 (anonym).

Schriften über Koch:

Reusch Johann: Ludwig Koch. ADB 16 / S.387-388.

Longner Ignaz: Beiträge zur Geschichte der oberrheinischen Kirchenprovinz, 1853, S.234ff. und S. 272ff.

Becker, Hans: Der Nassauische Geheime Kirchen- und Oberschulrat Dr. Johann Ludwig Koch . Ein Exponent der episkopalistischen staatskirchlichen und antizölibatären Bewegung. In: Archiv für mittelrheinische Kirchengeschichte 1963.

Johann Ludwig Koch ist 1772 in dem Dorf Niederklein im hessischen Hinterland zur Welt gekommen. Er ist bereits in frühen Jahren Vollwaise geworden, hatte aber das Glück, dass ein Onkel, ein Kleriker, bereit war, sich um den Knaben zu kümmern und für seine Ausbildung zu sorgen. Nach Abschluss der Dorfschule wechselte er nach Mainz, wo er zunächst das Gymnasium besuchte und anschließend an der Universität Philosophie und Theologie studierte. Die Mainzer Universität war um diese Zeit eine Hochburg der Aufklärung inklusive der theologischen Fakultät. 1798 ließ sich Koch zum Priester weihen.
Wie alle Primizianten wurde Koch zunächst als Kaplan in die eine oder andere Pfarrgemeinde geschickt, um sich mit den Grundlagen der praktischen Seelsorge vertraut zu machen. Wie und warum Erzbischof Dalberg auf den jungen Kleriker aufmerksam geworden ist, wissen wir nicht. Aber man darf annehmen, dass er ihm im Priesterseminar in Aschaffenburg persönlich begegnet ist, dass er seine intellektuellen Qualitäten erkannt hat und dass er ihn in seinem Blickfeld behielt. 1807 schickte er ihn jedenfalls nach Würzburg, um ein Aufbaustudium an der juristischen Fakultät der Universität zu absolvieren. Mit einem Doktorat beider Rechte kehrte er nach Aschaffenburg zurück. Dalberg ernannte ihn unverzüglich zum Professor an der neuerrichteten Universität Aschaffenburg. Außerdem betraute er ihn mit der Funktion eines Richters in „Zivilsachen von Geistlichen“. Zugleich durfte er sich der Verleihung des Ehrentitels eines erzbischöflichen „Geheimsekretärs“ erfreuen. Damit gehörte er zum engeren Kreis um Dalberg, den er z.B. 1811 aus Anlass von napoleonischen Feierlichkeiten in der Rolle eines Hofkaplans nach Paris begleiten durfte.

Als 1814 das Ende des Fürstentums Aschaffenburg absehbar wurde und der Anschluß an Bayern bevorstand, kündigte Koch sein Professorenamt und wechselte aus dem Kirchendienst in die Regierung des Herzogtums Nassau, wo man ihn zum „geheimen Kirchen- und Oberschulrat“ ernannte. Aufgrund der Kompetenzen dieses Amtes wurde er zum wichtigsten Sachwalter für Angelegenheiten der katholischen Kirche auf staatlicher Seite. Als Delegierter von Nassau nahm er fortan an den Frankfurter Verhandlungen über die Zukunft der kirchlichen Rheinprovinz teil, in deren Verlauf er wohl auch Wessenberg persönlich kennen gelernt haben dürfte.

Vorab hatte Koch jedoch noch einen juristischen Auftrag Dalbergs zu erfüllen. Er sollte nach dem Scheitern der kirchenpolitischen Verhandlungen auf dem Wiener Kongress den Vorschlag einer zukünftigen katholischen Kirchenstruktur in Deutschland erarbeiten. Dalberg schickte das Manuskript der Schrift von Koch an Wessenberg und bat um ein diesbezügliches Gutachten. Wessenberg billigte die Schrift, warnte aber zugleich davor, den Namen des Autors zu nennen, weil die informierte Öffentlichkeit dann sofort den Auftraggeber hätte erschließen können. Wessenberg erinnerte daran, dass Dalberg immer noch offiziell „Primas von Deutschland“ war, dass er das auch bleiben wollte und dass es für ihn nicht ratsam sei, vorschnell eine künftige Regelung der Kirchenangelegenheiten in Deutschland vorzuschlagen. Das würde unverzüglich Widerstände auslösen mit der Folge einer Schädigung seiner Autorität. Wessenberg schlug vor, die Schrift anonym zu publizieren. Das ist auch geschehen: 1816 erschien eine

> „Kirchenrechtliche Untersuchung über die Grundlage zu den künftigen katholisch kirchlichen Einrichtungen in Deutschland. -
> Von einem Rechtsgelehrten.“

Schon die Vorrede enthält eine grimmige Provokation: „Wir leben in einer gewaltsam und gewaltig bewegten Zeit, zurücktretend auf den Standpunkt, von wo aus die Erschütterung sich in Bewegung gesetzt, scheinen die Lobredner der Vorzeit, die sie niemals weder gekannt noch begriffen und daher von und mit ihr fabeln, nichts sehnlicher zu wünschen als ihre Rückkehr - oder, weil dies unmöglich, ihre Erneuerung. So sehr täuscht sich blinder Enthusiasmus in der Erfahrung, die eben vor seinen Augen vorüber zog, und mißgestaltet, da er die Gegenwart nicht kennt, sich selbst die Zukunft. Nicht das Gute, das die Vorzeit gehabt, hat den brennbaren Stoff dargeboten, an dem sich die Funken des großen Brandes, der auch die Kirche zerrüttet, entzündeten, sondern das in ihr herrschend gewesene Schlechte. Wer blindlings das Alte wieder herstellen will, der stellt die neue Zeit auf den Vulkan!“ Was solle nun geschehen? - „In der großen Kirchengesellschaft soll die Stimme der Nationen und Individuen, welche ihre natürlichen und wohlerworbenen Rechte in Anspruch nehmen, Gehör finden!“ - Es sei nicht „die Stimme von unmündigen Kindern, sondern von gereiften mündig gewordenen Söhnen, die ihren Kirchenhaushalt selbst und gerade am besten einrichten können.“!

Der Inhalt der Schrift kann hier nicht in toto referiert werden. Gravierend ist die Konzeption des Bischofsamtes: das Verhältnis der Bischöfe untereinander, gegenüber dem Metropoliten, gegenüber dem Domkapitel, gegenüber der Diözesangemeinde. Provinzialsynoden sollten alle drei Jahre abgehalten werden. Bei alledem sollten die Rechte des Papstes beim kirchlichen Handeln in Deutschland drastisch eingeschränkt werden. Höchste Instanz in der Kirche sei nicht der Papst, sondern das Konzil. - Mit dieser Schrift ist Koch, wie die erhaltenen Briefe erkennen lassen, in einen offenbar engeren Kontakt zum Kreis um Wessenberg eingetreten. Wessenberg schätzte die Schrift von Koch so sehr, dass er dieselbe seinem Freund Ferdinand

August Spiegel, dem späteren Erzbischof von Köln, als Geschenk zum Jahreswechsel 1815/1816 zukommen ließ: „Empfangen Sie, mein verehrter Freund! als eine Neujahrsgabe das kirchengeschichtliche Werk, das ich Ihnen früher angekündigt habe. Der Verfasser ist ein gründlicher und schätzbarer Gelehrter in Nassauischen Diensten, ein Geistlicher. Er ist in Nassau bestimmt, hierher (nach Frankfurt) zu kommen, sobald sich etwas für unsere Kirche durch gemeinsame Verabredung tun läßt."

In seiner Funktion als „kirchlicher Oberrat" war Koch auch der Chefdelegierte des Großherzogtums Nassau bei den „Frankfurter Verhandlungen" über die Zukunft der katholischen Kirche in der Rheinprovinz. In diesem Gremium wusste er sich Respekt zu verschaffen, er wurde beauftragt, Vorlagen oder Beschlusstexte zu formulieren, kurzum, er galt als „spiritus rector" der Kommission, was wiederum seinen Status in der Nassauer Regierung stärkte.

J.L. Koch sah sich als Kirchenrechtsexperte herausgefordert und möglicherweise auch von Vitus Burg, dem Begleiter Wessenbergs in Rom, veranlasst, ein „Ausführliches Rechtsgutachten über das Verfahren des römischen Hofes in der Angelegenheit der Constanzer Bistumsverwaltung des Capitularvikars Freiherrn von Wessenberg" abzufassen. Er publizierte diese Schrift 1819. In Anspruchnahme seiner juristischen Kompetenz erklärte Koch den Eingriff der päpstlichen Kurie im Prozess um die Nachfolge des Fürstbischofs Dalberg schlichtweg als groben Verstoß wider das in Deutschland geltende Kirchenrecht. In einem ersten Teil verteidigt er das tadellose Verfahren des Domkapitels bei der Wahl des Bistumsverwesers, er bestätigt noch einmal die hervorragende Qualität des Kandidaten und versichert, dass die deutsche katholische Kirche am Episkopalsystem festzuhalten gedenke, das sich „im Altertum als das allein wahre, durch die Praxis besserer Jahrhunderte" bewährt habe. Die Wahl eines Bischofs bedürfe keiner besonderen Genehmigung der römischen Kurie. - In einem zweiten Teil seines Gutachtens erörtert Koch im Einzelnen die sachlichen Beschwerden, mit denen Wessenberg bei seinem Besuch in Rom konfrontiert worden war und bemüht sich, die Haltlosigkeit aller dieser Vorwürfe nachzuweisen.

In Rom hat man diese Verteidigungsschrift mit Sicherheit zur Kenntnis genommen, aber offiziell nicht kommentiert. Das besorgten die ultramontanen Bodentruppen in Deutschland. 1819 publizierte der Exjesuit Johann Lorenz Doller eine Gegenschrift mit der Titelfrage: „Hat das Rechtsgutachten des Herrn Dr. Koch über das Verfahren des römischen Hofes in der Angelegenheit des Freiherrn von Wessenberg die Ansicht der einsichtsvollen Deutschen überzeugt?" Und 1820 meldete sich auch der Bamberger Kirchenrechtler Franz Andreas Jung kritisch zu Wort: „Ausführliches Rechtsgutachten über das Verfahren des römischen Hofes über die Angelegenheit der Konstanzer Bistumsverwaltung des Kapitularvikars Freiherrn von Wessenberg".

Koch verzichtete auf einen Austrag der Kontroversen, nicht nur deshalb, weil beide Kontrahenten 1820 überraschend gestorben sind, sondern weil er selber von ganz anderen Sorgen besetzt war. Er hatte eine Frau gefunden, die er zu heiraten gedachte. Die Frau war katholischer Konfession und Koch suchte einen katholischen Priester, der bereit war, eine Eheschließung vorzunehmen. Einen solchen Priester hat er nicht gefunden. Stattdessen wurde er exkommuniziert. So konvertierte er, um sich vom Pastor der evangelischen Stadtgemeinde Wiesbaden trauen lassen zu können. Er tat dies übrigens gegen den ausdrücklichen Willen des protestantischen Großherzogs, der Unruhen unter der katholischen Bevölkerung seines Landes befürchtete.

In der Folge seines Konfessionswechsels wurde Koch aus der staatlichen Behörde für katholische Kirchenangelegenheiten entlassen, er wurde auch von seinen diplomatischen Funktionen bei den Frankfurter Kirchenversammlungen entbunden. Mit dem Titel eines „Geheimen Regierungsrats" blieb er jedoch weiterhin Mitglied der Nassauer Regierung und verwaltete diverse Ressorts im Kulturbetrieb des Herzogtums. Im Falle von Spannungen zwischen Kirche und Staat sei ihm nach wie vor eine definitiv beratende Stimme geblieben, - nicht zuletzt deshalb, weil er ungeachtet seines Konfessionswechsels mit dem Bischof von Limburg Jakob Brand, einem ehemaligen Kommilitonen an der Universität Mainz, eine keineswegs verborgene, sondern in der Öffentlichkeit demonstrierte Freundschaft pflegte.

Respekt verdient eine schriftliche Leistung, die er in relativ späten Jahren erbracht hat. 1841 publizierte er eine Broschüre über das kirchliche und staatliche Eheschließungsrecht konfessionell differenter Paare - „ein Handbuch für alle, welche in gemischten Ehen leben und eine solche eingehen wollen, sowie für diejenigen, welche amtshalber daran interessiert sind." In ultramontanen Zeiten war dies ein Unternehmen, das einen Entrüstungssturm auslösen konnte. Das erklärt, warum er die Schrift nicht unter seinem Namen veröffentlicht hat, sondern anonym: „Von einem unparteiischen Canonisten". Die Schrift reagiert auf die Mitte der 30er Jahre in Preußen und auch anderswo in Deutschland ausgebrochenen Unruhen über die Mischehenverordnung des römischen Stuhls („Kölner Wirren"!). Koch vertritt eine liberale Position, welche im Grunde an die Wessenberg'sche Regelung anschließt: Knaben in der Konfession des Vaters, Mädchen in der Konfession der Mutter!

Wenig Resonanz in der Öffentlichkeit fand schließlich eine Schrift, die 1842 erschienen ist, allerdings nicht unter Kochs authentischem Namen, sondern in einer Verschleierung desselben:

„Der Kirchenfriede und dessen dauerhafte Begründung".
Dr. K.J. Ludwig."

Das ist offensichtlich eine anagrammatische Verschiebung des wahren Autornamens:
Dr. Johann Ludwig Koch.

Bereits die einleitenden „Betrachtungen" dieser Schrift geben inhaltlich wie stilistisch die geistige Herkunft des Autors hinreichend deutlich zu erkennen: „Die Wohlgesinnten aller Confessionen haben mit Recht ihr Vertrauen auf die Gerechtigkeits- und Billigkeitsliebe der obersten Kirchen- und Staatsbehörden gesetzt." Ziel ist ein Frieden zwischen den Institutionen, ein „Fortschreiten humaner und christlicher Bildung", aber auch „die Beförderung des äußeren Wohlstands". „In dieser wohlbegründeten und nun in Erfüllung gegangenen Voraussetzung haben die wohlgesinnten beiderseitigen Religionsbekenner nicht aufgehört, die gewohnte wechselseitige Freundschaft und Vertraulichkeit fortzusetzen und noch enger zu schließen." Das sind Sätze, die im Umfeld Wessenbergs kurrent waren. Sie bemühen sich, ein Zeichen des Widerstands zu setzen wider den ultramontanen Siegeszug in den beginnenden 40er Jahren.

1853 starb Johann Ludwig Koch in einem Alter, das zu seiner Zeit „biblisch" genannt werden durfte, er wurde 81 Jahre alt.

Appendix:

Die Frau, die Johann Ludwig Koch 1821 ehelichte, war eine Tochter des Schultheißen Andreas Reisert in dem Dorf Damm unweit von Aschaffenburg. Sie ist 1786 zur Welt gekommen, war also 16 Jahre alt, als Koch im Jahr 1802 als Kaplan in die Gemeinde Damm kam. Er habe, heißt es, das Mädchen als Katechismusschülerin kennen und schätzen gelernt. Das Ehepaar durfte sich eines Sohnes und zweier Töchter erfreuen. Tochter Clotilde hat einen Lebenslauf ihres Vaters geschrieben, der mir leider nicht zugänglich war.

Georg Ludwig Carl Kopp (1774-1834)

Schriften von Kopp:

„Das kirchliche Cölibatgebot in seinem Verhältnisse zur Religion, Sittlichkeit und Politik.“ 1811

„Ideen zur Organisation der deutschen Kirche. Ein Beitrag zum künftigen Concordate.“ 1814.

„Das Königlich Baierische Concordat mit dem römischen Stuhle. - Erläutert nach den Grundsätzen des Kirchenrechts und den Bedürfnissen der Landeskirche.“ 1818

„Die katholische Kirche im neunzehnten Jahrhundert und die zeitgemäße Umgestaltung ihrer äußeren Verfassung mit besonderer Rücksicht auf die in dem ehemaligen Mainzer, später Regensburger Erzstifte hierin getroffenen Anstalten und Anordnungen.“ 1830.

„Der Herr Cardinal-Dekan Pacca und das Buch ´Die katholische Kirche im neunzehnten Jahrhundert´. 1833

Schriften über Kopp:

Johann Friedrich von Schulte: Allgemeine Deutsche Biographie. Bd . 16/1882.
Neuer Nekrolog der Deutschen. Bd. 12,2. 1836. S. 801-807.

F.W. Carové: Rezension des Kopp`schen Buches über „Die katholische Kirche im 19. Jahrhundert.“ In: Jahrbücher für wissenschaftliche Kritik Nr.81/ November 1830/ 2. Bd. S. 611ff.

Anonym: „Einige Worte über die Flugschrift des Herrn G.L. Kopp gegen seine Eminenz, den Herrn Cardinal-Dekan Bartolomäus Pacca. Mit Aktenstücken.“ 1834

Georg Ludwig Kopp ist 1774 – also im gleichen Jahr wie Wessenberg – zur Welt gekommen und in einer gutbürgerlichen Familie in Aschaffenburg aufgewachsen. Der Vater war Hofrat und Stadtsyndikus. Aschaffenburg war nach dem Ende der Revolutionskriege und nach der Erledigung des Kurfürstentums Mainz Residenzort von Erzbischof Carl von Dalberg geworden. Kopp wechselte nach Abschluß der Grundschule in das Gymnasium der Stadt und studierte anschließend an der von Dalberg neu errichteten Universität zunächst Philosophie und Theologie, erweiterte dann aber - ganz ähnlich wie Johann Ludwig Koch von Dalberg dazu gedrängt - seine akademische Ausbildung durch ein Zusatzstudium des Staats - und Kirchenrechts an der Universität Würzburg. 1799 wurde er zum Priester geweiht. Kurz darauf trat er in die kirchliche Verwaltung von Aschaffenburg ein und wurde mit dem Auftrag betraut, den Schulbetrieb in der Diözese organisatorisch zu betreuen. Rühmend wird u.a. herausgestellt, daß er für eine bessere Besoldung der Lehrer eingetreten sei und eine Rente für Witwen frühverstorbener Lehrer eingerichtet habe. Er durfte sich in vergleichsweise jungen Jahren über Titel und Orden freuen, die ihm für seine Verdienste im Schulbetrieb verliehen worden sind („Geistlicher Rat“, „Erzbischöflicher Geheimrat“, „Ritter des

Concordienordens"!). Eine besondere Ehrung erfuhr er durch die Einladung, Dalberg auf einer seiner Reisen nach Paris (wahrscheinlich 1807) als „Hofkaplan" begleiten zu dürfen. Die Verbundenheit Kopps mit Dalberg blieb relativ eng auch dann noch, als dieser im Zuge der napoleonischen Umbildung der Herrschaftszonen innerhalb Deutschlands seinen Hauptsitz nach Regensburg verlegte. Erst 1821 wurde das bischöfliche Ordinariat in dem inzwischen von Bayern annektierten Fürstentum Aschaffenburg endgültig aufgelöst. Kopp wurde Frührentner im Alter von 48 Jahren. 1831 wurde er jedoch reaktiviert, er wurde überraschend in das Domkapitel der Diözese Eichstätt berufen und zum Domdekan bestellt. - Was mochte die bayrische Kirchenbürokratie veranlasst haben, einen ehemals in Aschaffenburg tätigen Kleriker nachträglich in so stattlicher Großzügigkeit zu würdigen? Oder diente er nur als Schachfigur im dauernden Herrschaftsspiel zwischen München und Rom? Sein Lebensabend sollte jedenfalls aufregend werden.

Georg Ludwig Kopp eröffnete seine Karriere als Schriftsteller lebensgeschichtlich relativ spät. Erst 1811, also im Alter von 37 Jahren, publizierte er seine erste Schrift, einen 200 Seiten starken Angriff wider den Zölibat. Schon die Verschlüsselung seiner Identität als Verfasser auf dem Titelblatt weckt Aufmerksamkeit:

„Das kirchliche Cölibatsgebot
in seinem Verhältnisse zur Religion, Sittlichkeit und Politik.
Mit einem Anhange der Geschichte alles dessen, was sich auf dem Concil von Trient in Beziehung auf die Frage über die Priesterehe zugetragen hat, woraus man die Gründe ihrer Verwerfung einsieht und einem Abriß der Geschichte des Cölibats von seiner Einführung bis zu unseren Zeiten.
von M.

Nach der zweiten Ausgabe aus dem Französischen und mit erläuternden Anmerkungen begleitet von einem Deutschen. 1811

Motto: Eine jede Pflanze, welche mein Vater nicht gepflanzt hat, soll ausgerottet werden. Matth.15." (also das Zölibat!)

Wie bei prekären Veröffentlichungen der Zeit üblich, treibt der Verfasser auf dem Titelblatt ein Selbstanonymisierungsspiel, um sich irgendwelchen erwartbaren Strafmaßnahmen zu entziehen. In der Einleitung räumt er ausdrücklich ein, dass ihm das Risiko eines Unternehmens bewusst sei, „bei dem man notwendigerweise die Vorurteile bekämpfen oder die durch die Zeit geheiligten Meinungen angreifen muß." Kopps Buch imponiert nicht unbedingt durch seine argumentative Originalität - ähnliche Gedanken hatten auch schon Zölibatskritiker vor ihm geäußert, sondern durch die Schärfe der Aggression gegen die römische Herrschaft. - Kopp argumentiert schöpfungstheologisch, indem er voraussetzt, dass Gott eine Welt geschaffen habe, die sich nach dem Prinzip der Fortpflanzung entwickelt. Diese Annahme ist für ihn biblisch gestützt: Genesis 1,28 („Wachset und mehret Euch!"). Die Geburt sei eine „notwendige Bedingnis der Wiedererzeugung" und sich derselben zu entziehen, bedeute offenbar, „die fest beschlossenen Absichten der Vorsehung zu vernichten." Biblisch gestützt ist für ihn auch die generelle Einrichtung der Ehe: Genesis 2,18 („Es ist nicht gut, daß der Mensch allein sei.") Die Ehe sei als „das sinnlich ausgeprägte Merkmal der väterlichen Güte des Schöpfers" zu erachten. „Und was ist der Grund der reinen Genüsse, welche die Ehe gewährt? Die Gesellschaft einer Gefährtin ist gleichsam die Vollendung des Daseins des Menschen." Umgekehrt sei das Zölibatsgebot „eine der befremdendsten Übertreibungen des menschlichen Geistes", „ohne Zweifel die verderblichste und zugleich fruchtbarste Quelle des öffentlichen Sittenverderbnisses", etc.p.p. Kopp zieht das folgende Fazit: „Jede Anordnung, welche den Menschen unvermeidlichen Versuchungen aussetzt, deren Wirkungen den Sitten Hohn sprechen, welche sie in die Lage versetzt, wo sie nicht anders als durch Laster zur Natur zurückkehren können, ist der Moral wesentlich entgegen und muß abgeschafft werden." Der Zölibat, heißt das, ist ein sittenwidriges Gebot. - Kopp blieb unbehelligt, obwohl intern bekannt gewesen sein mochte, dass er es war, der für diese aggressive Attacke gegen die römische Zölibatsordnung verantwortlich war. In der Wessenberg´schen Bibliothek ist das Buch jedenfalls unter seinem Namen katalogisiert.

1814, am Vorabend der Eröffnung des Wiener Kongresses, publizierte Kopp eine weitere Schrift - wiederum ohne Angabe des Verfassernamens - mit dem Titel: „Ideen zu der Organisation der deutschen Kirche. Ein Beitrag zum künftigen Konkordat." Immerhin gab er hier in einer Fußnote zu Beginn des Textes zu erkennen, dass er zum Umkreis des inzwischen in Regensburg residierenden Erzbischofs Dalberg gehörte, er zitierte den Titel einer 1810 von demselben veröffentlichten Orientierungsschrift: „Von dem Frieden der Kirche. Ausgesprochene Wünsche Karls, Erzbischofs zu Regensburg". - Die kirchenpolitisch interessierte Öffentlichkeit in Deutschland durfte erwarten, dass der Kongress auch den rechtlichen Status der katholischen Kirche in Deutschland nach dem Umbruch durch die Säkularisation abschließend klären werde. Für das komplizierte Verhältnis von Kirche und Staat in den verschiedenen deutschen Ländern sollte eine einheitliche Ordnung ausgehandelt werden. National orientierte Interessen in Deutschland betrafen vor allem das Verhältnis einer „deutschen Kirche" zur Kurie in Rom. Kopp verfolgte mit seiner Schrift die Absicht, unmittelbar vor Beginn der Verhandlungen einige Markierungspunkte für die fällige Kongressdebatte anzumelden. Ärgernis erregte zumindest bei der Römischen Delegation auf dem Kongress sein Votum gegen alle Restaurationsforderungen der Kirche, vor allem gegen den Anspruch auf Rückerhalt des durch die Säkularisation enteigneten Besitzes, gegen die Revitalisierung des Klosterwesens, gegen die Rückkehr der Jesuiten. „Alle Schritte, die der römische Hof seit einiger Zeit machte, scheinen Mißgriffe zu sein, eher gemacht, die Spaltung zu unterstützen, als der Kirche den Frieden zu geben. Es ist die Pflicht des Kirchenoberhaupts, das Vergangene zu vergessen und sich nur mit der Gegenwart zu beschäftigen, wie in der jetzigen Lage der Dinge der Friede der Kirche zum Besten der Religion hergestellt werden könne." - Die Kurie, die mit einem solchen Vorwurf mangelnder Friedfertigkeit offenbar provoziert werden sollte, verzichtete auf eine offizielle Reaktion gegen diese polemische Attacke wahrscheinlich deshalb, weil man in Rom nicht wusste, welche Person namentlich zur Verantwortung zu ziehen wäre. Die Vermutung, dass der Autor in das Umfeld Dalbergs gehörte, war zwar naheliegend, aber in der prekären Situation der römischen Diplomatie unmittelbar vor Beginn der Verhandlungen in Wien wäre es zweifellos zu riskant gewesen, Dalberg, den „Primas der Kirche in Deutschland", höchst persönlich zur Verantwortung zu ziehen. Stattdessen verlangte man von diesem, Wessenberg als Generalvikar zu entlassen. Kopp beging besten Willens den fatalen Fehler, im Nachtrag zu seiner Schrift ausdrücklich mitzuteilen, dass „der bekannte Herr Generalvikar von Wessenberg als Bevollmächtigter des Herrn Erzbischofs Dalberg persönlich auf dem Kongress in Wien erscheinen werde." Dieser Satz mochte in Rom als Drohung gelesen worden sein und man hat entsprechend reagiert: Man forderte von Dalberg eine demonstrative Entmächtigung Wessenbergs.

Die Wiener Kongressverhandlungen führten u.a. zu erheblichen territorialen und funktionalen Veränderungen staatlicher Gebilde mit entsprechenden Folgen auch für den Bestand kirchlicher Einrichtungen. Davon betroffen war u.a. das Generalvikariat in Aschaffenburg. Kopp war nun in den folgenden Jahren mit der Abwicklung seines bisherigen Geschäftsapparats befasst. Er tat dies mit beachtlicher Gründlichkeit, studierte ältere und neuere Akten und verschaffte sich somit einen umfassenden Überblick über die kirchliche Organisation seines Sprengels. Sein spezifisches Interesse galt zumal dem institutionellen Handeln der beiden Reformbischöfe v. Erthal (1774-1802) und v. Dalberg (1802-1817). Nachdem Kopp 1821 in den einstweiligen Ruhestand versetzt worden war, nutzte er die ihm geschenkte Freizeit, um einige neuere Entwicklungen des deutsch-römischen Kirchenverhältnisses als gleichsam „letzter Zeit-zeuge" (so Kopp) kritisch in den Blick zu nehmen. Als Resultat seines Aktenstudiums publizierte er 1830 eine Diagnose des gegenwärtigen Zustands und machte Vorschläge zur Sanierung: „Die katholische Kirche im neunzehnten Jahrhundert und die zeitgemäße Umgestaltung ihrer äußeren Verfassung mit besonderer Rücksicht auf die in dem ehemaligen Mainzer, später Regensburger Erzstifte hierin getroffenen Anstalten und Anordnungen." Es ist hier nicht der Ort, das rund 450 Seiten starke Buch in all seiner thematischen Vielfalt en détail zu referieren. Aber die Voraussetzungen, das Verfahren und die Tendenz seien so weit skizziert, um die Verwerfung durch die römische Kurie verständlich zu machen.

Kopp gibt bereits in der Einleitung seines Buches zu erkennen, dass er sich auf ein Wagnis einlässt, wenn er die Reformbedürftigkeit der römisch-katholischen Kirche zu thematisieren gedenkt: „Wer mit Bescheidenheit und ohne die den Kirchenvorstehern schuldige Ehrfurcht zu verletzen, Mißbräuche rügt und Verbesserungen vorschlägt, der versündigt sich so wenig gegen das Ansehen der Kirche, daß er vielmehr eben dadurch seine Übereinstimmung mit dem Geiste der Kirche zu erkennen gibt, die selbst nichts anderes wünscht und will, als daß alles Mangelhafte in ihren zufälligen Gebräuchen verbessert werde." Vorab sei zu bedenken, dass die Kirche seit der Wende vom 18. zum 19. Jahrhundert eine unerhörte Zerrüttung erfahren habe: Verlust der Güter, eine Zerstörung der hierarchischen Verfassung, das Verlöschen von altehrwürdigen Bistümern. Es sei Sache künftiger Bischöfe, im Einverständnis mit den Fürsten der Kirche jene äußere Einrichtung und Gestalt zu geben, die der Absicht des Stifters und den Bedürfnissen der Zeit angemessen sei: „Die alte Gestalt der Kirche kann nicht bleiben, wenn sie nicht - wie eine aus dem Mittelalter stammende Ruine – alternd und isoliert in dem verjüngten Deutschland dastehen will. Wie soll die römische Kurie, durch weite Erdstriche entfernt, mit der Lage der deutschen Diözesen unbekannt, noch unbekannter mit den treffenden Individuen, richtig zu urteilen im Stande sein? - Die Zeit ist reif für eine Reform des Kirchenwesens." Roms eiserne Konsequenz kenne man: „festzuhalten beim Alten" sei Prinzip der Kurie, „ihr scheint jede Reform des Außerwesentlichen ein Schritt näher zur Wesenheit, sie pflegt die äußere Umgebung der Kirche als ein Bollwerk anzusehen, welche das Heiligste beschützt. Sie glaubt, das Ganze in Gefahr zu wanken, wenn Nebenteile verrückt werden, deswegen sucht Rom Schritt für Schritt den alten Besitz zu verteidigen und allen Reformen entgegen zu sein."

Nach dieser Einleitung kommt er zur konkreten Sache der fälligen Reformen. Sie betreffen in unterschiedlichen Rubriken das gesamte Kirchenwesen: z. B. Rechtsvorbehalte der Bischöfe gegenüber dem Papst, die Funktion von Synoden, Rechte der Laien, Umgang mit andersgläubigen Christen, ferner eine Reform des Klerikerstandes: keine Weihe vor dem 30. Lebensjahr, Garantie eines hinreichenden Lebensunterhalts, Sorge für emeritierte Priester im Alter, fortdauernde Pflege der geistlichen Bildung, ferner Anstalten zu Verbesserung der Seelsorge, also weitgehende Verwendung der Muttersprache in allen rituellen Handlungen, Vermeidung von magischen Handlungen jeglicher Art, insbesondere die Beseitigung der Exorzismen, Verbot von Geldforderungen für geistliche Dienste („Stolgebühren"). Die Kopp´sche Kritik betrifft nicht zuletzt auch das generelle Finanzgebaren des Heiligen Stuhls: willkürliche Geldforderungen für irgendwelche Genehmigungen, z.B. „die ungeheure Palliumstaxe"! Etc.

Kopps kritischer Katalog ist in Rom zweifellos mit Bestürzung registriert worden. Unverzeihlich war für die Kurie der Umstand, dass sich der Autor mit dieser Schrift als Gedächtnisgarant des „Emser Kongresses“ definierte. 1786 hatten sich Delegierte der Erzbischöfe von Mainz, Köln, Trier und Salzburg in Bad Ems in der Absicht versammelt, den rechtlichen Zugriffsanspruch des Papstes in spezifische Angelegenheiten der deutschen Kirche ein für allemal zurückzuweisen. Insbesondere den Nuntien sollte verwehrt werden, deutsche Rechtsangelegenheiten in Berufung auf den Papst über die deutschen Bischöfe hinweg zu entscheiden. Diese demonstrative Rückerinnerung an das Emser Treffen wurde in Rom offenbar als Aufruf zu einem neuen reformatorischen Aufstand wahrgenommen. Faktisch war der Kongress jedoch, wie oben bereits berichtet, ohne gravierende Folgen geblieben. Im römischen Krisengedächtnis blieb der Kongress jedoch als ständige Drohung präsent.

Indem sich nun Georg Ludwig Kopp erlaubt hat, sein Buch über den Zustand der Kirche in der Gegenwart des 19. Jahrhunderts mit einer sympathisierenden Erinnerung an die „Emser Punktation“ zu eröffnen, ließ man in Rom die Sturmglocken läuten. Kein Geringerer als der Kardinaldekan Bartolomeo Pacca, der starke Mann in der römischen Kurie, erklärte das Buch für ein kirchenfeindliches Produkt, das auf den Index gehöre. Wer es lese, verdiene, exkommuniziert zu werden. Am 17. September 1833 erfolgte die Indikation.

Kopp, über seine Verurteilung informiert und erschrocken, verfasste umgehend eine kurze Verteidigungsschrift: „Der Herr Cardinal-Dekan Pacca in Rom und das Buch `Die katholische Kirche im neunzehnten Jahrhundert´“. Pacca, so schreibt er, habe über Werk und Autor „schonungslos den Stab gebrochen und den Autor zu einem „Feind der katholischen Kirche“ erklärt, der nur „Zwietracht erregen und im Geiste des Protestantismus und Jansenismus geschrieben habe.“ Dieses Urteil könne dem Verfasser nicht gleichgültig sein und so wende er sich „im Vertrauen zu der Humanität und den Gesinnungen Sr Eminenz unmittelbar an den Herrn Cardinal.“ Er habe niemals die Absicht verfolgt, „Unfrieden in der Kirche zu stiften.“ Er habe keine dogmatischen Themen behandelt, sondern nur disziplinarische, was kirchenrechtlich nicht verboten sei. Er bleibe der Kirche treu und ergeben, entferne sich nie von ihren Grundsätzen und Glaubensdoktrinen. Wer die Geschichte und Grundsätze des Emser Congresses historisch vortrage, verdiene die Rüge nicht, als „Aufwiegler gegen den heiligen Stuhl“ verfemt zu werden. Der Vorwurf des Hochverrats an Kirche und Religion sei also hinfällig. Er habe sich lediglich von der Absicht leiten lassen, einige Reformgedanken vorzutragen. Er halte daran fest, das Beste für die Kirche gewollt zu haben, „die Absicht war gut und rein!“ - Er bekenne vorbehaltlos seine Überzeugung: „Das Oberhaupt der Kirche, Centrum unitatis, Primatus honoris et jurisdictionis gehört zum Wesen der Kirche!“ Mit diesem Kniefall erhoffte sich Kopp offensichtlich eine milde Beilegung des Konflikts. Die Hoffnung war vergeblich. In Rom beharrte man auf einem öffentlichen Widerruf. Am 3. Februar 1834 erklärte Kopp seine Kapitulation, indem er alles verwarf, „was in dem Buch von den Grundsätzen, den Lehren und von dem Glauben der katholischen Kirche abweicht.“

Georg Ludwig Kopp war in diesen Monaten seines Konflikts mit der kirchlichen Obrigkeit schwer erkrankt und ist am 1. Oktober 1834 gestorben. Der anonyme Verfasser des Nekrologs eröffnet seinen Nachruf mit einem höchst ehrenvollen Satz: „Zu den edlen Männern, die in dem Vereine mit dem unvergeßlichen Fürstprimas Carl von Dalberg und dem ehemaligen Bistumsverweser von Constanz I.H.Freih. v. Wessenberg von regem Eifer belebt und mit heller Einsicht in die Forderungen der Zeit für die Reform der deutschen katholischen Kirche wirkten, gehört auch Georg L. Kopp.“ Ob er dieses rühmende Urteil, das ihn in die erste Reihe der zeitgenössischen katholischen Reformtheologen einordnet, gerechtfertigt ist, sei dahingestellt. Richtig ist, dass er diesen Männern freundschaftlich eng verbunden war.

Insbesondere mit Wessenberg führte er eine zwanzig Jahre währende relativ dichte Korrespondenz. Er soll ihn auch mehrmals in Konstanz besucht haben.

Joseph Lukas Meyer (1774 - 1821)

Schriften von J.L. Meyer:

Welchen Nutzen kann der Seelsorger für seine Berufsgeschäfte aus der Kirchengeschichte ziehen? - In Archiv für die Pastoralkonferenzen in den Landcapiteln des Bistums Konstanz. 1808.

Ein Laut aus dem Leben des seligen Martin Gerbert, weiland Fürstabts von St.Blasien.- In Archiv 1811.

Über das Benehmen des Seelsorgers bei solchen außerordentlichen gottesdienstlichen Verrichtungen, welche er nicht für gut heißt? In Archiv 1811

Meine Ansicht über die Liturgie. In Archiv 1812.

Das Pfarrbuch von Kirchzarten. In Archiv 1813.

Wie Konferenzen abzuhalten seien? In: Archiv 1815.

Über die Ansichten und Mittel einer zweckmäßigen Regeneration der Liturgie. In: Archiv 1816.

Der heilige Gallus als Christenlehrer. In: Archiv 1818.

Kirchengeschichte? In Archiv 1819.

Manuskripte:

Geschichte der Pfarrei Nöggenschweil.

Geschichte der Pfarrei Gurtweil.

Schicksale der Wiedertäuferlehre auf dem Schwarzwald.

Römische Altertümer auf dem südöstlichen Schwarzwald.

Kulturgeschichte des Schwarzwaldes.

11 Briefe Meyers an Wessenberg im Stadtarchiv Konstanz.

1 Brief „Aus dem Briefwechsel I. H. von Wessenbergs." in der Sammlung von Wilhelm Schirmer. 1912

Schriften über Joseph Lukas Meyer:

Friedrich Kössing: Joseph Lukas Meyer. Badische Biographien Bd.2/ S.566

Heinrich Schreiber: Joseph Lukas Meyer. Decan und Pfarrer zu Gurtweil, Begründer St. Lukas-Stiftung. Gedenkrede an der Universität Freiburg. 1831.

Joseph Meyer ist 1774 in eine für uns kaum vorstellbar arme Familie in dem Weiler Holzschlag bei Gündelwangen im Südschwarzwald zur Welt gekommen. Die Familie war kinderreich, der Vater hatte als Tagelöhner kein geregeltes Einkommen. Es ist anzunehmen, dass man den Buben frühzeitig über seine möglichen Lebenswege aufgeklärt hat: Er konnte sich als Knecht in vermögenden Bauernhöfen verdingen, er konnte sich beim Militär bewerben – und ja, er konnte frühzeitig in ein Kloster eintreten. Klöster gewährleisteten in der Regel eine hinreichende Ernährung. Klöster ermöglichten einen internen Aufstieg, man konnte einen Beruf erlernen, man konnte studieren. - Josephs Mutter ist bereits 1782 gestorben, da war erst acht Jahre alt. Ungut war, dass eine zweite Frau ins Haus gekommen sei, sodass sich der Bub nach Abschluss der Dorfschule im Alter von zwölf oder dreizehn Jahren irgendwo anders unterzukommen genötigt war. Er suchte das Paulinerkloster in Bonndorf auf und fand dort Arbeit als Gehilfe in der Klostergärtnerei. Der Gärtner habe ihm Grundbegriffe des Lateinischen beigebracht. Wohltäter, so wird berichtet, hätten dem lernwilligen Jugendlichen eine Weiterbildung in den Gymnasien in Villingen und Donaueschingen ermöglicht. 1791 bat er um Aufnahme in das Kloster St. Blasien. Erst 1793 wurde er zum Noviziat zugelassen. Er studierte zunächst Theologie im Kloster, legte 1795 die Ordensgelübde ab und erhielt den Mönchsnamen „Lukas". 1799 wurde er zum Priester geweiht.

Warum ihn der Abt nicht in der Mönchskommunität des Klosters behalten wollte, wissen wir nicht. Jedenfalls erteilte man ihm die Lehrbefugnis für alte Sprachen und delegierte ihn 1802 an das Lyceum in Konstanz. Dort sei er glücklich gewesen, berichtet sein Biograph Heinrich Schreiber. Er habe alsbald den soeben eingetroffenen Generalvikar Wessenberg kennen gelernt und dessen Wertschätzung gefunden. Dies wurde auf welchen Wegen auch immer - vielleicht durch Meyer selbst – in St. Blasien bekannt und von der Klosterleitung offenbar missbilligt. Jedenfalls entzog ihm der Abt 1804 den Lehrauftrag an der Schule in Konstanz und schickte ihn als Seelsorger in die Bauerndörfer des Südschwarzwalds, zunächst nach Todtnau, dann nach Oberried im Breisgau. So gehörte es zu seiner Lebenslogik, dass er sich nach der Säkularisation des Klosters St. Blasien im Jahr 1806 in den Diözesanklerus aufnehmen ließ und Weltpriester wurde. Zunächst wurde ihm die Pfarrei Nöggenschwiel bei Waldshut zugeteilt, 1813 übernahm er die Pfarrei in dem schönen Dorf Gurtweil im Schwarzwald, wo er bis zu seinem frühen Lebensende seinen Seelsorgedienst versehen hat – offensichtlich glücklich, wie sein Biograph Heinrich Schreiber versichert.

Der professionelle Aufwand, der von den Pfarrern dieser kleinen Dörfer für die Seelsorge erwartet wurde, war in der Regel gewiss nicht so hoch, dass alle ihre

Energien dafür in Anspruch genommen worden wären. Deshalb waren Landgemeinden zumal für Pfarrer, welche geistigen Interessen folgen wollten, durchaus attraktiv. Joseph Meyer fand jedenfalls die Zeit, allerlei Schriften zu verfassen. So lieferte er eine Reihe von Beiträgen für das von Wessenberg herausgegebene „Archiv für die Pastoral-konferenzen“ - u. a. zum Wandel der Kirche im Verlauf ihrer Geschichte, über die Veränderungsbedürftigkeit, aber auch die Veränderungsfähigkeit der Institution. Eindrucksvoll ist der diesbezüglich kenntnisreiche Essay „Über die Aussichten und Mittel einer zweckmäßigen Regeneration der Liturgie“ aus dem Jahr 1816. In dieser Schrift reflektiert Meyer den anthropologisch zu begründenden Sachverhalt, dass der Mensch in seiner natürlichen Anlage mit einem religiösen Bewusstsein ausgestattet sei, das sich in einem entsprechenden Bedürfnis einer „natürlichen Liturgie“ äußere. Dieses Bedürfnis begegne bei den verschiedenen Völkern je nach ihren kulturellen Prämissen in verschiedenen Varianten. Im christlich geprägten Kulturraum gebe es „einen großen Vorrat von Liturgien, wovon aber der meiste Teil nicht vom Stifter selbst, sondern von der Kirche herrührt.“ Es handle sich um „liturgische Anordnungen“, welche Jesus selbst gesetzt habe und die zu unterscheiden seien von solchen Anordnungen, welche die Kirche nach und nach und willkürlich aufbrachte.“ Indem Jesus offensichtlich einen Großteil der liturgischen Ordnung den Aposteln überließ, ergebe sich die Konsequenz, dass den Erben der Apostel, den Bischöfen, das Recht zustehe, die von Christus gesetzten liturgischen Handlungen nach dem Bedürfnis ihrer jeweiligen Herde auch mit anderen Zeremonien zu bekleiden.“ So entwickelten sich in den unterschiedlichen Regionen der Christenheit unterschiedliche Liturgien, im griechischen Kulturkreis des Ostens andere als im vorwiegend lateinischen Westen. Und selbst im Westen gab es und gebe es immer noch Differenzen unter den europäischen Völkern. Er erinnert an die „gallikanische“ Liturgie in Frankreich, an die „mozarabische“ in Spanien, an die „ambrosianische“ in der Lombardei und an die „illyrische“ auf dem Balkan.

Meyer verfolgt den Prozess der Liturgieentwicklung in großen Schritten von der christlichen Frühzeit über das frühe und hohe Mittelalter bis in die Neuzeit. Erst mit Gregor VII. habe das Prinzip der „Konformität“ über die „Mannigfaltigkeit“ der Liturgie die Oberhand gewonnen. Insofern sei das Vorhaben von Dalberg und Wessenberg, eine Reform der Liturgie zumindest in der Diözese Konstanz durchzusetzen, sehr wohl aus der liturgiegeschichtlichen Entwicklung zu rechtfertigen. „Wenn wir aber zur Zeit noch die großen Verbesserungen der Liturgie von dem Urteil der höheren Kirchenvorsteher abhängig achten und abwarten wollen, heißt das nicht viel weniger, als sie ad Calendas Graecas hinauszuschieben.“ Abschließend gibt er seine Einschätzung zu erkennen, dass wahre Liturgie nur dann gelingen könne, wenn Priester und Volk gemeinsam von der Wahrheit der liturgischen Botschaft ergriffen seien. Meyer verhehlt nicht den Zweifel, dass der Klerus der jüngeren Vergangenheit und erst recht der Gegenwart dieser Bedingung genüge. Wen mochte er gemeint haben?

Andere Schriften sind der Frage nach dem Nutzen der Beschäftigung mit der Geschichte der Kirche gewidmet. „In Religionssachen“, bemerkte sein Biograph Heinrich Schreiber, „zeigte er durchgehend geläuterte Ansichten“, „ als Glied der Kirche und des Staates gehörte er zu den Freisinnigen.“

Beeinträchtigt wurde Meyers Alltagsleben durch Erkrankungen, die ihn permanent heimsuchten. So dachte er schon frühzeitig an sein Vermächtnis. 1813 gründete er – gewiss in Erinnerung an seine eigenen Herkunftsumstände - eine „St. Lukas – Stiftung zur Unterstützung armer Theologiestudenten". 1821 ist er so schwer erkrankt, dass er mit seinem bevorstehenden Ableben rechnen musste. Heinrich Schreiber schildert eine rührende Sterbeszene: Am 18. Juli habe Joseph Lukas Meyer „bei vollem Bewußtsein" die Leute seines Hausstandes um sein Bett versammelt. „Er hinterließ den Wunsch, in der Kleidung eines katholischen Priesters beerdigt zu werden, einen frischen Blumenkranz um die Schläfe gewunden." Im Testament habe er Schenkungen an den Armenfond von Gurtweil verfügt, ferner Vermächtnisse an seine Bediensteten und seine Verwandten. Ein Teil ging an die oben erwähnte „St. Lukas-Stiftung".

Die Ortsgemeinde Gurtweil hat ihm ein Grabmal errichtet „mit einer an demselben angebrachten Kapsel, in der angeblich eine „Inschrift von Freundeshand" aufbewahrt sei:

„Hier ruhet aus im finstern Haus,
von Geistarbeiten, Körperleiden, Hirtensorgen
Bis zu der Auferstehung hellem Morgen
In heilger Stille die Marterhülle
des Joeph Lukas Meyer.
R.I.P."

Der Autor dieser Verse wird nicht genannt, aber Sinngehalt und Sound der poetischen Rede erinnern an Wessenbergs anderweitige Nachrufe.

Appendix:

Joseph Lukas Meyer führte nach seiner Versetzung als Lehrer am Lyceum in Konstanz in die Pastoration der Schwarzwalddörfer eine relativ rege Korrespondenz mit Wessenberg bis zu seinem frühen Tod. Im Stadtarchiv Konstanz sind 11 Briefe Meyers an Wessenberg zwischen 1804 und 1821 erhalten. Im Folgenden sei ein Brief Meyers an Wessenberg zitiert, der eine unerwartete Vertrautheit zwischen den beiden Männern erahnen lässt. Der Brief ist auf den 10. Februar 1818 datiert. Wessenberg war soeben aus Rom zurückgekehrt:

„Innigst Verehrter,
Hochwürdigster Bischof.

Genehmigen Ew. Exzellenz die beiliegende Schrift als einen schwachen Widerhall meines Herzensjubels über die Heimkehr auf deutschen Boden. So mag einst der große Bischof Paulus froh zu den Seinigen gekommen sein, als er zu Roma vom Kaiser jener Ketten entledigt war, welche ihm das Sanhedrin ausgewirkt hatte.
Der huldvollen Erlaubnis, öftere Briefe nach Frankfurt zu senden (wo Wessenberg über die Zukunft der katholischen Kirche in Deutschland verhandelte), wollte ich mich

bisher nicht bedienen, einmal, weil ich besorgte, bei so vielen hohen Geschäften den Geist unnötig zu unterbrechen, dann weil mir Freund Keller (s. Georg Victor Keller!), solange er in Zurzach lebte und mein Bruder zu St. Anna in Zürich (gemeint ist der ehemalige Klosterbruder in St. Blasien Moritz Meyer) von Zeit zu Zeit die eingekommenen Nachrichten mitteilten.
Gern hätte ich im vorigen Frühling, als die bekannten Breves aus Rom alle Gemüter erschütterten, mein blutendes Herz in den trauten Vaterschoß ergossen, wenn´s möglich gewesen wäre, denn dasselbe fühlte jene Schläge so tief, daß ich erkrankte. Meine nahen Freunde trösteten zwar, aber die Bistumsgeistlichkeit blieb mir zum Ärger kalt und angefroren, bis endlich einige Männer im Breisgau einen halben Schritt taten. Wär´s in meiner Macht gestanden, alsogleich würde eine volle Synode nach dem Recht der Urkirche mit einem Spruch alles entschieden haben. Und noch wünsch ich dies. Die Synodal- Verfassung allein mag hohe sowie niedere Geistlichkeit vor kirchlicher Knechtschaft verwahren.
Indeß riß Bayern die Rechte der deutschen Kirche vollends. (Gemeint ist das eigenmächtig abgeschlossene Konkordat Bayerns mit der römischen Kurie anno 1817).Unser alter Metropolitanstuhl des hl. Pirmin – von Mainz nach Regensburg übertragen – wird zertrümmert, wir sind ohne Metropoliten, Deutschland ohne Primat, alle Bistümer isoliert!
(gemeint ist der 1817 erfolgte Tod Carl Theodors von Dalberg).

Doch der Stifter wird für seine Kirche fortan sorgen.

Ununterbrochen bitte ich, der Vater wolle in Hoch-Ihrer Person uns bald den besten Kirchenhirten geben.

E.Exz. gehorsamster
Pfr. Meyer“

Franz Ludwig Mersy (1785-1844)

Schriften von Franz Ludwig Mersy:

„Sind Reformen in der katholischen Kirche notwendig? Auf welchem Wege sind dieselben zu bewirken und welche Hindernisse stehen etwa entgegen?“ 1. und 2. erweiterte Auflage 1832.

„Die Diözesan-Synode im Erzbistum Freiburg: als eine Erwiderung auf die Schrift von Johann Sebastian von Drey: „Was ist in unserer Zeit von Synoden zu erwarten?“ 1835

Diverse Artikel im „Badischen Kirchenblatt“, Jahrgänge 1833 -1839.

Schriften über Franz Ludwig Mersy:

Karl Jentsch: „Die Reformbestrebungen des Pfarrers Mersy und seiner Freunde. In: Bilder aus der Geschichte der katholischen Reformbewegung des 18. und 19. Jahrhunderts, hsg. v. J. Rieks, 1876.

Heinrich Reusch: Franz Ludwig Mersy. In: Allgemeine Deutsche Biographie. Bd.21, S.468-469.

Friedrich Kössing: Franz Ludwig Mersy. In: Badische Biographien. Bd.2.S.73

Karl August Graf Reisach: „Gespräche zwischen einem Pfarrer und seiner Gemeinde. Von Athanasius Sincerus Philalethes: Was haben wir von den Reformatoren in Offenburg, Sankt Gallen etc. zu halten? - Ein zeitgemäßes Wort zur Beherzigung und Warnung für Katholiken und Nichtkatholiken insbesondere aber für katholische Priester.“ 1835.

Franz Ludwig Mersy gehörte nie unmittelbar in den personalen Einzugsbereich Wessenbergs. Er hat keine Bildungsanstalten innerhalb des Bistums Konstanz besucht und ist auch nicht in dieser Diözese zum Priester geweiht worden. Auch in der Ausübung seines Priesteramtes stand er niemals in einer Dienstverpflichtung gegenüber Wessenberg. Dass sich die beiden jemals in ihrem Leben persönlich begegnet wären, ist nirgendwo bezeugt. Mersys Schriften und seine Zeitschrift, das „badische Kirchenblatt“, gehören aber zum Bestand der Wessenberg-Bibliothek. Auf dem Deckblatt einer Schrift von Mersy ist auch eine handschriftliche Widmung desselben zu erkennen. In der zeitgenössischen Kritik von ultramontaner Seite ist Mersy jedenfalls als „Wessenbergianer“ verunglimpft worden – mit Recht, wie sich im folgenden zeigen wird.

Mersys frühe Bildungsbiographie lässt sich aufgrund der dürftigen Quellensituation nur in dünnen Strichen skizzieren. In der im Freiburger Diözesanarchiv aufbewahrten Priesterkarte ist vermerkt, dass Mersy 1785 in Weingarten, einem kleinen Dorf nördlich von Karlsruhe, geboren wurde. Über sein Elternhaus ist nichts überliefert, auch nichts über den Ort seiner gymnasialen Ausbildung. Es gibt immerhin gute Gründe für die Annahme, dass er nach Bruchsal geschickt worden ist. Die Stadt Bruchsal gehörte vor der Säkularisation zum Fürstbistum Speyer und war im Laufe des 18. Jahrhunderts der kriegerischen Bedrängnisse Frankreichs wegen zu einer rechtsrheinischen Dependance der Speyrischen Bischöfe ausgebaut worden. Bereits 1755 war in Bruchsal ein Gymnasium gegründet worden, in dem die Alumnen in einem Zeitraum von fünf oder sechs Jahren auf ein akademisches Studium an einer Universität vorbereitet werden sollten. Diese nicht weit von Mersys Heimatort entfernte Schule und das angeschlossene Internat könnte Mersy zwischen 1797 und 1803 besucht haben. Keine Belege waren zu ermitteln, an welcher Universität er anschließend seine theologischen Pflichtsemester verbracht hat. Eine naheliegende Option könnte Heidelberg gewesen sein. An der Heidelberger Universität gab es zu Beginn des 19. Jahrhunderts neben der evangelischen auch noch eine katholische Theologenfakultät, die jedoch 1806 von der badischen Regierung geschlossen und nach Freiburg verlegt worden ist. Mersy könnte also vorschriftsgemäß ein dreijähriges Studium in Heidelberg gerade noch rechtzeitig vor dem Abzug der Fakultät zu Ende gebracht haben. - Bemerkenswert ist, dass Mersy dann im Schuljahr 1807/08 kurzfristig als Lehrer am Bruchsaler Gymnasium tätig gewesen ist. Möglicherweise hatte er eine Wartezeit zu überbrücken, bis er das Mindestalter für den Eintritt ins Priesterseminar erreicht hatte. Das Priesterseminar Heidelberg als abschließende Ausbildungsstätte Mersys anzunehmen, wird durch den Umstand gestützt, dass in diesen Jahren zumindest im Nordteil des Großherzogtums Baden nirgendwo anders ein alternatives Priesterseminar eingerichtet war. Verbürgt ist, dass sich Mersy im Jahre 1810 zum Priester hat weihen lassen. Wer mochte ihn geweiht haben? Wahrscheinlich der ehemalige Fürstbischof von Speyer Wilderich von Waldersdorf, der im Verlauf der Säkularisation zwar die Herrschaft über sein Bistum verloren hatte, aber vom Großherzog von Baden mit einer Art Generalvikariat in Bruchsal zur Wahrnehmung kirchlicher Belange der katholischen Bevölkerung Nordbadens betraut worden ist. Kirchenrechtlich war er natürlich Bischof geblieben und besaß als solcher nach wie vor die Befugnis, Priester zu weihen.- So viel oder so wenig zum Lebenslauf des jungen Franz Ludwig Mersy.

1813 ist Mersy als Pfarrer in der kleinen Landgemeinde Stein ob Kocher ordiniert worden. Dort führte er, wie es scheint, in den folgenden Jahren das windstille und unauffällige Leben eines bescheidenen Landgeistlichen. Dass ihn dennoch die Beamten der katholischen Kirchenbehörde in Karlsruhe bzw. Bruchsal, die für die katholische Geistlichkeit in Nordbaden zuständig waren, im Laufe der Zeit zu schätzen gelernt hatten, bestätigt die Tatsache, dass sie ihn 1819 im Zuge seines Pfarreiwechsels nach Ersingen im Enzkreis mit dem Amt eines landesherrlichen Dekans betrauten und ihm damit die Aufsicht über das Schulwesen im gesamten Bezirk übertrugen. 1826 wurde er nach Bruchsal berufen und zum „geistlichen Rat beim Ordinariat" ernannt. Dieses Amt wurde jedoch bereits im folgenden Jahr hinfällig, da mit der Einrichtung der Erzdiözese Freiburg zugleich die katholische Kirchenverwaltung in Bruchsal liquidiert wurde. Ob man Mersy die Gelegenheit eröffnet hat, in die Verwaltung kirchlicher Angelegenheiten nach Freiburg oder, was auch möglich gewesen wäre, in die Kirchenbehörde des Innenministeriums nach Karlsruhe umzusiedeln, wissen wir nicht. Jedenfalls blieb Mersy zunächst noch in Bruchsal und verwaltete daselbst das Amt eines Gemeindepfarrers. 1830 übernahm er die freigewordene Stelle des Stadtpfarrers von Offenburg. Dort erwarb er sich alsbald zumindest in der liberal gesinnten Bevölkerung der Stadt ein hohes Ansehen – nicht zuletzt durch sein furchtloses Eintreten für eine interkonfessionelle Verständigung.

Am 24. Juli 1832 versammelte Mersy die Kleriker der Stadt Offenburg und Umgebung zu einer Konferenz, um sich über den Zustand der Katholischen Kirche zu beraten. Das Ergebnis der Beratungen fasste er in einer knappen Schrift von 58 Seiten zusammen und publizierte sie unter der herausfordernden Titelfrage: „Sind Reformen in der katholischen Kirche nothwendig? Auf welchem Wege sind dieselben zu bewirken und welche Hindernisse stehen etwa entgegen?" Die dreizehn Teilnehmer der Konferenz wurden namentlich auf dem Deckblatt aufgeführt, Mersy übernahm als „Conferenzdirektor" die Hauptverantwortung. In der Vorrede versichert er, dass man sich in der Sorge um das Wohl der Kirche versammelt habe, von der man glaube, dass sie sich „in einer nicht geringen Gefahr" befinde. „Wer bei der herannahenden Gefahr ruhiger Zuschauer bleiben kann und will, der möge es, wir konnten und wollen es nicht." Man hoffe, dass „der göttliche Richter unserer heiligen Kirche den Geist derer, welchen die Regierung seiner Kirche übergeben ist, erleuchte, ihr Herz lenke, daß sie wählen und tun, was das Wohl der Kirche erheischt". Im Übrigen gedenke man, sich „als gehorsame Söhne unserer Mutter zu erweisen." Diese Einleitung annonciert Loyalität und Widerstand zugleich.

Um den fatalen Verdacht abzuwehren, dass dogmatisch provozierende Überzeugungen zur Diskussion gestellt werden sollten, bekundete Mersy vorab seine unbedingte Rechtgläubigkeit: „Die Wahrheiten des Glaubens und der Sittenlehre können als von Gott geoffenbarte Wahrheiten keiner Reform unterliegen, sie sind ihrer Natur nach stabil." Diese prinzipielle Unumstößlichkeit könne für die Formen des Kultus nicht unbedingt geltend gemacht werden. Es handle sich dabei jedenfalls nicht um „Anweisungen des göttlichen Stifters unserer heiligen Kirche." Diesbezügliche Reformen zu fordern, heiße gewiss nicht, „das Wesen der Kirche anzugreifen oder zerstören zu wollen." Kurzum, die Kirchenleitung sei wohl beraten, das Bedürfnis der gläubigen Bevölkerung nach einer zeitgemäßen Liturgie zu respektieren.

Die Reform des Kultus sei ein zweifellos dringliches Anliegen, wichtiger aber sei eine Reform des geistlichen Standes, sofern er „Anlaß zum Ärgernis" gebe: Wenn es Aufgabe der Priester sei, ein „geistliches Leben" im Volke zu wecken, sei es unerlässlich, dass diese Priester vorab selber das Vermögen, ein geistliches Leben zu führen, entwickelt haben. „Nur dann werden sie ihrer Bestimmung genügen, wenn sie Wissenschaft und Geist in sich haben und moralische Freiheit erworben haben." Dieser Reformappell möge nicht als Auflehnung gegen die oberste kirchliche Behörde" verstanden werden, wohl aber als Mahnung: Wer mit Hartnäckigkeit und Starrsinn beim Alten stehen bleiben wolle, riskiere „eine abermalige Spaltung", also eine Wiederholung der Reformation.

Anschließend formuliert Mersy einen Katalog von Reformvorschlägen unterschiedlichen Gewichts:

Einführung eines verbindlichen Katechismus für das ganze Erzbistum.
Einführung von Ritualbüchern in deutscher Sprache (Rituale, Benedictionale, Missale)
Einführung eines zeitgemäßen Gesang- und Andachtsbuches.
Regeln zur Aussetzung des Venerabile.
Beschränkung der Bruderschaften.
Reduktion von Prozessions- und Wallfahrtsbräuchen,
Abschaffung der kostenpflichtigen Messstipendien und Beseitigung der Stolgebühren,
Reform der Bußanstalt,
Aufhebung des Abstinenzgebots,
Verminderung der geistlichen Feiertage,
Einrichtung des Synodalwesens auf Dekanatsebene.

Insoweit präsentiert dieser Reformkatalog eine Reihe nicht gänzlich unumstrittener, aber doch u. E. mäßiger und cum grano salis auch verhandelbarer Positionen. Hinreichendes Material für einen fundamentalen Konflikt geben diese Gravamina zunächst nicht zu erkennen. Der Paukenschlag erfolgt erst am Schluss: „Was dem Geistlichen in unserer Zeit am meisten schadet und ihm die Achtung vor der Welt benimmt, ist das Cölibatsgesetz, dieses unnatürliche, in der katholischen Kirche ihren Dienern auferlegte und gegen alle Warnungen des Zeitgeistes beibehaltene Gebot, - nur dessen Aufhebung kann dem geistlichen Stande wieder aufhelfen und ihn wieder zu Ehren bringen. Widernatürlich erscheint dieses Gebot sehr vielen unseres Standes und als Ursache so vieler Ärgernisse, welche durch die Glieder dieses Standes gegeben werden." Das Zölibat sei ein Verstoß wider den „Geist der Zeit". Die Geschichte zeige aber, „daß wer immer es versucht hat, in das Rad des Zeitgeistes einzugreifen und dessen Lauf gewaltsam zu hemmen, von demselben erdrückt worden ist." Es sei deshalb bedenkenswert, eine großzügigere Dispenspraxis durch die Bischöfe zuzulassen und Priester, die den Zölibat nicht einzuhalten vermöchten, in den Laienstand zu versetzen.

Am Ende seines Textes wagt Mersy noch eine Generalattacke wider den Heiligen Stuhl: Er könne nicht jenen beistimmen, die da behaupten, „daß in der katholischen Kirche nur der Papst allein mündig, alle Bischöfe aber unmündig seien, indem sie ja in ihren Sprengeln nichts tun und keine Veränderungen vornehmen dürften, ohne die Erlaubnis dazu von dem Papste erhalten zu haben." Dass aber von Rom aus keine Abhilfe zu erwarten sei, „lehrt die tägliche Erfahrung." Mersy bekennt sich zu einem entschiedenen Episkopalismus in einer „deutschen Kirche".

Mersy schickte das Protokoll der Konferenz an alle Kleriker des Dekanats Offenburg. Er schickte es auch an das Ordinariat in Freiburg in der Erwartung, dass es im Domkapitel zur Kenntnis genommen und besprochen werde. Am 12. Oktober 1832 erteilte der Provicarius Generalis Friburgensis Dr. Johann Adam Martin eine arrogant abweisende Antwort: „Anstatt in so ernste und tiefe Überlegungen einzugehen, ist es freilich ein leichtes Geschäft zu tadeln, zu wünschen, Projekte zu machen. Ehe wir Ihren Reformvorschlägen entgegenkommen, müssen wir uns vorerst wundern, welche Gedankenlosigkeit Sie Ihrem Kirchenoberhaupte beimessen, als könnte am Metropolitansitze etwas Solches Niemandem einfallen... Wissen Sie denn, was dort geschieht? ... Haben Sie überlegt, was eine aus sehr heterogenen Bestandteilen ungleicher Bildung und Denkart erwachsene Diözese verträgt und was sie verschmäht? Bis hierher haben Sie Niemanden als sich selbst beklagt." Besonders ärgerlich sei der Vorschlag einer Reform der Bußpraxis: „An der Bußanstalt läßt sich nichts reformieren als Ihre (also Mersys) fehlerhafte Verwaltung des Bußsakraments.... Dermals halten wir es nicht für zeitgemäß einzuwilligen." Und abschließend: „Ihre Forderungen sind größer als unsere Voll-machten!"(zitiert nach Jentsch: „Die Reformbestrebungen des Pfarrers Mersy und seiner Freunde.")

Wie reagierte Mersy auf diese Zurechtweisung des Ordinariats? - Er publizierte umgehend eine 2. Auflage seiner Reformschrift, wozu ihn angeblich das rege Interesse der Öffentlichkeit veranlasst habe. Freilich begnügte er sich in dieser Zweitauflage nicht damit, die Textfassung der 1. Auflage einfach nur zu wiederholen, sondern er ergänzte diese mit „Beilagen", in denen er die Antworten, die ihm von den kirchlichen Obrigkeiten erteilt worden waren, dokumentierte und er erlaubte sich, dieselben entsprechend zu kommentieren. U.a. verwahrte er sich ausdrücklich gegen die Zumutung der Demut, welche die Hierarchie von den einfachen Geistlichen einzufordern pflege: „Wir katholischen Geistlichen sollen entweder in stummer Unterwürfigkeit auf die Lichtfunken harren, die von oben herabfallen und zum Voraus Alles als evangelische Wahrheit hinnehmen, was uns vorgelegt wird." Wohl habe Jesus Christus verheißen, dass die Pforte der Hölle die Kirche niemals überwältigen werde, womit er jedoch nicht habe feststellen wollen, „daß sie (die Kirche) in alle Ewigkeit so bleiben müsse, wie sie jetzt ist". Kurzum, die Klugheit gebiete es, auf drohende Gefahren zu achten und rechtzeitig erforderliche Reformen zu vollziehen. Die angemahnte Konferenz in Offenburg sei von der Absicht geleitet worden, „das Christentum dem Leben des Volkes wieder näher zu bringen, dem es durch die Zeitereignisse und allseitige Fortschritte des menschlichen Geistes entfremdet" worden sei. Eine solche Absicht verdiene keinen Tadel. -

Schließlich sei zu bedenken, dass „das große Gut der Preßfreiheit für alle Stände des Landes zugelassen" sei, also auch von den katholischen Geistlichen in Anspruch genommen werden dürfe. Es gelte das Recht der freimütigen Äußerung auch für den katholischen Klerus. In der Kirche erwarte man jedoch nach wie vor: „Schweigen, geduldiges Harren und Hinnehmen des Hergebrachten."
Erwartungsgemäß war Mersys Schrift alsbald bei der römischen Kurie gelandet und wurde am 17. September 1833 als „falsche, verwegene, schismatische, häretische Schrift" auf den Index gesetzt. Darüberhinaus sah sich Papst Gregor XVI. veranlasst, am 4. Oktober 1833 ein Mahnschreiben an die Bischöfe der Oberrheinischen Kirchenprovinz zu richten und Sanktionen gegen Mersy und seinesgleichen zu fordern: „Quo graviora." Wohlgemerkt: das päpstliche Schreiben war nicht persönlich an Herrn Franz Ludwig Mersy adressiert – ein Papst korrespondiert nicht mit einem gewöhnlichen Gemeindepfarrer irgendwo jenseits der Alpen -, die Rüge galt zumal den Bischöfen dieser Provinz, die nicht in der Lage seien, das klerikale Gesindel ihrer Diözesen unter Kontrolle zu halten. Mersy wurde in diesem Text als übler Rädelsführer namentlich genannt. Es ist anzunehmen, dass der Papst von den Bischöfen, vor allem von Erzbischof Boll strenge Sanktionen gegen Mersy erwartete. Diese blieben jedoch aus. Mersy hatte sich rechtzeitig gewappnet.

1832 hatte Mersy mit seinem protestantischen Kollegen Friedrich Wilhelm Rinck, Pastor in Grenzach am Hochrhein, vereinbart, eine interkonfessionelle Zeitschrift herauszugeben, welche die Gläubigen beider Bekenntnisse über wissenswerte Vorgänge in ihren Kirchen unterrichten sollte. In der redaktionellen Vorrede zur 1. Nummer im Jahr 1834 heißt es: „Wir beginnen heute das Abonnement des 'badischen Kirchenblatts` in der Überzeugung, daß alle diejenigen, deren Wahrheitssinn nicht durch lang gewohnte Schmeichelei abgestumpft ist, mit uns anerkennen werden, das Fortbestehen desselben sei im Interesse der beiden Landeskirchen. Jedem nachdenkenden Christen wird ein Katholiken und Protestanten gemeinschaftliches Zeitblatt mit gemischter Redaktion eine nicht nur neue, sondern auch erfreuliche und Frucht verheißende Erscheinung sein. Die Bestimmung des Blattes ist, wiewohl von Wenigen redigiert, immer mehr ein gemeinsamer Mittelpunkt zum freien Gedankenaustausch für alle Geistlichen des Landes ohne Unterschiede des Glaubensbekenntnisses zu werden und zugleich anderen Ständen Sinn und Teilnahme für das Kirchenwesen zu wecken."

Das Unternehmen einer Verständigung zwischen den Konfessionen dürfte sich zumindest des großherzoglichen Beifalls sicher gewesen sein, weil es der Konfessionspolitik der badischen Regierung entsprach. Dieses positive Interesse des Fürsten garantierte von vornherein einen gewissen Spielraum der Redaktion gegenüber den kirchlichen Obrigkeiten. Der Erzbischof glaubte dennoch, Mersy auffordern zu müssen, zumindest seinen Namen als förmlicher Herausgeber der Zeitschrift zurückzuziehen, was dieser auch tat, ohne sich jedoch hindern zu lassen, diesen Vorgang in der Zeitschrift anzuzeigen, ausführlich zu kommentieren und weiterhin kirchenkritische Beiträge unter Nennung seines Namens zu publizieren. (Man beachte die diesbezüglichen Textauszüge im Anhang II!)

Mersy hatte offenbar erkannt, dass die Freiheit des Bürgers im Umgang mit Institutionen in einer liberalen Gesellschaft am erfolgreichsten dadurch gewährleistet wird, dass er die Öffentlichkeit informiert. In dieser Erwartung organisierte Mersy seine Verteidigung. Nachdem ihm das Schreiben des Papstes, das ja nicht an die Öffentlichkeit, sondern demonstrativ an den internen Kreis der rheinischen Bischöfe adressiert war, auf welche Weise auch immer zugänglich geworden war, übersetzte er den lateinischen Text umgehend ins Deutsche und publizierte ihn wortwörtlich in seiner Zeitschrift, damit ihn jedermann, auch jener also, der kein Latein gelernt hatte, zur Kenntnis nehmen konnte. Die taktische Absicht dieses Verfahrens ist evident: Mersy verschaffte sich Sympathisanten bzw. Bundesgenossen, indem er die aggressive Herrschaftlichkeit der kirchlichen Hierarchie offenlegte und dieselbe dem deutschen Publikum vorführte. Dieses Vorgehen hatte Methode: Eine übergriffig sich äußernde kirchliche Obrigkeit läuft Gefahr, öffentlich blamiert zu werden. Mersy ist jedenfalls durch keine weiteren Schikanen von Seiten Roms belästigt worden.

Ein großes Thema in den Debatten über die Reform der römisch katholischen Kirche in dieser Zeit war die Forderung nach Durchführung von „Diözesan -Synoden". In diesen so bezeichneten Versammlungen sollten Missstände innerhalb der Institution „Kirche" kritisch zur Sprache gebracht und im Dialog des Kirchenvolkes mit dem Bischof behoben werden. Zu den eifrigsten Rufern nach solchen Synoden gehörte Franz Ludwig Mersy.

Eröffnet hatte die Diskussíon über Nutz und Frommen von Synoden Joseph Strasser, ein konservativer Theologe aus dem Bistum Bamberg, der 1833 eine Aufsehen erregende Schrift veröffentlicht hat: „Die Wichtigkeit der wieder einzuführenden Synoden für das Wohl und Bedürfnis der katholischen Kirche dieser Zeit." Modell einer Synode, so Strasser, sei das Apostelkonzil von Jerusalem um die Mitte des ersten Jahrhunderts der Christenheit. Man habe sich damals versammelt, um Konflikte innerhalb der sich konstituierenden Kirche beizulegen. In den Konzilien und Synoden der folgenden Zeiten manifestiere sich immer erneut „die Einheit und Lebenstätigkeit der Kirche". Es sei daran zu erinnern, dass das Tridentinische Konzil die regelmäßige Abhaltung von Diözesansynoden vorgeschrieben habe, was von den Bischöfen der Folgezeit nicht befolgt worden sei – zum Schaden der Kirche, die eine fast dreihundert Jahre lang währende „Geschichte des Verfalls" erlitten habe. Eine Reform der Kirche sei in der gegenwärtigen Zeit dringend notwendig, aber man dürfe eine solche nicht den Händen der „Aufklärer" überlassen, den „Naturalisten, Fatalisten, Skeptikern, Materialisten, Indifferentisten". Synoden müssten im Interesse der Bischöfe von diesen selbst einberufen werden, weil es „kein besseres Mittel" gebe, „der gesunkenen Religion und zerrütteten Kirche wieder aufzuhelfen". Seine Forderung habe nichts zu tun mit dem „Geschrei" jener, die einen „schismatischen Geist" verbreiteten, indem sie eine Beseitigung des Zölibats forderten. Er schlage vor, dass die Erzbischöfe in Deutschland im Einverständnis mit den Bischöfen und dem apostolischen Nuntius die Präliminarien einer solchen Synode untereinander aushandeln und schließlich vom heiligen Stuhl in Rom eine kanonische Sanktion erbitten. - Strasser löste mit diesem Vorschlag eine über viele Jahre sich erstreckende Debatte über die Tunlichkeit oder Untunlichkeit von Bischofssynoden in Deutschland aus.

Den prominentesten Widerspruch erfuhr Strasser durch den Tübinger Theologieprofessor Sebastian Drey. Dieser publizierte in der „Theologischen Quartalschrift" 1834 einen Essay mit dem Titel „Was ist in unserer Zeit von Synoden zu erwarten?" Drey bestätigt zwar die tridentinische Verordnung zur regelmäßigen Durchführung von Bischofssynoden und würdigt dieselbe als eine grundsätzlich „weise und an sich höchst heilsame Verpflichtung" und bedauert auch, dass eine solche Einrichtung an der „Indolenz der folgenden Jahrhunderte" gescheitert sei. Die historische Situation habe sich inzwischen jedoch tiefgreifend verändert, sodass man zweifeln müsse, „ob sich beleben lasse, was vor mehr als 200 Jahren untergegangen ist." Für eine Einführung von Synoden in der Gegenwart könne er sich einen „ersprießlichen Erfolg" nicht erhoffen. Größtes Hemmnis einer erfolgreichen Synode erkenne er in dem unverzichtbaren Gebot einer Einmütigkeit der Teilnehmer. Er bezweifelt, dass die Bischöfe in ihrer gegenwärtig eingeschränkten Souveränität zwischen dem Staat einerseits und der römischen Herrschaft andererseits über die Freiheit verfügten, ungehindert noch so notwendige Reformentscheidungen zu billigen. Wo in den äußeren Verhältnissen der Kirche diese Freiheit nicht gegeben sei, könne eine Synode nicht gelingen. - Einheit und Einigkeit seien auch innerhalb der Diözesangeistlichkeit kaum zu erreichen, weil diese je nach

Generationszugehörigkeit von ganz und gar unterschiedlichen Denkweisen geprägt sei, es gebe gemäßigte und radikale Geister, Traditionalisten und Rationalisten unter den Klerikern. Schließlich sei ganz und gar unsicher, was der Staat gewähre oder unterbinde. - Er sei überzeugt, bekennt Drey, „daß die wahre Regeneration der Kirche von Gott einer anderen Generation als der gegenwärtigen vorbehalten ist." Von Synoden in der Gegenwart erwarte er jetzt noch nichts.

Franz Ludwig Mersy hatte offenbar keinerlei Scheu, den Einlassungen des renommierten Prrofessors entgegen zu treten. Er publizierte eine rund hundert Seiten starke Gegenschrift:

„Die Diözesan-Synode im Erzbistum Freiburg als eine Erwiderung auf die Schrift
des Herrn Dr. Johann Sebastian Drey, ordentlicher Professor
an der katholisch- theologischen Fakultät Tübingen:
„Was ist in unserer Zeit von Synoden zu erwarten?
Der hochwürdigen Geistlichkeit des Erzbistums Freiburg und allen Freunden
der katholischen Kirche aus dem Priester- und Laienstand gewidmet."

„Synode und wieder Synode, das ist gleichsam das Losungswort unserer Zeit. Synoden sollen abhelfen und heilen, sollen imstande sein, das fast entschlafene kirchliche Leben zu wecken und ihm neue Kraft zu geben." Professor Drey habe in seiner Schrift die Tunlichkeit und Notwendigkeit einer Synode in der Gegenwart verneint. Diesem negativen Votum sei zu widersprechen.

Vorab sei die Frage zu entscheiden, ob der innere Zustand unserer Kirche in der Erzdiözese Freiburg so beschaffen sei, dass die Abhaltung einer Synode dringend erfolgen müsse. Es gelte, sich in Erinnerung zu rufen, dass die Erzdiözese Freiburg im Umbruch der staatlichen Verhältnisse in Deutschland zu Beginn des Jahrhunderts entstanden sei und zwar im Vollzug einer Montage aus „Bruchstücken von sechs anderweitigen Bistümern". Daraus folge offensichtlich das Gebot, die unterschiedlichen mentalen und kultischen Traditionen in den Landesteilen zusammenzuführen. Wo könne dies anders und besser gelingen als auf einer Synode. Synoden seien eine Art Markt zum Austausch regional unterschiedlichen Erfahrungen und Einsichten in Angelegenheiten der Religion. In Landgemeinden mit vorrangig bäuerlicher Bevölkerung funktioniere Religion anders als in städtischen Gemeinden mit einer Dominanz höherer Stände. Die in unterschiedlichen Mehrheiten gemischte Konfessionaltät im Lande sei nicht folgenlos. Was das bedeute, könne auf Synoden unmittelbarer gegenwärtig werden als in schriftlicher Berichterstattung. Man gewinne jedenfalls auf Synoden Kenntnisse für das Kirchenregiment, die einem Bischof „auf seinen Lust-und Firmreisen" verschlossen blieben.

Wer die Einsicht besitze, dass „unsere vaterländische Kirche einer gänzlichen Restauration" bedürfe, komme nicht darum herum, bei der Konstituierung einer Synode alle Stände zu berücksichtigen, nicht nur die höheren und niederen Kleriker, sondern auch Laien, zumindest „gebildete Laien". Dass alle Teilnehmer eines Sinnes seien, könne man nicht erwarten. Es sei mit unterschiedlichen Orientierungen zu rechnen. Richtig sei die Erwartung, dass sich auf einer Synode „katholische Absolutisten", „gemäßigte Katholiken", konstitutionelle Monarchisten", „theologisch-politische Rationalisten" und schließlich auch „Sympathisanten des Protestantismus" versammelten. Das sei kein Anlass, wie Drey befürchte, mit Zuständen wie auf einem „polnischen Reichstag" rechnen zu müssen. Grundlos sei die Verdächtigung von Klerikern, die eine Synode als Gelegenheit „revolutionärer Umtriebe" benutzen würden. Haltlos sei die Furcht, dass das „reinmonarchische Prinzip der Souveränität des Bischofs in seiner Diözese und des Papstes über die gesamte Kirche nicht unverletzt erhalten werden könne." Niemand wünsche einen „tibetanischen Kirchenstaat". Man dürfe damit rechnen, dass die Kleriker bei allen Unterschieden in der Denkweise einander auch mit einer amtsbrüderlichen Zuneigung" ausgestattet seien. Die Sorge, dass „die Hauptgrundsätze des dogmatischen Katholizismus untergraben und verunstaltet würden", sei schlichtweg zu verneinen. Kurzum, Synoden seien eine Art „konstitutionelle Monarchie innerhalb der Kirche" und dürften nicht als „Demokratismus" denunziert werden. Mit dieser Feststellung distanziert sich Mersy in aller Deutlichkeit von den politisch Radikalen im Gefolge der französischen Julirevolution von 1830.

Mersy stützt abschließend seine Kritik an dem Drey`schen Essay mit einem abschließenden Zitat einer Rezension von Aloys Benedikt Pflanz in den „freymüthigen Blättern für Theologie und Kirche" Jahrgang 1834: „Wir glauben mit Herrn v. Drey, daß Synoden im Sinne der alten, schöneren Zeiten der Kirche dieser zum Heil und Frommen wäre, wir zweifeln aber nicht daran, daß sie auch in unseren Tagen möglich wäre. Hat aber die Realisierung dieser Möglichkeit in unseren Tagen besondere Schwierigkeiten, so rufen wir: Kommt! Laßt uns den Mut haben, diese Schwierigkeiten zu überwinden! Aber dieselben für unüberwindlich zu halten, ehe man nur den Versuch gemacht hat, sie zu überwinden, das kann wohl jene kalte Klugheit, die in allen Dingen lieber zu viel Vorsicht gebraucht als zu wenig, befriedigen, aber nimmermehr dem Mut tatkräftiger Männer genügen, die für ein großes Ziel begeistert sind."

Mersy hat in den folgenden Jahren im „badischen Kirchenblatt" zahlreiche Artikel geschrieben, in denen er das zeitgenössische Tun und Lassen der katholischen Kirche im Erzbistum Freiburg kritisch begleitete. Stets ging es um Fragen der Gottesdienstordnung, der Ritualpraxis, um die Funktion der Pastoralkonferenzen, um eine Einführung des Synodalverfahrens in der Diözese und schließlich wiederholt um das Zölibat. Mersy markierte seine Artikel mit seinem Namen (Mersy) oder mit dem großen oder kleinen Anfangsbuchstaben seines Namens (M. oder m.).

Im 8. Jahrgang des „badischen Kirchenblatts" annoncierte Mersy am 4. Oktober 1840 eine Artikelserie mit dem Titel „Der badische Klerus und das erzbischöfliche Ordinariat". Schon diese Titelformulierung lässt erahnen, dass im folgenden ein Spannungsverhältnis zwischen „unten und oben" in den Blick genommen werden soll, also zwischen den Angehörigen des „niederen Klerus", den einfachen Priestern im Lande einerseits und andererseits den Repräsentanten der kirchlichen Hierarchie, den Erzbischöfen und den Prälaten des Ordinariats bzw. Domkapitels in Freiburg. Überraschenderweise eröffnet Mersy seine Darstellung aber nicht mit dem Gründungsjahr der Erzdiözese Freiburg im Jahr 1827, mit dem Amtsantritt des Erzbischofs Bernhard Boll, sondern mit einem Rückblick auf die Jahre zuvor, in denen die katholische Kirche im Lande unter der Leitung Wessenbergs als Generalvikar und Bistumsverweser der Diözese Konstanz regiert worden war: „Sechs und zwanzig Jahre stund der edle Wessenberg dem Bistume Konstanz vor, als er am 21. Oktober 1827 rührenden Abschied nahm von seinen Gehilfen im Weinberg des Herrn. Mit Wehmut mußte es sein Herz erfüllen, sich von seinem segensreichen Wirken verdrängt zu sehen und dies in einem Alter, wo ihm noch rüstige Kraft zu größerem Wirkungskreise verliehen war. Gekämpft hat er mutig gegen Finsternis und pfäffische Heuchelei und durch sein offenes und gerades Benehmen selbst manchen anfänglichen Gegner zum Freunde gemacht, die Hochachtung und Liebe des bei weitem größten Teils der untergebenen Geistlichkeit sich erworben. Diese schied mit dem nämlichen Schmerze von ihm, als der Edle sich schwer trennte von den trauernden Hirten." Es war offenbar die Solidarität, die Wessenberg seinen Priestern als Angehörige des gleichen Standes zu erweisen pflegte und ihn veranlasste, auf gleicher Augenhöhe und das heißt: voller Hochachtung mit ihnen zu verkehren.

Ein ähnliches Urteil über die regierenden Erzbischöfe von Freiburg Bernhard Boll und Ignaz Demeter wollte Mersy freilich nicht erteilen. Die Abrechnung mit ihrer Regierungsbilanz, die offenbar folgen sollte, ist in Ansätzen begonnen und dann abgebrochen worden. Mersy zog sich von der Redaktion des Kirchenblattes zurück - krankheitshalber, wie zu vermuten ist.

Am 12. August 1843 ist Franz Ludwig Mersy in Offenburg, hochverehrt in seiner Gemeinde und in der ganzen Stadt, gestorben. Sein Grab auf dem Offenburger Friedhof blieb erhalten und wird von der Stadtgemeinde gepflegt. Im kommunalen Gedächtnis wird er durch den Namen einer Straße gewürdigt, die man auf seinen Namen getauft hat.

Erinnerung verdient eine von dem altkatholischen Priester Karl Jentsch überlieferte Anekdote: Mersy trifft zufällig den Dekan „St. von St.“, der sich lobend über das „Kirchenblatt“ äußert. Mersy antwortet: „Ihr habt's gern und freut Euch über meinen Mut, daß ich die Wahrheit nachdrücklich und offen spreche. Ihr selbst aber rührt dabei auch nicht Finger noch Zunge. Ihr seid es nicht wert, daß man für Euch sich rührt, viel weniger sich einer Unannehmlichkeit aussetzt. So wird es nie besser werden und meine Stimme wird wirkungslos verhallen.“

Anhang I:

„Quo graviora“ -
Schreiben seiner Heiligkeit des Papstes Gregorius XVI. an die ehrwürdigen Brüder den Erzbischof von Freiburg und seine Suffragan-Bischöfe. Aus dem Lateinischen ins Deutsche übersetzt von Franz Ludwig Mersy. Publiziert im „Badischen Kirchenblatt“, zweiter Jahrgang, 21. September 1834, Heft Nr. 76.

„Ehrwürdige Brüder! Je größer die Übel sind, womit die von gottlosen Gegnern angesponnenen Umtriebe die katholische Kirche bedrohen, um so entschiedener müssen die römischen Päpste dieselben abzuwehren suchen, indem sie auf dem Stuhle des heiligen Petrus sitzend von Gott selbst die höchste Macht erhalten haben, diese Kirche selbst zu weiden, zu leiten und zu regieren. Deswegen, sobald Pius VIII. sel. Andenkens, unser Vorfahr, mit äußerstem Schmerze vernommen hatte, wie Vieles in der rheinischen Kirchenprovinz auf eine verwegene Weise und nicht ohne Erfolg gegen die Lehre dieser Kirche, gegen ihre Autorität und Einrichtung, unternommen worden ist, richtete er im Jahr 1830, am Ende des Juni, ein Schreiben an Euch, worin er, falls es notwendig sein würde, Eure hirtliche Obsorge anmahnte, die Rechte der Kirche mit aller Kraft zu handhaben und die wahre Lehre zu verteidigen, damit Ihr ohne alle Rücksicht denjenigen, bei denen es notwendig war, einzuschreiten, vor Augen legtet, wie unvernünftig und widerrechtlich jene für die Kirche schädlichen Unternehmungen waren, von denen einige schon eingeführt wurden und andere noch eingeführt werden sollten, und damit Ihr Euch mit aller Anstrengung angelegen sein ließet, daß sie sogleich zurück genommen werden. Da er aber des übergroßen Ärgernisses wegen, das diese Neuerungen verursachten, für diese Kirche ungemein besorgt war, trug er Euch auf, ihm schleunigst eine Antwort zu erteilen, entweder Trost in seiner Betrübnis zu finden, wenn diese Antwort seinen Wünschen entsprechen sollte, oder falls sie wider seine Erwartung derselben entgegen wäre, jene Entschlüsse zu fassen, welche sein apostolisches Amt forderte.

Seither hat sich die Lage der Kirche in dieser Gegend durch neue Ereignisse noch mehr verschlimmert, wie wir davon Kunde haben und Ihr ehrwürdige Brüder, es vor Euren Augen sehet. Selbst aus dem geistlichen Stande treten verkehrte Redner auf, träumen von einer sogenannten Wiedergeburt, rufen mit einer allen Neuerern eigenen Unverschämtheit eine Umschaffung aus, lehnen sich frech auf gegen den heiligen Stuhl und wenden Alles an,

Anhänger zu werben und Unbesonnene zu betrügen. Sie haben sich in eine gewisse Gesellschaft getan, halten Zusammenkünfte, beratschlagen und tragen kein bedenken, die Kirche nach dem jetzigen Zeitgeist zu reformieren.

Das Beispiel einer solchen ruchlosen Verwegenheit stellten, wie wir vernommen, vor noch nicht langer Zeit mehrere Geistliche aus der Stadt O f f e n b u r g auf, die auf Anstiften und unter Anleitung ihres D e k a n s F. L. M e r s y so weit gingen, daß sie nicht nur verschiedene Reformationsartikel in ihren Zusammenkünften ausdachten, sie dem Erzbischof von Freiburg vorlegten, sie anderen Ruralkapiteln mitteilten, um auch sie in die nämliche schlechte Verschwörung hineinzuziehen, sondern noch ein Büchlein mit dem Titel: „S i n d R e f o r-m e n i n d e r k a t h o l i s c h e n K i r c h e n o t w e n d i g?", in der zweiten Auflage mit vielen Zusätzen vermehrt, durch den Druck bekannt zu machen, sich erfrechten. Und wollte Gott, andere Geistliche, aus der Freiburger Diözese sowohl als aus den übrigen Diözesen der rheinischen Provinz, hätten nicht auch versucht, was die Geistlichen in Offenburg in feindseliger Verbrüderung gegen die Religion öffentlich zustande gebracht haben! Wollte Gott, der unselige Aufruhr der Reformatoren hätte sich auf diese Stadt allein beschränkt! Allein, wir haben schon längst vernommen und sprechen es mit betrübtem Herzen aus, daß er sich fast über alle jene Gegenden und vorzüglich über die Rottenburger Diözese ausgebreitet hat und sogar schon außer der rheinischen Kirchenprovinz sich zeigt.

Es kann Euch, ehrwürdige Brüder, nicht unbekannt sein, auf welche irrige Grundsätze sich diese Leute und ihre Anhänger stützen und aus welcher Quelle ihre Sucht entspringt, Neuerungen in die Kirche einzuführen. Unterdessen wird es nicht unnütz sein, wenn wir einige davon aufdecken und bezeichnen. Es hat sich schon lange in diesen Ländern die falsche und gottlose Meinung aus dem widersinnigen System der Gleichgültigkeit in der Religon entwickelt und weit verbreitet, welche behauptet, die christliche Religion müsse fortwährend vervollkommnet werden. Da aber die Verfechter dieser Vervollkommnungsmöglichkeit sich scheuen, ihre Meinung auf die Glaubenslehren zu übertragen, so wollen sie selbe in Ansehung der äußeren Kirchenverwaltung und der Disziplin geltend machen. Um ihrem Irrwahn Eingang zu verschaffen, führen sie fälschlich und nicht ohne Licht die Autorität katholischer Theologen an, welche einen Unterschied machen zwischen der Lehre der Kirche und zwischen der Disziplin, indem diese letzte Veränderungen erleiden kann, während jene fortwährend und unwandelbar bestehen muß. Dieses vorausgesetzt behaupten sie mit Zuversicht: in der gegenwärtigen Disziplin der Kirche, in ihrer Regierungsart des äußeren Gottesdienstes, gebe es Dinge, die mit dem gegenwärtigen Zeitgeist sich nicht mehr vertragen und somit, als dem Wachstum und dem besten der katholischen Religion schädlich, abgesondert werden müssen, ohne daß deswegen für die Lehre des Glaubens und der Sitten ein Schaden erwachse. Auf diese Weise brüsten sie sich mit ihrem Eifer für die Religion, geben sich einen Schein von Frömmigkeit, führen Neuerungen ein, brüten über Reformationen und träumen von einer Wiederherstellung der Kirche.

Daß die Neuerer diesen Grundsätzen huldigen, hat man zwar schon aus mehreren Schriften ersehen, die vorzüglich in Deutschland herauskamen, und worin diese Grundsätze mehrmals entwickelt und verteidigt wurden; allein aus der Offenburger Druckschrift und besonders aus dem, was erwähnter F. L. M e r s y, das Haupt des aufrührerischen Vereins, der neuen Auflage auf unverschämte Weise beigefügt hat, liegt jetzt die Sache offenbar dar. Indem sie aber in ihren Meinungen ganz eitel geworden, aus sich selber solche Sätze aufstellen, so verfallen sie, ohne es zu wissen oder unter dem tückischen Vorwande, es nicht zu wissen, in die von der Kirche in der Konstitution „Auctorem fidei" von Pius VI. seligen Andenkens, unserem Vorfahren, am 28. August 1794 verdammten Irrtümer und bestreiten die gesunde Lehre, die sie unversehrt erhalten zu wollen vorgeben. Und in der Tat, wenn sie behaupten: die äußere

Form könne ohne Ausnahme verändert werden, so müssen sie das Nämliche auch von jenen Punkten der Disziplin sagen, die selbst auf göttlichen Rechten gegründet sind und mit der Glaubenslehre innigst zusammenhängen, und wo das Gesetz zu glauben schon das Gesetz zu handeln in sich schließt.

Suchen überdies solche Menschen nicht offenbar die Kirche ganz in das Menschliche herab zu ziehen, verwerfen sie nicht ihre unfehlbare Autorität und vergreifen sie sich nicht an Gott selbst, der die Kirche regiert, wenn sie wähnen, ihre gegenwärtige Disziplin sei mangelhaft, verfinsternd und habe noch andere Mängel, auch wenn sie vorgeben, die Kirche enthalte Vieles, was unnütz und selbst für die Reinheit der katholischen Religion schädlich sei? Wie können sich aber Privatleute ein Recht anmaßen, das ausschließlich dem römischen Papst zusteht? Es gibt gewisse Punkte der Disciplin, die zwar in der ganzen Kirche Kraft haben, die aber, weil sie die Kirche frei verordnet hat, auch wieder abgeändert werden können. Allein, an dem Papst allein, den Christus über die ganze Kirche gesetzt hat, ist es, nach den verschiedenen Umständen zu urteilen, ob eine Änderung notwendig sei. An ihm ist es, wie der heilige Gelasius schreibt, „die Dekrete der Canones abzuwägen, die Vorschriften seiner Vorgänger zu ermessen, um nach reiflicher Überlegung jene Milderungen eintreten zu lassen, welche die Zeit zur Herstellung der Kirche gebieterisch fordert."

Da wir die falschen Grundsätze, auf welche sich diese Reformatoren stützen, nur wie im Vorbeigehen berührt haben, so wollen wir Euch, Ehrwürdige Brüder, nicht lange mit jenen lieblosen Vorwürfen hinhalten, womit diese ebenso frechen als irrig denkenden Leute, denen die Schmähsucht zur Gewohnheit geworden, den heiligen Stuhl angreifen: daß er gar zu hartnäckig am Altertum hange, daß er den wirklichen Geist der Zeit nicht einsehe, inmitten neuer Erkenntnis blind sei, daß er den Aberglauben nähre, die Mißbräuche in Schutz nehme und überhaupt das Wohl der Kirche nach den verschiedenen Zeitumständen sich nicht lasse angelegen sein. Wohin zielt Alles Dieses? - Dahin, daß der heilige Stuhl Petri verachtet, seine von Gott ihm verliehene Autorität von den Völkern gehaßt wird und die übrigen Kirchen von dem Verbande mit ihm abgerissen werden. Darum möchten sie (diese vorgeblichen Reformatoren) gerne von Eurer Macht, Ehrwürdige Brüder, etwas erhalten, was sie von diesem heiligen Stuhle zu erlangen verzweifeln. Sie sagen, jede sogenannte Landeskirche müsse nach eigenen Gesetzen regiert werden, und was noch weit mehr ist, sie schreiben auch jedem Kirchenhirten, also jedem Bischof, die Macht zu, ungehindert die Gesetze der allgemeinen Kirche aufzuheben und abzurufen, wenn es der Nutzen ihrer Diözese erfordere. Weil sie nun aber sehen, daß sie ihren Willen bei Euch nicht durchsetzen können, scheuen sie sich nicht, die gemeinen Priester von der schuldigen Unterwürfigkeit gegen ihre Bischöfe zu entledigen und ihnen das Recht zuzuteilen, ihre Diözese selbst zu verwalten. Aus allem diesem liegt es hell am Tage, daß sie die von Gott eingesetzte und von den Vätern des Konzils von Trient als Glaubenslehre aufgestellte kirchliche Hierarchie umstürzen und alle Irrtümer wieder hervorziehen wollen, die in der dogmatischen Konstitution „Auctorem fidei" gebrandmarkt worden sind. Daß auch die O f f e n b u r g e r G e i s t l i c h k e i t dieses bezwecke und daß diese gebrandmarkten Lehren in ihrer Schrift und vorzüglich in den Beilagen enthalten seien, liegt beim ersten Anblick so offenbar da, daß darüber gar kein Zweifel darüber obwalten kann.

Unterdessen wollen wir nur einige der vielen Irrtümer, wovon das Schriftlein voll ist, besonders erwähnen. Das Erste, was uns auffällt, ist, was die Freunde der schändlichsten Verschwörung gegen das Zölibatsgesetz mit offener Stirne zu lästern sich getrauen. Sie wollen, daß jene Kleriker, die nicht im Stande sind, den Zölibat zu halten, und deren Sitten auf einem solchen Grade verderbt sind, daß man keine Besserung von ihnen erwarten könne, in den Laienstand zurückverwiesen werden, sodaß sie sich nach einer auch vor der Kirche gültigen Heirat umsehen können. Dieses stimmt mit dem Sinn der tridentinischen Väter durchaus nicht überein. Diese Verschwörer versuchen, wie uns bekannt ist, die Lehren des allgemeinen Konziliums zu verdrehen, indem sie behaupten: Derjenige, der einmal Priester war, könne zwar nach dem Sinne des Tridentinums nicht wieder Laie werden aus eigener Macht, wohl aber durch die Macht der Kirche. Den Bischöfen schreiben sie die Macht zu, die betreffenden Kleriker wieder in den Stand der Laien zurück zu versetzen. Der Charakter, der bei der Weihe aufgedruckt werde, bleibe zwar untilgbar erhalten, weshalb eine Priesterweihe nicht wiederholt werden könne, aber diese einmalige Prägung zum Priester schließe ein Leben im Laienstand nicht grundsätzlich aus.

Da die Verschwörer solche Dinge daher faßeln, was richten sie in der Tat anders damit aus, als daß sie durch dieses schändliche Gerede gegen den wahren Sinn der Beschlüsse von Trient und gegen den Sinn der ganzen Kirche verstoßen und Irrtum auf Irrtum häufen. - Ehrwürdige Brüder! Es würde uns zu weit führen, wenn wir noch mehrere andere irrige Meinungen dieser Neuerer anführen wollten: über die Meßstipendien, die sie abschaffen wollen, über den Brauch, daß man für einen Verstorbenen mehrmals das heilige Opfer darbringt, über ein neues in der Muttersprache abgefaßtes Ritual, welches sie gerne dem Zeitgeiste anpassen möchten, über die frommen Bruderschaften, über die öffentlichen Bittgänge und Wallfahrten, welches alles sie auf verschiedene Weise mißbilligen. Nur dies wollen wir kurz bemerken, daß diese mannichfaltigen Meinungen aus jener faulen Quelle fließen und aus jenen Grundsätzen hergeleitet werden, die schon längst durch ein feierliches Urteil der Kirche verdammt worden sind.

Wir haben, ehrwürdige Brüder, nach dem Beispiel unserer Vorfahren in ähnlichen Fällen die Sache, wie es unser apostolisches Amt forderte, etwas weitläufiger auseinandergesetzt, besonders in der Absicht, die Irrtümer dieser Leute aufzudecken, damit es offenbar würde, wohin die Sucht, gottlose und verderbliche Neuerungen in die Kirche einzuschwärzen, am Ende führe. Übrigens könnt Ihr Euch leicht vorstellen, wie bitter unser Herz beklemmt ist über die traurigen Zeitumstände, in denen die Kirche sich befindet. Wir beweinen, daß die unversehrte Braut des unbefleckten Lammes Jesu Christi sowohl von innern als auch auswärtigen Feinden so heftig angegriffen wird. Unsere Tränen fließen fortwährend über die schmähliche Gefangenschaft, in welcher sie so lange unterdrückt gehalten wurde, und über die Übel, die ihr die eigenen Kinder noch überdies zufügen, die, indem sie den Schoos der liebenswürdigsten Mutter schändlich verlassen, noch falsche Reden gegen sie führen. Unterdessen sind wir weit davon entfernt, kleinmütig zu werden, weit entfernt in einem so wichtigen Bedrängnis der katholischen Kirche unsere apostolische Stimme zurückzuhalten, weit entfernt, die Stärke des Gerichts und die Kraft des Geistes Gottes abzulegen und wie stumme Hunde, die nicht zu bellen vermögen, die Herde des Herrn dem Raube und die Schafe Christi den Zähnen der Tiere des Feldes zu überlassen. Deswegen könnt Ihr, ehrwürdige Brüder, versichert sein, daß wir fest entschlossen sind, von allem dem, was unseres Amtes ist, nichts unversucht zu lassen, damit die katholische Kirche in Allem, was ihre göttliche Verfassung betrifft, wieder in ihre vorige Freiheit gesetzt und denen der Mund geschlossen werde, die boshafte Reden gegen sie führen.

Aber wir können nicht umhin, ehrwürdige Brüder, Euch um Eifer, zur Standhaftigkeit und Kraft für die Religion aufzumuntern und Euch von ganzem Herzen anzumahnen, die Ihr in Einigkeit des Geistes die Sache Gottes und der Kirche verfechtet. Denn Euch, die Ihr zur Teilnahme an der Sorge, wovon uns die Fülle übertragen ist, berufen seid, steht es vorzüglich zu, die heiligste Grundlage unseres Glaubens und der Lehre zu bewahren, die profanen Neuerungen von der Kirche abzuwehren und Euch mit aller Kraft denjenigen entgegen zu stemmen, welche sich Mühe geben, die Rechte des heiligen Stuhls zu zernichten. Ziehet also das Schwert des Geistes, welches das Wort Gottes ist, prediget, wie es Euch der Apostel Paulus so sehr ans Herz leget, dringet darauf zur Zeit und außer der Zeit, bestrafet, bittet, gebet Verweise mit aller Geduld und Lehre.

Lasset Euch nicht erschrecken, jeden Kampf auf Euch zu nehmen für die Ehre Gottes, zum Schutz der Kirche, zum Heile der Eurer Obsorge anvertrauten Seelen. Stellet Euch denjenigen vor, welcher eine solche Standhaftigkeit zeigte unter allen ihm von Sündern erwiesenen Mißhandlungen. Wenn Ihr Euch vor der Frechheit schlechter Menschen fürchtet, so ist die Kraft des Episkopats dahin, samt der erhabenen und göttlichen Gewalt, die Kirche zu regieren.

Diesem will ich nichts mehr hinzusetzen als das Einzige: daß Ihr die hohe Wichtigkeit Eures Amtes und das strenge Gericht, das auf alle Vorsteher und ganz besonders auf die Wächter des Hauses Israel wartet, zu Füßen des Herrn zu Gemüte führet und erwäget. Wir sind der zuversichtlichen Hoffnung, dadurch werde ein solcher Eifer, die katholische Religion zu unterstützen und sie gegen die Nachstellungen gottloser Feinde zu schirmen, in Euch sich entzünden, daß Ihr noch größere Dinge zu leisten vermöget, als wir Euch da aufgeschrieben haben. Aufgerichtet und getröstet durch diese Hoffnung erteilen wir Euch und den Völkern, die Eurer Treue übergeben sind, als Vorboten aller Güter in Liebe den apostolischen Segen.

Gegeben zu Rom, bei Maria Major, den 4. Oktober 1833, im dritten Jahr unseres Pontifikats."

Anhang II:

Badisches Kirchenblatt am 23. Juli 1834:
„Verantwortung des vormaligen Mitredakteurs des Kirchenblatts geistlichen Rates Mersy in Offenburg."

„Das Kirchenblatt, herausgegeben von Redaktoren der evangelischen und katholischen Kirche, war eine gemeinsame Sache des Publikums beider Kirchen geworden. Nachdem nun der katholische Mitredakteur auf eine spezielle, unbedingten Gehorsam fordernde Weisung seines kirchlichen Obern von der Redaktion zurückgetreten war und diesen Rücktritt den verehrten Lesern des Kirchenblattes mit dem Beifügen angezeigt hatte, daß er über mehrere Anschuldigungen von seinem Kirchenobern , deren Angelegenheiten zur Verantwortung gefordert worden sei, so ist dieser sein Rücktritt auch eine öffentliche Sache geworden, über welche auch öffentlich Rechenschaft zu geben ist, da die Kirche, deren Angelegenheiten in dem Kirchenblatte besprochen werden, keine geheime, sondern eine öffentliche Anstalt ist. Mag man die Weisung zum Rücktritt und ihre Befolgung tadeln oder nicht, der Unterzeichnete war in beider Hinsicht sogleich mit sich im Reinen, aber auch darüber, daß seine Verantwortung, möge sie von seiner Kirchenbehörde angenommen werden, wie sie wolle, nicht seiner Person wegen (denn diese muß hier ganz in den Hintergrund treten), sondern der Sache wegen, der es galt, den Lesern und Freunden wie den Feinden des Kirchenblattes müsse vorgelegt werden. Da der gewesene Redakteur seine Grundsätze in Hinsicht des Kirchentums öffentlich ausgesprochen, so ist es nach Veröffentlichung derselben keineswegs gleichgültig, ob er, darüber zur Verantwortung gezogen, dieselben aber aus Menschenfurcht zurückgenommen habe oder ob er sie behaupte und feststehe für die Sache, die er öffentlich zu vertreten den Mut hatte, ob er ein Freund der Wahrheit sei oder es bequemer fände, den Heuchler zu machen. Es erscheint demnach diese Verantwortung des gewesenen Mitredakteurs wortgetreu, wie sie dem hochwürdigen Erzbischofe vorgelegt wurde.

Die Beschwerdepunkte werden sich aus den einzelnen Paragraphen leicht entnehmen lassen, indem es der Unterzeichnete zur Zeit nicht für geziemend hält, das ihm zugegangene Schreiben des hochwürdigsten Herrn Erzbischofs zu veröffentlichen. Eine Veröffentlichung seiner Verantwortung war aber ebensowenig in demselben untersagt, als ein ferneres Mitarbeiten in dem Kirchenblatte und kann des bestehenden Gesetzes auch nicht untersagt werden.

Offenburg, den 30.Juni 1834

Mersy, geistl. Rat."

Badisches Kirchenblatt am 23. Juli 1834:
„An den Herrn Erzbischof in Freiburg!
Euer erzbischöfliche Gnaden haben mich in Höchstdero Schreiben vom 17. praes. 20. Mai zur Verantwortung über mehrere mitgeteilte Extrakte aus dem badischen Kirchenblatte aufzufordern geruht sowie zur Niederlegung dieser Redaktion. Nachdem ich nun der letztgenannten Aufforderung Euer erzbisch. Gnaden, meines obersten geistl. Obern auf der Stelle Genüge geleistet habe, erlaube ich mir auch im Nachstehenden meine Verantwortung ebenmäßig gehorsamst vorzulegen. Möchten E.E.G. geruhen, dieselbe mit Unparteilichkeit und dem Geiste der christlichen Liebe und väterlichen Milde aufzunehmen und zu würdigen, welche an Hochdemselben allgemein verehrt wird.

Ehe ich mich auf die einzelnen Punkte selbst einlassen kann, sei es mir erlaubt, E.E.G. die Versicherung vorzulegen, welche aus ganz redlichem Herzen kommt, daß ich bei der Übernahme der Redaktion des badischen Kirchenblattes keine andere Absicht hatte, als das Interesse unserer vaterländischen katholischen Kirche mit Umsicht, Eifer, Unparteilichkeit und der Liebe zu vertreten, welche ich stets für unsere katholische Kirche hatte und stets haben werde, da ich derselben aus innerer Überzeugung zugetan bin, daß ich aber dabei die Ansicht hatte, daß über Gegenstände des äußeren Kirchentums, über Kultus, Zeremonien und alle Anstalten, welche sich laut dem Zeugnisse der Kirchengeschichte nach und nach so gestaltet haben, wie sie dermalen sich in dem weiten Gebiete der Kirche darstellen, eine freimütige, der Wahrheit getreue und anständige Besprechung keineswegs unerlaubt sei. Auch konnte ich mir dabei nicht einfallen lassen, daß solche Besprechungen und mit Gründen unterstützte Äußerungen einer Ansicht der Sache, wenn sie auch abweicht von der Ansicht derjenigen, welche sich streng an das Hergebrachte halten, als eine Abweichung von dem Katholizismus könne erklärt, und ich deswegen als einen Acatholikus werde angesehen werden, wie aus Höchstihro Schreiben hervorzugehen scheinen will.

Ich war vielmehr der Ansicht, daß das Äußere unserer Kirche nach dem Ausspruch des hl. Kirchenlehrers Augustinus „in dubiis libertas, in necessariis unitas, in omnibus autem caritas", auch hier werde geurteilt werden, da ja Alles, was in der Kirche schon immer so war, nicht immer so sein müsse, allerdings unter die dubia, das Zufällige, Nichtwesentliche zu rechnen sei, worüber es jedem denkenden Christen freistehe, seine mit Gründen unterstützte Ansicht zu äußern. Dabei befürchtete ich um so weniger, auch bei Äußerung entgegengesetzter über das Hergebrachte und Gebräuchliche einer Akatholizität mit Grund beschuldigt werden zu können, wenn ich trotz meiner freimütigen Äußerung und Besprechung der Gegenstände in der Praxi und durch die Tat bezeuge, daß ich der Lehre und dem Ritus meiner Kirche getreu folge und denselben ausübe, wenn es mir, was ich gar nicht geheim halte, gleichwohl oft schwer wird, Gebräuchen eine fruchtbare Seite abzugewinnen und sie von solchen dem Volke darzustellen, das seiner Leitung anvertraut ist. Wenn nun solche freimütige Äußerungen über das Zufällige, nicht Wesentliche in unserer Kirche, ein Kriterium der Akatholizität genannt werden darf und jenem schon darum katholisches Blut abgesprochen und er ein ungehorsamer Sohn seiner Kirche genannt werden darf, weil er über diese dubia anders denkt, sie anders beurteilt, sie zum Teile nicht mehr für zeitgemäß erklärt, dabei aber in facto sich gehorsam erweist, indem er sie nicht wegwirft, sondern seinem Volke nur genießbarer zu machen sucht, so kann ich solchem Urteile nichts entgegensetzen als herzliches Bedauern und die Erklärung, daß ich solches Urteil (viele nennen es Engherzigkeit) mit der vernünftigen christlichen und kirchlichen Freiheit nicht vereinbaren kann, mich auch zu solchen nie verstehen werde, eben weil ich solches mit der jedem Menschen von Gott gegebenen Freiheit nicht unvereinbar halte, die Christus den Gliedern seiner Kirche nicht genommen noch einschränken wollte. Ich bedaure solche Engherzigkeit, ohne dabei jemandem meine Meinung und Ansicht aufdringen zu wollen, noch mir herauszunehmen, ihn für akatholisch zu erklären, weil er eine andere Ansicht hat als ich, sondern lasse ihm dieselbe, verlange aber, und ich glaube, nicht ohne Recht, dasselbe Verhalten gegen mich.

Von dieser Basis ausgehend, und da ich mir weder bewußt, von einem Dogma abgewichen zu sein, noch von E.E.G. aufgefordert bin, über Anfechtung einer Glaubenswahrheit mich zu verantworten, noch ferner das Äußere unserer Kirche auf eine unwürdige Art besprochen zu haben, obwohl ich mich sehr freimütig über manches ausgesprochen, hatte ich also nur diese meine Freimütigkeit zu verantworten, so wie die Anschuldigung, daß ich gegen E.E.G., meinen Hochwürdisten und verehrten Oberhirten, gegen seine päpstliche Heiligkeit, das erhabene Oberhaupt unserer Kirche, sowie die Heiligen Gottes mich unwürdig und beleidigend geäußert habe, zu widerlegen.

Hochwürdigster Erzbischof! Ich spreche als Sohn zu meinem Vater, aber nicht als unmündiges Kind, daher wollen E.E.G. meine offene, gerade Sprache gnädigst zu würdigen geruhen, daß ich mich gegen die Äußerungen des h. Vaters, welche in dessen Umlaufschreiben an die Erzbischöfe und Bischöfe Deutschlands stehen, erklärt habe. Ich glaubte, das mit dem selben Fug und Recht tun zu dürfen, mit dem ein Jeder seine Ansicht über Aussprüche von Schriftstellern äußert, denn als solcher erscheint hier der Papst, denn seine literae encyclicae sind uns nicht öffentlich publiziert und jene Blätter sind keine symbolischen Schriften. Man muß es laut und öffentlich sagen, daß diese Zeit der päpstlichen Obervormundschaft vorüber ist. Nicht ich entehre den h. Stuhl und erzeuge Abneigung und Ehrfurchtlosigkeit gegen denselben, sondern es dürfte das rücksichtslose Beharren bei dem Alten gegen alle Anforderungen der Zeit dieses Hervorkehren und Hervorrufen der krassesten Seiten des Katholizismus zurückdrängen zu wollen die Ehrfurchtslosigkeit gegen den h. Stuhl, ja Erbitterung von selbst herbeiführen. Daß sich in Deutschland ein Schisma verbreite, möchte leider! Keine eitle Furcht sein, daß aber dieses durch meine Äußerungen befürchtet werde nur in dem Falle als wahr genommen werden können, wenn auf dem bisher verfolgten Wege der hartnäckigen Zurückweisung jeder Anforderung der Zeit fortzufahren beliebt wird. Wie es in der politischen Welt ergangen, dürfte es auch in den kirchlichen ergehen.
Wenn die herangereiften Söhne von dem Vater immer als unmündige Kinder behandelt werden, so möchten sie doch einst der Vormundschaft überdrüssig werden.

Anhang III:

Kritik erfuhr Mersy erwartungsgemäß von der Seite der Ultramontanen in Deutschland. Vermerkt sei der Angriff des in späteren Jahren zu beträchtlichem römischem Ruhm gelangten Karl August von Reisach, der 1835 eine umfängliche Schrift gegen Mersy publiziert hat: „Was haben wir von den Reformatoren zu Offenburg, St. Gallen und andern religiösen Stimmführern des katholischen Deutschlands unserer Tage zu halten?“ - Es handelt sich um eine Polemik von peinlicher Einfalt. In späteren Jahren wurde Reisach zum Kurienkardinal ernannt. Eine Berufung zum Präsidenten des Vatikanischen Konzils war vorgesehen. Er ist 1869 gestorben.

Nachträgliche Miszellen zur rhetorischen Schlagfertigkeit von Franz Ludwig Mersy:

„Die untergeordneten Geistlichen dürfen nicht vergessen, daß sie im System des kirchlichen Himmels nur Planeten sind, die ihr Licht von andern Sternen empfangen!“

„Ein Schisma ist nun zwar nicht immer zu befürchten, aber es gibt leider etwas, was noch schlimmer ist als Schisma: das völlige Absterben des religiösen Lebens! Den geistigen Tod!“

Männliche Irrtümer: „Vielweiberei und Keinweiberei“!

Johann Baptist Hirscher (1788- 1865)

Schriften von Hirscher:

Diverse Artikel in der „theologischen Quartalschrift", u.a. „Rom und Wessenberg." Jg.1/1819. S.96 ff. und S. 290ff.

Rezension der Schrift von Johann Anton Sulzer: „Die erheblichsten Gründe für und gegen das katholisch-kirchliche Cölibatsgesetz zu nochmaliger Prüfung." Jg.2/1820, S.637- 670.

Missae genuinam notionum eruere ejusque celebrandae rectum methodum monstrare tentavit.1821.

Über das Verhältniß des Evangeliums zu der theologischen Scholastik der neuesten Zeit im katholischen Deutschland. Zugleich als Beitrag zur Katechetik. 1823.

Katechetik. Oder: Der Beruf des Seelsorgers, die ihm anvertraute Jugend im Christentum zu unterrichten und zu erziehen, nach seinem ganzen Umfange dargestellt. - Zugleich ein Beitrag zur Theorie eines christkatholischen Katechismus. 1831.

Die christliche Moral als Lehre von der Verwirklichung des göttlichen Reiches in der Menschheit dargestellt. 3 Bde , 1835/36.

Die Geschichte Jesu Christi, des Sohnes Gottes und Weltheilandes. 1839

Erörterungen über die großen religiösen Fragen der Gegenwart. 3 Hefte 1846/47/55.

Die socialen Zustände der Gegenwart und die Kirche. 1849.

Die kirchlichen Zustände der Gegenwart. 1849.

Das Leben der seligsten Jungfrau und Gottesmutter Maria. Zur Lehre und Erbauung für Frauen und Jungfrauen. 1853

Zur Orientierung über den derzeitigen Kirchenstreit. 1854.

Betrachtungen über sämmtliche sonntägliche Episteln des Kirchenjahres. 2 Bde 1860.

Die Sorge für sittlich verwahrloste Kinder. 1856

Schriften zum Leben und zum Wirken Hirschers:

Anton Lutterbach: Johann Baptist Hirscher. In:Allgemeine deutsche Biographie Bd. 12, S. 470-472.

Adolf Exeler: Johann Baptist Hirscher. In: Neue deutsche Biographie Bd. 9, S.222.

Friedrich Kössing: Johann Baptist Hirscher. In: Badische Biographien. Bd.1

Hubert Schiel: Johann Baptist von Hirscher. Eine Lichtgestalt aus dem deutschen Katholizismus des XIX. Jahrhunderts. Freiburg 1925.

Heinz Ludochowski: Biblische Verkündigung nach Johann Baptist von Hirscher.

Erwin Keller: Kult und Kultreform bei Johann Baptist Hirscher. Freiburger Diözesanarchiv Bd. 90/1970.

Norbert Greinacher: Johann Baptist Hirscher – Reform der Kirche damals und heute. In: Theolog. Quartalsschrift. 1988.

Rudolf Reinhardt: Iohann Baptist Hirscher – ein Verräter an der deutschen Kirche? In: Zeitschrift für Kirchengeschichte. 1990.

Joachim Faller: „Mir scheint, es wäre Zeit zu handeln..." Johann Baptist von Hirscher. Werk und Wirkung in einer Epoche des Umbruchs (1845 – 1865). 2006.

Norbert Köster: Der Fall Hirscher. Ein „Spätaufklärer" im Konflikt mit Rom? 2007

Eberhard Schockenhoff: Johann Baptist Hirscher (1788 -1865) und seine Bedeutung für die Ethik und die Moraltheologie. Freiburger Diözesan- Archiv Bd. 128/2008, S.33 – 90.

Unter den von Wessenberg persönlich geprägten Klerikern war Johann Baptist Hirscher zweifellos der prominenteste. Er war hoch angesehen als Professor der Theologie an den Universitäten Tübingen und Freiburg, er wurde in das Domkapitel der Erzdiözese Freiburg berufen und daselbst zum Domdekan gewählt. Für mehrere Perioden war er Mitglied der Ersten Kammer im badischen Landtag. Zeitweise galt Hirscher als Kandidat für die Bischofsstühle in Rottenburg und Freiburg. Dass ihm der von den säkularen Regierungen in Baden und Württemberg erwünschte Aufstieg in das Bischofsamt versagt blieb, ist dem Widerstand der römischen Kurie zuzuschreiben. Dort hielt man ihn wider all seine Bekenntnisse zur Katholizität zeitweise für einen verkappten Protestanten oder zumindest für einen latenten „Wessenbergianer". - Dieses Urteil gilt es im Folgenden zu überprüfen.

Johann Baptist Hirscher ist 1788 in einem oberschwäbischen Dorf unweit von Ravensburg zur Welt gekommen. Wie viele Knaben seiner Generation, die später katholische Priester geworden sind, entstammte er einer bitterarmen Bauernfamilie, hatte aber das Glück, dem Gemeindepfarrer aufgefallen zu sein und dessen Förderung erfahren zu dürfen. Nach dem Besuch der Volksschule in seinem Heimatort wechselte er in die Schule des nahegelegenen Prämonstratenserklosters Weißenau und nach dessen Säkularisierung anno 1803 an das Lyceum in Konstanz. Das anschließende Theologiestudium an der Universität Freiburg musste er wider die Regelvorschrift schon nach zwei Jahren beenden, weil er ein weiteres Studienjahr trotz aller Bemühungen nicht zu finanzieren vermochte. Hirscher stellte einen Antrag zum vorzeitigen Eintritt in das Priesterseminar Meersburg, der, wie es scheint, von Wessenberg persönlich genehmigt worden ist. 1810 wurde er im Konstanzer Münster zum Priester geweiht. Da war er erst 22 Jahre alt, hatte also sein Mindestalter für die Weihe noch nicht erreicht. Wiederum scheint Wessenberg eine Ausnahmeerlaubnis erteilt zu haben. Hirscher hat sich noch viele Jahre später dankbar seines „Wohltäters Wessenberg in seiner Studienzeit" erinnert und dies auch öffentlich bezeugt. Nach einem vergleichsweise kurzfristigen Dienst in der Seelsorge gelang Hirscher der Einstieg in den akademischen

Berufsweg. Es waren Glücksumstände, die ihm 1817 einen Ruf auf einen Lehrstuhl für Moral und Pastoral an der neu installierten Fakultät für katholische Theologie an der Universität Tübingen bescherten. Der zunächst dafür vorgesehene Primärkandidat Rudolph Eyth (1779 - 1856) hatte seine Berufung kurzfristig abgesagt.

Im Verein mit drei älteren Fachkollegen, den Theologen Drey, Gratz und Herbst, gründete Hirscher alsbald eine Zeitschrift für wissenschaftliche Theologie: die „Theologische Quartalschrift", ein Organ, das in der Folgezeit ein hohes Ansehen in der akademischen Welt gewinnen sollte und das bis zum heutigen Tag fortgeführt wird. Dass Hirscher das Amt eines Moraltheologen nicht als spröde Stubengelehrsamkeit und als abstraktes Geschäft zu betreiben gedachte, gab er von allem Anfang an in Beiträgen zu erkennen, die sich mit aktuellen kirchenpolitischen Konflikten befassten. Eine besondere Aufmerksamkeit verdient der Mut, mit dem er sich in die gerade wieder einmal aktuelle Zölibatsdebatte einschaltete. Wie schon in dem Kapitel über Fridolin Huber kurz referiert, hatte die theologische Fakultät der Universität Landshut ein Gutachten zur Frage der Ursachen des aktuellen Priestermangels publiziert, das unter anderem die Behauptung enthielt, dass der herrschende Mangel an Priesternachwuchs nicht damit zu begründen sei, dass der Zölibat zu lebenslanger Ehelosigkeit verpflichte. Diese Einschätzung wurde von der informierten Öffentlichkeit überwiegend mit Entrüstung quittiert. Auch Hirscher ergriff im Rahmen einer Rezension über eine den Zölibat bedingungslos befürwortende Schrift von Johann Anton Sulzer die Gelegenheit, ein Urteil abzugeben – und er tat dies in einer frappanten Eindeutigkeit: „Nur wenigen dürfte in unseren Tagen die moralische Klugheit den Rat der Ehelosigkeit erteilt haben! Die ganz große Masse der übrigen Geistlichen ist zur Virginität nicht berufen. Und ohne moralischen Segen schleppt sie am Joche des Zölibats." Wenn man die Virginität erzwingen wolle, erhalte man „nur die Grimasse derselben – oder noch nicht einmal diese!" - Umgekehrt rühmt der Autor die sittliche Zuträglichkeit der Ehe: „Die Ehe hat überhaupt einen so wohltätigen Einfluß auf die Erziehung des Menschen zur Religiosität und Moralität, daß keine andere Welteinrichtung in dieser Beziehung neben sie gestellt werden kann." Und dann folgt ein Appell: „Warum dringen die Geistlichen selbst nicht auf eine ernstliche Beratung der Sache?"

Erst 1821 hat Hirscher sein erstes Buch publiziert: eine schmale in lateinischer Sprache verfasste Schrift über die Heilige Messe: „Missae genuinam notionem eruere ejusque celebrandae rectam methodum monstrare tentavit." (Versuch, die ursprüngliche Bedeutung der heiligen Messe zu erkunden und die angemessene Form ihrer Zelebration darzustellen). Mit diesem Debüt annoncierte Hirscher seine Kampfbereitschaft in dem aktuell strittigen Diskurs der katholischen Öffentlichkeit über die Reform der Messliturgie, die Wessenberg seit Beginn seiner Amtszeit gegen den Widerstand der Konservativen einzuführen trachtete. Indem nun Hirscher den Reformkurs Wessenbergs öffentlich unterstützte, gab er seine Parteiidentität zu erkennen. Wie Wessenberg plädiert auch Hirscher dafür, dass die Messe im Dialog zwischen Priester und Gemeinde stattfinden solle. Da dies aber nur in der Muttersprache gelingen könne, drängt er, Wessenberg folgend, auf die Verwendung der deutschen Sprache in der Messfeier. Hirscher geht sogar über Wessenberg hinaus, wenn er fordert, dass sämtliche Teilnehmer einer Messe gemeinsam kommunizieren, also Priester und Laien zusammen das Sakrament der Eucharistie empfangen, in beiderlei Gestalt wohlgemerkt – und zwar ohne die Bedingung, vorab die Beichte abgelegt zu haben, zumindest dann, wenn keine „Todsünden" begangen worden waren. Nach Hirschers Auffassung bewirkt die Eucharistie als solche eine Vergebung der Sünden. - Die Messe ist für Hirscher ein spirituelles Geschehen, in dem für die Gläubigen wunderbarerweise die Ankunft des „Reiches Gottes" manifest wird. (s. Köster, S.70ff.). Hirschers Schrift wurde unverzüglich von einem namentlich nicht zu ermittelnden Denunzianten an die römische Kurie gesandt, wo sie alsbald geprüft, verworfen und indiziert worden ist (1823). Disziplinarische Konsequenzen wären nun fällig gewesen. Sie sind aus nicht erkennbaren Gründen ausgeblieben.

Diese Schonung wurde ihm wunderlicherweise weiterhin gewährt, als er auch in den folgenden Jahren in seiner Funktion als Schriftleiter der „Theologischen Quartalschrift" unentwegt Essays und Rezensionen publizierte, die von romhörigen Theologen als Ärgernis empfunden werden mussten. Er wiederholte nicht nur die liturgiesprachlichen Einwände, die Ersetzung des Lateinischen durch das Deutsche, sondern bekannte sich auch als Parteigänger der Zölibatsgegner innerhalb der Klerikerschaft und plädierte auch für die im Laufe der nächsten Jahrzehnte wachsende Bewegung zur Einberufung einer Reformsynode. Geradezu skandalös war zumindest für die strengen Dogmatiker der Zeit seine Unterscheidung von Christentum und Kirchentum: Nicht alles, was Jesus Christus wollte, habe in der real existierenden Kirche die Erfüllung gefunden - vgl. den Essay „Über einige Störungen in dem richtigen Verhältnis des Kirchentums zum Christentum", 1823

Erwähnung verdient in diesem Zusammenhang die Publikation einer besonders streitbaren Schrift aus dem Jahr 1823 mit dem zunächst befremdlichen Titel „Über das Verhältniß des Evangeliums zu der theologischen Scholastik der neuesten Zeit im katholischen Deutschland. Zugleich als Beitrag zur Katechetik." Mit dem Untertitel gibt er ein theologisches Themenfeld zu erkennen, das ihn von nun an sein gesamtes Leben lang beschäftigen wird: fortan galt sein Interesse dem zeitgemäßen katechetischen Reden und der Abfassung bedürfnisgerechter Katechismen. - Bei der hier angezeigten Schrift handelt es sich um eine polemisch geführte Auseinandersetzung mit einem soeben erschienenen Lehrbuch zum katechetischen Unterricht für Geistliche von Andreas Räss und Nikolaus Weis. Die beiden Autoren waren nicht irgendwer, sondern sie waren Stimmführer des sogenannten „Mainzer Kreises", eines Verbunds äußerst konservativer Katholiken, die 1821 die Zeitschrift „Der Katholik" gegründet hatten und als „Ultramontane" theologisch wie politisch liberale Positionen in Deutschland bekämpften. Dieser Impuls steuerte auch den Katechismuskommentar, den sie unter einem ehrgeizigen Titel herausgaben: „Entwürfe zu einem vollständigen katechetischen Unterricht zum Behuf der Geistlichen", 4 Bände, Mainz 1821." - in Hirschers Pauschalbeurteilung „eine alle Übel der Scholastik in sich fassende Verunstaltung der christlichen Religionslehre." - Hirscher markiert in einer knappen Einleitung die theoretische Voraussetzung seiner Kritik. Das unsystematische Einschwören auf einen Katalog von Glaubensartikeln und Verhaltensgeboten versperre den Blick dafür, „was wirklich zur Ökonomie unseres Heils gehört." Eine wahre katechetische Rede habe vor allem „den freyen großartigen Christensinn zu pflanzen". Statt in „casuistischer Ängstlichkeit" die guten und bösen Werke nach Maßgabe der „Legalität" pedantisch „zu sammeln und zu zählen", gelte es, ein Bewusstsein der „Moralität" zu wecken. Katechetische Rede sei einzig und allein dem Ziel verpflichtet, „wahrhaft und gründlich über die Weise zu Gott zu kommen, aufzuklären" - und zwar unter Vermeidung aller „Schulweisheit" im abfälligen Sinne. Unter dieser Voraussetzung führt Hirscher vor, was in dem oben genannten Werk falsch geraten ist. Er seziert die Aussagen der beiden Autoren zur Glaubens- und Sittenlehre mit gleichsam chirurgischer Penibilität. Er markiert gnadenlos ihre Denkfehler und scheut sich nicht, ihre pädagogische Ahnungslosigkeit anzuprangern. Es sei ihnen – so der Hauptvorwurf Hirschers – die Einsicht verschlossen geblieben, dass ein nachhaltiges religiöses Bewusstsein nicht durch das Einhämmern abstrakter Glaubenssätze ausgebildet werde, sondern primär aus der Prägungsmacht der Kulterfahrung resultiere: „Die Religionswahrheiten dürfen uns, wenn wir glauben sollen, nie als Lehrsätze erscheinen, sie müssen sich vielmehr zu einer lebendigen, wirklichen und objektiven Welt gestalten, in deren Mitte wir selbst stehen. ... Vornehmlich ist es der Cult, durch den sich Glaube und christlicher Sinn nährt, befestigt und kund tut."(S 272). Diesen Aussagen wäre auch heute noch vorbehaltlos zuzustimmen. - Einigermaßen überraschend beendigte Hirscher seine fast 300 Seiten umfassende Streitschrift mit der entschiedenen Warnung vor einer ultramontanen Wende der katholischen Kirche in Deutschland: „Und so glauben wir, genügend dargetan zu haben, daß jene Theologie, welche man uns in neuester Zeit als die wahrhaft katholische aufdringen will, nichts anderes sei als die neue auflebende Scholastik. Es ist unnötig, den Charakter und den verderblichen Einfluß derselben hier noch einmal concentriert darzulegen. Wir kommen nur noch zu der anfänglichen Frage zurück: wie es solcher Theologie zustehe, sich mit soviel Unfreundlichkeit und Selbstvertrauen in Deutschland zu betragen: und welches Heil wir zu erwarten hätten, wenn es ihr gelingen könnte, die Lehr- und Predigtstühle unseres Vaterlandes einzunehmen?“ (S.290)

Wessenberg hat Hirschers Streitschrift mit offensichtlicher Genugtuung zur Kenntnis genommen, er rezensierte sie persönlich in seiner Hauszeitschrift „Archiv für die Pastoralkonferenzen“ (1824, Bd. II) und feierte sie als „meisterliche“ Leistung. So ist es nicht auszuschließen, dass Hirscher durch den Wessenberg´schen Zuspruch veranlasst worden ist, seine in der Streitschrift entwickelten Einsichten zur Katechetik systematisch auszubauen und in einem umfangreichen Lehrbuch 1831 zu publizieren: „Katechetik oder der Beruf des Seelsorgers, die ihm anvertraute Jugend im Christenthum zu unterrichten und zu erziehen, nach seinem ganzen Umfang dargestellt.“ Die Religionspädagogik unserer Tage würdigt dieses Buch als bedeutendsten Beitrag zum Katechismusdiskurs der Zeit. Katechetischer Unterricht, so könnte man Hirschers Generalintention zusammenfassen, habe sich von der Idee leiten zu lassen, den Menschen eine Sehnsucht nach dem „Reich Gottes“ zu vermitteln, das uns nicht erst in einem indefiniblen Jenseits erwartet, sondern schon hier und jetzt als Gemütsereignis erfahrbar ist, vor allem im Kult. Für den Katecheten ist die Vermittlung dieser Erfahrung ein ungemein anstrengendes Geschäft und Hirscher wendet fast 700 Seiten auf, um das pädagogisch/didaktische Verfahren im Umgang mit den zu unterrichtenden Personen zu beschreiben. Innovativ sind Hirschers Überlegungen zur Poetik und Rhetorik der katechetischen Rede. Inhaltlich sollte sich ein zeitgemäßer Katechismus von den konventionellen Katechismen dadurch auszeichnen, dass er nur solche Sätze enthält, die nach dem Kriterium der Vernunft zu rechtfertigen sind. Radikal verabschiedet sich Hirscher von den konventionellen Katechismen, die es darauf abgesehen haben, volksfrommes Glaubensgut zu tradieren, ungeachtet ob es dem Urteil der Vernunft standzuhalten vermag: „So ist erdichtet oder mindestens unerweislich, was hier und dort in Katechismen gelehrt wird, z.B. (nach Analogie mit unserem Hof- und Familienleben) von dem mächtigen Einflusse der Heiligen, oder was gelehrt wird von der Beschaffenheit des Fegfeuers und der blos ihrer Dauer nach von der Hölle sich unterscheidenden Strafen.“ Solche subtilen Unterscheidungen seien „der Schule und der scholastischen Spekulation angehörig.“ ... „Es ist von keinem praktischen Wert so Manches, was ehedem gelehrt wurde und z.T. noch wird, z.B. wie sich die Erbsünde auf die Nachkommen Adams fortpflanzen, über die allein seligmachende Kirche, über die Macht des Teufels, über das Verderbnis der menschlichen Natur.“ Was solle man anfangen mit der „Lehre von den zwo Naturen in Christus?“ Was bedeute der Begriff „Transsubstantiation“?etc. Hirscher bricht hier nicht nur mit der volkstümlichen Glaubensnaivität, sondern auch mit einem beträchtlichen Teil der tridentinischen Dogmatik. Für konservative Katholiken der Zeit müssen Bekundungen solchen Kalibers als schiere Provokation empfunden worden sein.

Hirschers aggressive Kritik an den sich allmählich formierenden Konservativen im Lande war so drastisch, dass sich der Tübinger Kirchenhistoriker August Hagen noch rund 130 Jahre später in seiner Rottenburger Diözesangeschichte darüber erregte: „Hirscher litt lange Zeit an philosophischer und dogmatischer Verschwommenheit und an einer ungesunden Reformsucht“, er stritt im Verein mit seinesgleichen für eine radikale „ Reform der Liturgie und die Laisierung der Geistlichen", schließlich „bekämpfte er Zölibat und Brevier." („Geschichte der Diözese Rottenburg." Bd.1, 1956, S.41f.)

Was Hirscher bewegt haben mochte, Anfang der dreißiger Jahre offenbar plötzlich die Fronten zu wechseln und sich den Ultramontanen zu nähern, ist aufgrund der zur Verfügung stehenden Quellen nicht erklärbar. Da er Theologe war, ist es naheliegend, nach theologischen Motiven zu fahnden. Hirscher widmete sich in eben diesen Jahren seiner Wende der Ausarbeitung seines theologischen Hauptwerks, das 1835/36 unter dem Titel „Die christliche Moral als Lehre von der Verwirklichung des göttlichen Reiches in der Menschheit" erschienen ist. Auch bei diesem umfangreichen Werk – drei Bände mit insgesamt 1800 Seiten – handelt es sich in gewisser Weise um einen Katechismus, insofern sich die vorgetragenen Gedanken durchweg im Fragehorizont des rechten Glaubens und des rechten Lebens bewegen. Es ist ein anspruchsvolles Lehrbuch für Erwachsene, für „gebildete Christen", zumal für die „Seelsorger", wie Hirscher im Vorwort ausdrücklich vermerkt. Im Verlauf eben dieser Arbeit hat Hirscher ein, wie es scheint, ungeheures Konversionserlebnis erfahren, eine innerkatholische Konversion, deren Anstoß er allerdings nicht explizit ausformulierte. Vermuten lässt sich, dass er sich herausgefordert fühlte, die zentrale Denkfigur seiner Theologie, das „Reich Gottes", aus dem metaphorischen Irgendwo in die erfahrbare Welt der Gegenwart herunterzuholen. So jedenfalls könnte man ein Kapitel im dritten Band (§§ 668/669) verstehen, wo Hirscher die römisch-Katholische Kirche, so wie sie gegenwärtig und leibhaftig verfasst ist, als reale Erscheinung des „Reiches Gottes in dieser Welt" deutet, also die Pfarrgemeinde unter Leitung des Priesters, die Diözese als Ensemble der Pfarrgemeinden unter Leitung des Bischofs, die Weltkirche unter der Gesamtleitung des Papstes. „Der Papst", schreibt Hirscher im Paragraphen 668 „concentriert in sich, wie in einem Brenn- und Mittelpunkte alles Glauben, Lieben, Wirken, Dulden, Streiten und Hoffen der zahlreichen Diözesen, deren Eines Haupt er ist... Als das Haupt ist er der Erleuchtetste im Glauben, der Vollendetste in der Liebe und Demut, der Mannhafteste im Wirken, Leiden und Hoffen." etc.p.p. Die dergestalt existierende Kirche sei „nicht gemacht von Außen her und nicht zufällig entstanden oder durch Herrschsucht geschaffen, sondern von Innen heraus entsprossen aus dem Wesen des Glaubens an Einen Gott." Kurzum, in der Kirche, so wie sie geworden ist, „als einige, heilige, den ganzen Erdkreis umfassende, in einem einzigen Haupte zusammengehaltene Kirche" sei „das Reich Gottes" heute „zur vollen Sichtbarkeit gekommen." (§ 669). Was könnte Hirscher mit diesem kryptischen Satz gemeint haben? - Irritierend ist die ausdrückliche Behauptung der „vollen Sichtbarkeit" des „Reiches Gottes" hier und jetzt, was eine Interpretation als Utopie, die sich erst am Ende der Zeiten erfüllen werde, nicht zulässt. So wird man sich für die Lesart entscheiden müssen, dass in der Kirche, wie sie h e u te ist, also - prosaisch gesagt - in ihrer strukturellen Organisation, das Ideal ihrer institutionellen Ordnung „anschaulich" und im eigentlichen Sinne auch endgültig geworden ist. - Zu dieser Lesart würde auch Hirschers anschließendes Urteil passen, dass „bloße Nationalkirchen das Reich Christi nur sehr unvollkommen, streng genommen gar nicht darzustellen vermögen." Mit diesem Satz mochte Hirscher das französische Nationalkirchenmodell, die „gallikanische Kirche", im Blick gehabt haben, gewiss auch die gegenüber Rom distanzierte Kirchenvorstellung Josephs II. von Österreich, erst recht aber das Wessenberg'sche Projekt der Konstitution einer „deutschen Kirche", dessen Scheitern Hirscher in seinen jungen Jahren aus nächster Nähe hatte beobachten können. Pointiert könnte man sagen: dieser Satz markiere exakt die Bruchstelle der Beziehung Hirschers zu seinem langjährigen Mentor Wessenberg.

Ein demonstratives Zeichen seiner Wende setzte Hirscher anschließend mit dem 1839 publizierten Buch: „Die Geschichte Jesu Christi, des Sohnes Gottes und Weltheilandes". Der Buchtitel erinnert zwar entfernt an die vier Jahre zuvor erschienene Skandalschrift des protestantischen Theologen David Friedrich Strauß („Das Leben Jesu, kritisch bearbeitet"), hat aber inhaltlich und erst recht methodisch nichts damit zu tun. Strauß ging es um eine wissenschaftlich fundierte historisch-kritische Aufklärung der Evangelientexte, durchaus auch um den Preis einer Zertrümmerung von Glaubensüberlieferungen, Hirscher hatte die Vergegenwärtigung des geglaubten Gottessohnes im Sinn, katholische Christen sollten für einen göttlichen Wundertäter, genau so wie er in den Evangelien dargestellt ist, begeistert werden.

Die Bekehrung eines ausgewiesenen Wessenbergianers zu einem extremen Papalismus wurde in ultramontanen Kreisen mit großer Genugtuung registriert. Ein kirchenpolitischer Eiferer im Lande ist Hirscher jedoch nicht geworden. Hubert Schiel hat zwei Briefe Hirschers an einen gewissen Friedrich Emanuel Hutter gefunden, in denen Hirscher seine Zurückhaltung im Kampf der diversen katholischen Fraktionen thematisiert. Am 24. November 1844 schreibt er, er wisse wohl, dass er als einer erscheine, „der zu den Lauen, Kalten oder Zweifelhaften gehöre, denn ich stehe ja nirgend mit unter den Vorkämpfern der streng-kirchlichen Partei; und obwohl ich mich nirgend anders, als dem katholischen Lehrbegriff gemäß, ja sogar mit einer frischen Idealität schon vor der neuen kirchlichen Bewegung über den heiligen Stuhl ausgesprochen habe, so konnte das doch in einer Zeit rührigen Hervortretens als zu wenig gelten." (Schiel S.98) Und in einem wenig späteren Brief, am 5. Oktober, schreibt er: „Ich finde Ihr Mißtrauen gegen jene Theologen, welche in den vergangenen Dezennien tonangebend waren und zum Teil noch in die Gegenwart hineinreichen, sehr wohl begründet, und da ich ganz in dieser Periode aufwuchs, kann es mich gar nicht befremden, wenn jenes Mißtrauen auch mich traf. Indessen war ich dem System der National– oder gar der Landeskirchen nie zugetan. Vor dieser Verirrung mußte mich auch schon die oberflächlichste Kenntnis der kirchlichen Vergangenheit und Gegenwart bewahren. noch mehr aber meine Auffassung der Moral als eine Lehre von der Verwirklichung des Reiches Gottes in der Menschheit. Das Reich Gottes war und ist mir nichts anderes als die Kirche, diese unermeßliche Einheit in Glaube und Liebe, zusammengehalten in ihrer kirchlichen Gliederung und beschirmt und beseelt von dem Haupte – dem Nachfolger des heil. Petrus zu Rom. Wie konnte sich mir das Reich Gottes je als verwirklicht darstellen, ohne Haupt?" (Schiel S.100) Hirschers Distanzierung von Wessenberg ist hier offenkundig, auch wenn dieser nicht namentlich genannt wird. – Hurter war soeben vom Protestantismus zum Katholizismus übergetreten und galt als einflussreiche Figur beim heiligen Stuhl. Der Verdacht ist nicht von der Hand zu weisen, dass Hirscher mit diesen Briefen an Hutter und damit an die entsprechenden Adressen in der Kurie auf seine innerkirchliche Karrierezukunft bedacht gewesen sein mochte. (Honni soit qui mal y pense!)

Hirscher hatte in der zweiten Hälfte der 30er Jahre mit der Arbeit an einem Katechismus für die Gläubigen seiner Zeit begonnen, wohl wissend, dass er sich damit auf ein prekäres Unternehmen einließ. Denn einerseits ging er damit in die Konkurrenz zum offiziellen „Römischen Katechismus", der 1566, am Ende des Tridentinums, von der Kurie veranlasst und abgesegnet worden war, andererseits aber auch in die Konkurrenz zu dem Canisianischen Katechismus, der in Deutschland bisher verbreitet war und zu Hirschers Zeit immer noch weithin geschätzt wurde. Provokationen hinsichtlich der sog. „Glaubenswahrheiten" hat sich Hirscher nicht erlaubt. 1840 reichte er das Manuskript eines „Katechismus der christkatholischen Religion für Jugendliche" beim Ordinariat der Erzdiözese Freiburg ein mit der Bitte um Überprüfung und Druckerlaubnis. Die bestellten Gutachten sind offenbar so positiv ausgefallen, dass Erzbischof Hermann von Vicari ohne Zögern das Hirscher-Werk zum offiziellen „Diözesankatechismus" von Freiburg erklären zu dürfen glaubte und ihn als solchen nach Rom schickte. Dort war man jedoch empört über die Freigabe des Erzbischofs, weil er diese Entscheidung getroffen hatte, ohne vorab das römische Placet eingeholt zu haben. Norbert Köster hat die diesbezüglichen Verstimmungen und die daraus resultierenden Streitigkeiten ausführlich dargestellt.(S.151ff.) Auffällig ist, dass ausgerechnet Nikolaus Weis, der frühe Ultramontanist, den Hirscher einst in seinem „Scholastik"-Buch so bitter geschmäht hatte und der inzwischen zum Bischof von Speyer avanciert war, sich nun in dem Katechismuskonflikt als Hirschers emsigster Fürsprecher zur Verfügung stellte. In der kurialen Hierarchie ließ man sich schließlich überzeugen: „Wenn es sich erreichen ließe, daß er (Hirscher) mit dem Josephinismus (in welcher Form auch immer) bricht und ihn dem heiligen Stuhl gegenüber günstig zu stimmen, könnte die Kirche in ganz Süddeutschland keinen einflußreicheren Verteidiger finden." (Köster S. 128). Das Bekenntnis zur römischen Papstkirche hatte Hirscher zwar schon in seinem Moralbuch abgelegt, aber er sah sich nun veranlasst, dasselbe in aller Entschiedenheit zu wiederholen. In einer kleinen Verteidigungsschrift, die er deshalb publizieren ließ, verwahrte er sich ausdrücklich gegen den in manchen Zelotenkreisen kurrenten Vorwurf, „ein Feind Roms" zu sein. „Wie ich gegen den hl. Stuhl gesinnt bin, ist in meinen Schriften deutlich ausgesprochen ... Liegt also mein Bekenntnis und mein Glaube bezüglich auf Rom und den apostolischen Primat zum Teil seit Jahren vor den Augen der Welt da, so muß ich es wohl unerklärlich finden, wie, dem entgegen – Gott weiß auf welches Gerede hin - vor eben dieser Welt behauptet werden möge, ich sei ein Gegner Roms und alles dessen, was von Rom komme."(Schiel S.83). Mit dieser Erklärung hatte Hirscher, so schien es, seine Lagerzugehörigkeit endgültig besiegelt, er war ein „Ultramontaner" geworden.

1848 ist die Revolution ausgebrochen, die Hirscher mit Furcht und Schrecken hatte kommen sehen und mit deren Ankunft er das Ende der bürgerlichen Gesellschaft schlechthin befürchtete, den „Sturz alles Bestehenden". Er verfasste eine kurze Schrift, in der er seine angstgeprägten Visionen zum Ausdruck brachte: „Die socialen Zustände der Gegenwart und die Kirche."(Januar 1849). Frucht der Revolution sei eine „Rote Republik", in der ein „raublüsternes und genußsüchtiges Proletariat" die Herrschaft übernehme und die Zivilisation in die „Barbarei" treibe, es drohe der totale Verlust von „Recht und Gesetz", von „Gesittung und Humanität", der Zusammenbruch aller staatlichen Ordnung. Rettung in der zu erwartenden Katastrophe sei allenfalls von der Kirche zu erhoffen, die „durch ihre in allen Gemeinden verteilten Diener" das aufgebrachte Volk zu beruhigen und es zu überzeugen vermöge, die „christlichen Errungenschaften" zu bewahren.

Aber war der Kirche, so, wie sie nun einmal war, eine solche Leistung zuzutrauen? Von dieser Frage wurde offenbar auch Hirscher umgetrieben, was ihn veranlasste, unmittelbar anschließend eine weitere Schrift unter dem Titel „Die kirchlichen Zustände der Gegenwart". (Sommer 1849) zu publizieren. Hirscher lieferte in dieser Schrift eine kritische Bestandsaufnahme der momentanen Kirchenrealität und löste damit unter den ultramontanen Hardlinern einen unerhörten Sturm aus - im Medienjargon unserer Tage einen „Shitstorm". Er wurde des Verrats an der authentischen Kirche verdächtigt, es wurde ihm ein Rückfall in ein romfeindliches Aufklärertum unterstellt.

Welche Themen, welche Thesen, welche Sätze erregten die Gemüter? - Die erste Hälfte der Abhandlung Hirschers ist dem Nachweis der Notwendigkeit von Synoden gewidmet. Die Kirche sei im Prozess der rezenten Zeitläufte in eine existenzbedrohende Lage geraten. Abhilfe sei einzig von Diözesansynoden zu erwarten, auf denen der Bischof im Verein mit den Gläubigen seiner Diözese die notwendigen Beschlüsse einer Veränderung zustande zu bringen aufgefordert sei. Dabei sei unverzichtbar, sowohl den Klerus als auch die Laien zu beteiligen, und zwar in angemessenen Proportionen. „Wir müssen die besten Kräfte der Laien für die kirchlichen Interessen gewinnen. Denn der Geist, welcher in der Versammlung ist, wird an den Laien nicht vorbeigehen und ihr Zeugnis und ihr Wirken wird dahin dringen, wohin das Wissen des Clerus nicht dringt." Besonders brisant ist die Forderung nach einem Beschlussrecht der Synode (dem auch der Bischof unterworfen sein sollte, was nicht ausdrücklich gesagt, wohl aber gemeint war).

Mit Appellen zur Einberufung von Synoden wurden die deutschen Bischöfe seit den 20er/30er Jahren mit wachsender Ungeduld konfrontiert. Der prominenteste Antragsteller war Ignaz Heinrich von Wessenberg, der jahrelang die Notwendigkeit von Synoden vertreten hatte und nun ebenfalls 1849 einen Essay mit gleicher Themenstellung hatte drucken lassen: „Die Bisthumssynode und die Erfordernisse und Bedingungen einer heilsamen Herstellung derselben." Die gleichzeitig erschienenen Schriften von Wessenberg und Hirscher mochten den Anschein einer Vorabverständigung der beiden Autoren erwecken. Das gilt schließlich auch für Hirschers Kollegen im Freiburger Domkapitel Fidelis Haiz, der ebenfalls zu diesem Zeitpunkt ein Plädoyer für die Wiedereinführung von Diözesansynoden publizierte: „Das kirchliche Synodal-Institut vom positiv historischen Standpunkt aus betrachtet: mit besonderer Rücksicht auf die gegenwärtige Zeit." Haiz war seit seiner Studienzeit ein notorischer Verehrer Wessenbergs. Sachlich begründeten die Gegner ihren Widerstand gegen Hirscher bzw. Haiz und Wessenberg mit dem Argument, dass durch die Einrichtung von Synoden die souveräne Verfügungsgewalt des Bischofs und damit seine Autorität als kirchliche Obrigkeit untergraben werde.

In einem zweiten Teil seiner Schrift thematisiert Hirscher eine Reihe von Reformbedürftigkeiten. Sie betreffen die Praxis der Sakramentenverwaltung – Eucharistie in beiderlei Gestalten, die Veränderung des Bußverfahrens (kein „Untersuchungsgericht"!), die Entmagisierung der „letzten Ölung" (Exorzismus) - ferner die Liturgie, die generell in der Muttersprache gefeiert werden sollte. Alle diese Anmahnungen bekunden unbestreitbar eine mehr oder weniger enge Weiterführung Wessenbergischer Gedanken und Maßnahmen. Ein besonderes Ärgernis erregte Hirschers Vorschlag, wie mit scheiternden Priestern umgegangen werden sollte: Entlassung aus dem Amt auf eigenen Wunsch ohne Sanktionen (Exkommunikation), auch wenn der Entlassene sich zu einer Heirat und damit zu einem Zölibatsbruch entschließen sollte. „Im freien Reiche Gottes", schreibt Hirscher, dürfe niemand in einem Verhältnis festgehalten werden, von dem er beteure, dass ein Verbleib daselbst den „Untergang seiner Seele" bedeute. Hirschers Kritiker wollten in diesem humanen Votum eine generelle Gegnerschaft zum Zölibat erkennen. - Für Ultramontane besonders ärgerniserregend dürften auch einige scheinbar beiläufig eingeflochtene Sätze gewesen sein, z.B.: „Die Libertas und die Charitas des heil. Augustin sind uns in neuerer Zeit abhanden gekommen." Oder: „Das konstitutionelle und demokratische Prinzip hat die Völker durchdrungen, reine Monarchien sind eine Unmöglichkeit der Zeit geworden." Oder: „Das ist katholisch, daß man in einem gewissen Kreise jedem Geiste seine Eigentümlichkeit lasse."

Als besondere Kränkung musste Hirscher das Urteil empfunden haben, mit dem sich ausgerechnet die Laien von ihm distanzierten, deren innerkirchliche Geltungserweiterung er in seiner Schrift doch so energisch gefordert hatte. Es waren freilich nicht irgendwelche Laien, sondern solche, die sich soeben in einem Verein organisiert hatten mit dem Ziel, die wahre Kirche, die Amtskirche, mit allen ihren Kräften zu unterstützen. In dieser Absicht verfassten sie eine kurze, aber radikale Abfertigung der Hirscher'schen Schrift und veröffentlichten dieselbe in den „historisch-politischen Blättern für das katholische Deutschland" (Bd.24/1849, S.830-832). Der Verurteilungstext sei im Folgenden im Wortlaut zitiert, um das Niveau der Polemik anschaulich zu machen:

„Der katholische Verein Deutschlands hat in der letzten Sitzung seiner in Regensburg abgehaltenen dritten Generalversammlung am 5. October d. J. 1849 einstimmig beschlossen, nachdrücklich und feierlich Verwahrung einzulegen gegen die in der jüngsten Schrift des Herrn Domkapitular und Professors Dr. J.B. Hirscher ausgesprochenen Ansichten und Grundsätze in Beziehung auf das Verhältnis der Laien zu den Trägern der kirchlichen Autorität. Der katholische Verein Deutschlands, welcher, wie es Herr Hirscher wünscht, ein vorzugsweise aus Laien, aber nur aus gläubigen, ihrer Kirche treu und warm ergebenen Laien bestehender Verein ist, verwahrt sich auf das entschiedenste und nachdrücklichste gegen allen und jeden Anspruch auf Beteiligung an der Führung oder auf Kontrolle des Kirchenregiments, wie sie in gedachter Schrift als 'zeitgemäße Forderung' (so Hirscher!) angestrebt wird. Der katholische Verein Deutschlands, in seinem ganzen Streben und Wirken geleitet von der innigsten Überzeugung, daß er eben in seiner Eigenschaft als Laien-Verein in allen Angelegenheiten, welche die Führung und Handhabung des Kirchenregiments, die Verwirklichung der der Kirche zustehenden Freiheit und Selbständigkeit, so wie im Wesentlichen auch den Zusammenhang der Schule und des gesamten Erziehungswesens mit der Kirche betreffen, nur auf die Stimme seiner Hirten zu hören und diesen, dem hochwürdigsten Episcopate Deutschlands, in treuer Ergebenheit nachzufolgen, nicht aber seinen Gehorsam, wie in Hirschers Schrift angedeutet ist, von irgendwelcher Mitwirkung bei den Beschlüssen seiner kirchlichen Obern abhängig zu machen habe; - der katholische Verein Deutschlands verwahrt sich feierlich gegen diesen Geist eines durch subjektive Überzeugung bedingten Gehorsams und weiset denselben als unkirchlich und unkatholisch auf das Entschiedenste zurück. Es ist dies nicht der Geist der Kirche und die Stimme, welche von solchem Gehorsam zu uns redet, nicht die Hirtenstimme, auf welche zu hören der Katholische Verein Deutschlands als seine Lebensaufgabe erkannt hat. - Diesem gemäß erklärt sich der katholische Verein Deutschlands ebenso bestimmt und entschieden gegen die von Herrn Hirscher beantragte Organisation der Synoden, die „eine Kirche der Zukunft“ in Aussicht stellt, vor welcher Gott das katholische Deutschland bewahren wolle. - Nicht ohne besonderen Schmerz erblickt der katholische Verein Deutschlands in den verschiedenen Reformvorschlägen des um seiner anderweitigen wissenschaftlichen Leistungen willen vielfach gerühmten Verfassers, in seiner Geringschätzung der von der Kirche angeordneten Knabenseminare, in seiner Behandlung des Cölibats und in der Frage der Laisierung cölibatsmüder Cleriker, in seiner durchaus falschen Darstellung der Art, wie das Beichtinstitut von dem katholischen Volk aufgefaßt werde, endlich in der gewagten Andeutung, als ob in dieser und anderen Beziehungen - Erteilung der Sterbesakramente, Seelengottesdienste, Ablässe, Bruderschaften, Heiligenverehrung, Liturgie und gottesdienstlicher Pomp u.s.w. - der Eine richtige Maßstab der wahren gottesfürchtigen Sittlichkeit dem Volke verrückt werde, - beklagenswerte Verirrungen eines den Aussprüchen und der gesamten Tradition der Kirche ferne stehenden, durchweg gegen dieselbe verstoßenden Geistes, welche der Verein als dem Kerne des katholischen Volkes fremd und demjenigen, was dasselbe von seiner Kirche von jeher gehört hat, in alle Wege widerstreitend zurückweisen muß.

Die Generalversammlung des katholischen Vereins von Deutschland.
Regensburg im October 1849.
Graf Josef Stolberg / Pustet.“

Hirscher war hinreichend erfahren, um voraussehen zu können, was folgen werde. In der Tat wurde der skandalisierte Text unverzüglich bei den Nuntiaturen in München und Luzern abgeliefert und von dort nach Rom weitergeleitet. Die Indexkongregation begann alsbald mit der Prüfung und gab Gutachten an die Konsultoren in Auftrag. Die kritischen Einwände derselben waren so gravierend, dass die Kongregation schon in einer Sitzung am 25. Oktober einstimmig den Beschluß zu einer Indizierung verabschiedete. Das gleiche Urteil wurde auch über die Parallelschriften von Wessenberg und Haiz verhängt. Die endgültige Unterschrift leistete Papst Pius IX. am 9. November 1849. Die deutsche Öffentlichkeit wurde zwei

Wochen später, am 27. November durch die Presse über die römische Entscheidung informiert.

Offenbar hatte man in der römischen Kurie erwartet, dass die Verurteilten umgehend mit einer öffentlichen Unterwerfungserklärung reagierten. Das war nicht der Fall, sodass der Papst in einem Schreiben vom 9. Dezember den Freiburger Erzbischof eindringlich mahnte, die Unterwerfungserklärungen einzutreiben. Während sich Wessenberg einer Kapitulation kompromisslos verweigerte und an die Mitverurteilten appellierte, sich im Verein mit ihm dem Druck der Kurie zu widersetzen (Brief vom 27. Dez. 1849 an Hirscher und Haiz), erklärten die beiden Domkapitulare ihre Unterwerfung. In einem Schreiben vom 20. Januar 1850 an den Erzbischof lieferte Hirscher die vom Papst erwünschte Erklärung. Die entscheidende Stelle des in lateinischer Sprache abgefaßten Textes lautet in der Übersetzung von Hubert Schiel: „Ich war der Überzeugung, daß mein Schriftchen (libellus) bei der gegenwärtigen Lage der Dinge der Kirche Nutzen bringen werde. Da aber dieses Schriftchen von dem heiligen apostolischen Stuhle verworfen wurde, so unterwerfe ich mich demütig diesem Urteilsspruche, erklärend, daß mir nichts mehr am Herzen liegt, als in der Lehre der katholischen Kirche fest zu verharren und deshalb aufrichtig von mir Alles widerrufen wird, was in genanntem Schriftchen und in meinen andern Schriften dieser heiligen Lehre nach dem Urteil des apostolischen Stuhls zuwider ist.“ (Schiel S. 140) Hirscher hat damit seine bedingungslose Kapitulation erklärt. Erzbischof Vicari informierte daraufhin den Klerus der Diözese: Man habe diese Unterwerfung erwarten dürfen, „die dem erhabenen und ruhmwürdigen Beispiel ausgezeichneter Männer folgte, die dem Urteil der heiligen römischen Kirche sich gefügt in der festen Überzeugung, daß sie ist die Vorsteherin des christlichen Liebesbundes und daß deshalb alle mit ihr übereinstimmen müssen, mit ihr, der Mutter und Lehrerin der Kirchen.“(Schiel S.141). -

Was diese „Unterwerfung“, die Hirscher öffentlich abgezwungen worden ist, in seinem Inneren angerichtet hat, wissen wir nicht, weil diesbezügliche Äußerungen nicht überliefert sind. Aber diese Frage begleitet uns, wenn wir die Schriften zur Kenntnis nehmen, die er in der Folgezeit publiziert hat.

Am auffälligsten ist sein Versuch, sich publizistisch an dem soeben ausgebrochenen Konflikt zwischen Kirche und Staat zu beteiligen und sich durch eine entsprechende Agitation den Beifall der Ultramontanen wieder zu verdienen. Die Hierarchie der Oberrheinischen Kirchenprovinz hatte seit Ende der 40er Jahre beschlossen, die Kontrollkompetenzen des Staates über die Kirche deutlich einzuschränken. Als Erzbischof Hermann von Vicari diesbezügliche Maßnahmen des Aufstands wider die badische Regierung ergriff, stellte sich Hirscher entschieden an die Seite des Erzbischofs. In seiner 1854 erschienenen Schrift „Zur Orientierung über den derzeitigen Kirchenstreit“ unterstützte Hirscher die Beschwerden Vicaris und verteidigte vorbehaltlos dessen Forderungen nach einer autonomen Personal- und Vermögenspolitik. Naiverweise wagte er allen Ernstes den provokanten Vorschlag, den Konflikt zwischen dem Erzbischof und der badischen Regierung durch Einschaltung des Heiligen Stuhls als einer unstrittig übergeordneten Autorität regulieren zu lassen.

Wörtlich zitiert sei ein Absatz dieser Abhandlung, der thematisch nicht eigentlich in den engeren Zusammenhang der Sache gehört, die in dem Essay verhandelt wird, wohl aber eine selbstbezügliche Aussage Hirschers von hoher Aufschlußqualität enthält: „Wenn jeweils eine Zeitströmung ihren höchsten Punkt erreicht hat, folgt ein Rückschlag. So war der Unglaube und die Ungebundenheit der Sitten als Folge einer teils destruierenden, teils pur negativen Aufklärung aufs Höchste gestiegen, da trat plötzlich ein mächtiger Umschwung ein: man erblickte den Abgrund, vor welchem man stand, die Gesellschaft drohte auseinander zu gehen, man kehrte zum Christentum zurück, man erwachte zum kirchlichen Leben und wie mit einem Zauberschlag gerufen, traten nah und fern Tausende mit wahrer Begeisterung auf für die Wiederherstellung der Wirksamkeit der christlichen Kirche als der Bedingung der Wiederkehr des Glaubens und sittlichen Lebens in der Welt." - Hirscher rekapituliert hier mehr oder weniger abstrakt die Glaubensgeschichte seiner Generation, - einer Generation, die mit Revolutions-erfahrungen konfrontiert wurde, in altersgemäßer Differenzierung mit den Revolutionen von 1789, von 1830 und von 1848. „Revolution" bedeutete für Hirscher – wie er in seiner 1848 erschienenen Schrift über „die sozialen Zustände der Gegenwart" dargelegt hatte- „Abgrund" schlechthin. Und Rettung war seines Erachtens allein durch die von der Kirche verwaltete Religion zu erhoffen – einer „ultramontanen Kirche" wohlgemerkt.

Im Blickfeld einer zeitgenössischen Öffentlichkeit, die nicht von Ultramontanen besetzt war, wurde Hirscher als Opfer der römischen Kurie und ihrer Kollaborateure diesseits der Alpen bedauert oder verachtet. In der Eingangspassage eines Artikels in der protestantischen „Allgemeinen Kirchenzeitung" aus der Feder eines anonymen Protestanten, der eine fiktive Rede an Hirscher richtet, heißt es: „Und wenn auch, namentlich seit dem letzten Widerrufe, welche Ihnen die jesuitisch-ultramontane Partei abgenötigt hat und den zu verweigern Sie leider nicht Festigkeit genug in sich gefühlt zu haben scheinen, es Ihnen nicht mehr möglich geworden ist, in Ihren früheren Bahnen folgerichtig weiter zu gehen, wenn der Strom der hierarchischen und scholastischen Reaction in der Römischen Kirche leider auch Sie mitgerissen hat, so weiß man ja wohl, daß Sie zu hoch gesinnt sind, um mit einer Partei übereinzustimmen, welche die Religion nur als Werkzeug für ihre politischen und hierarchischen Zwecke gebraucht." („Staatshoheit und Kirchengewalt. - Ein Sendschreiben." 1854. Ähnlich die ebenfalls anonym publizierte Schrift: „Auch zur Orientierung über den derzeitigen Kirchenstreit in Baden mit Bezug auf Hirschers Schrift." 1854). Hirscher ließ sich durch solche für ihn zweifellos schmerzlichen Vorhaltungen zu einer Gegenwehr nicht mehr bewegen.

Als Schriftsteller hat Hirscher seine letzten Lebensjahre weitgehend der Pflege einer konventionellen Frömmigkeit gewidmet. Er publizierte „Betrachtungen über sämmtliche sonntägliche Episteln des Kirchenjahres" in 2 Bänden (1860), ferner einen Traktat über die letzten Dinge im dritten Heft der „Erörterungen über die großen religiösen Fragen der Gegenwart"(1855) und ein salbungsvolles „Marienleben", das ihm als Umriss eines bürgerlichen Frauenideals um die Mitte des 19. Jahrhunderts den wohl langlebigsten Rezeptionserfolg seines gesamten Schrifttums bescheren sollte, - jedenfalls dann, wenn man die Angebotshäufigkeit im Antiquariatshandel unserer Tage als Kriterium einer Schätzung gelten lässt. (1853 ff., 7 Auflagen !).

Hohen Respekt quer durch alle Fraktionen der Christenheit im Lande hat sich Hirscher schließlich durch ein caritatives Unternehmen erworben, wozu er zweifellos von Wessenberg angeregt worden ist. Dieser hatte seit den frühen 30er Jahren immer wieder auf die Not unzureichend betreuter Kinder in der von Armut heimgesuchten Bevölkerungsschicht hingewiesen und die Einrichtung von Anstalten zu deren Rettung gefordert. Schließlich eröffnete Wessenberg 1854 in Konstanz eine solche Anstalt und finanzierte sie aus eigenen Mitteln. Hirscher publizierte zwei Jahre später eine schmale Schrift mit ähnlicher Intention unter dem Titel „Die Sorge für sittlich verwahrloste Kinder" (1856). Diese Schrift widmete er aber nicht, wie zu erwarten gewesen wäre, seinem alten Mentor Wessenberg, sondern dem Erzbischof Hermann von Vicari, der ihm zu dieser Initiative gratulierte und ihn mit der Vollmacht beauftragte, das Gedeihen solcher Häuser in der Diözese zu überwachen, - was Hirscher löblicherweise unter Einsatz seines persönlichen Vermögens auch tat. Er verkaufte die von ihm über die Jahre hinweg erworbene Sammlung von Bildern altdeutscher Malerei an die fürstlichen Museen in Karlsruhe, Stuttgart und Berlin und stiftete das Geld zur Errichtung und zum Unterhalt solcher Kinderanstalten in Riegel, Walldürn und Blumenfeld. Es war nicht zuletzt dieser soziale Großmut, welcher die Nachwelt veranlasste, ihn mit einem Ehrenprädikat auszustatten, man sprach und spricht bis zum heutigen Tag vom „edlen Hirscher".

Johann Baptist Hirscher ist am 4. September 1865 gestorben. Sein Grabmal ist noch heute auf dem „Alten Friedhof" der Stadt Freiburg zu besichtigen.

Appendix: Der „edle Hirscher".

Im klerikalen Gedächtnis der Diözese Rottenburg findet Johann Baptist Hirscher eine besonders innige Würdigung. Das Priesterseminar im Hauptgebäude des alten Karmeliterklosters trägt seinen Namen und das im gleichen Gebäude untergebrachte Bildungshaus ebenfalls. Dennoch erscheint uns eine Distanzierung angebracht. Wir bezweifeln nicht, dass der „edle Hirscher" sich um die „sittlich verwahrlosten Kinder" tatsächlich Sorgen gemacht und materielle Mittel zur Unterstützung der entsprechenden Anstalten gestiftet hat. Dieser Großmut verdient Respekt. Auffällig ist aber, dass bei den diesbezüglichen Würdigungen die erklärende Begleitschrift, welche Hirscher publiziert hat, weitgehend unbeachtet bleibt - und das ist sehr wohl zu kritisieren. In dem seit der Aufklärung kurrenten Diskurs über die Erziehung von Kindern wird man lange suchen müssen, um einen einschlägigen Text von vergleichbarem Unverstand zu finden.
Im Folgenden seien einige besonders markante Passagen referiert:
„Daß es von Natur bösartige, widerspenstige, störrige, trotzige, feindselige, schadenlustige, rohsinnliche, tückische, lügenhafte Kinder gibt, ist leider Tatsache."
„Diese sittlich verdorbenen Kinder sind geborene Candidaten der Zucht- und Arbeitshäuser und somit für den Staat wie für die einzelne Gemeinde eine künftige schwere Last." Es sei im Interesse der Gemeinden, „den künftigen Verbrecher und Züchtling von sich abzuwehren und denselben im Kinde zu überwinden."
Kinder „solcher Art" seien von „natürlicher Bösartigkeit" und könnten nur durch „eine ernste, zwingende Tag und Nacht gehandhabte und unerbittliche Zucht und Ordnung gebessert werden."
Deshalb seien „Rettungshäuser" einzurichten, nicht als „Strafhäuser", sondern als „Zuchthäuser" oder „Correktionshäuser", die von „strenger Väterlichkeit" geprägt sein sollten (Prügelstrafe?).
Bei der Einweisung eines solchen Kindes sei auch die Anwendung von Gewalt zuzulassen.
In diesen Rettungshäusern sind folgende „Bildungs- und Besserungsmittel" einzusetzen:

1. „eine feste Haus- und Tagesordnung, deren Verletzung unnachsichtlich zu bestrafen ist. Erziehungsziel sei „die Furcht vor dem Gesetz",
2. „anstrengende körperliche Arbeit das ganze Jahr hindurch nach Maßgabe der vorhandenen leiblichen Kräfte" mit der einzuübenden Zielbestimmung der „Selbstbeherrschung".
3. Reduzierung der Schulbildung, weil intellektuelle Beschäftigung keine Besserung erbringt.
   „Wozu das viele Schulhalten? Das bessert nichts." Zielsetzung: Bewahrung vor Sinnlichkeit, Weichlichkeit, Lüsternheit, Lahmheit, Verschrobenheit".
4. Abwehr allen sentimentalen Wesens".

Insgesamt seien die Zöglinge „auf ein beschwerdevolles, entbehrungsreiches Arbeiterleben" vorzubereiten. Die Entlassung der aufgenommenen Kinder aus der Anstalt erfolge, sobald der Besserungszweck erreicht oder als unerreichbar erwiesen ist.

Die Kirche als universale „Mutter“ sei zuständig für die Einrichtung solcher Rettungshäuser und habe die Religion als Bildungsmittel einzusetzen. Sie habe „das Gefühl von Schuld und Sünde“ zu wecken und den Glauben an einen „strafgerechten Gott“ einzuschärfen.

(„Der edle Hirscher“?)

Dominikus Kuenzer (1793 - 1853)

Schriften theologischen oder politischen Inhalts hat Kuenzer, wie es scheint, nicht publiziert. Seine Rede in der Nationalversammlung am 24. August 1848 ist wörtlich abgedruckt im „Stenographischen Bericht über die Verhandlungen der deutschen constituierenden Nationalversammlung zu Frankfurt am Main." 3. Band, Leipzig 1848. S.1707-1709 und 1955ff.
Hsg. v. Franz Wigard.

Schriften über Kuenzer:

Friedrich von Weech: Dominikus Kuenzer. In:Allgemeine deutsche Biographie. Bd. 17. S.404.

Friedrich Kössing: Dominikus Kuenzer. In: Badische Biographien. 1.Teil S. 482ff.

Mone, Franz Josef: Die katholischen Zustände in Baden. Regensburg 1841-43.
Heinrich Maas: Geschichte der katholischen Kirche im Großherzogtum Baden. 1891.

Rehm, Clemens: Die katholische Kirche in der Erzdiözese Freiburg während der Revolution 1848/49. Freiburg 1987.

Götz von Olenhusen, Irmtraud: Klerus und abweichendes Verhalten. Zur Sozialgeschichte katholischer Priester im 19. Jahrhundert. Die Erzdiözese Freiburg. Göttingen 1994.

Scheidgen, Hermann-Josef: Der deutsche Katholizismus in der Revolution von 1848/49. Köln 2008.

Historisch-politische Blätter für das katholische Deutschland. Jahrgänge 1838, 1839, 1841, 1842, 1843.

Konstanzer Zeitung Nr. 141/ Zweites Blatt/Sonntag, 20. Juni 1875.(Dominikus Kuenzer.)

Dominikus Kuenzer ist 1793 in Freiburg geboren worden, er ist dort aufgewachsen, hat dort die Schulen besucht und schließlich an der Universität Theologie studiert. 1813 ist er in das Priesterseminar in Meersburg eingetreten und hat sich 1815 zum Priester weihen lassen. Seine frühen Berufsjahre verbrachte er in kleinen Dorfpfarreien im Schwarzwald, 1828 wurde er Pfarrer in Bonndorf, einem kleinen Bezirkszentrum im Südschwarzwald, wo er die Aufgaben des bischöflichen und zugleich des großherzoglichen Dekans für Schulangelegenheiten zu erledigen beauftragt wurde. 1836 wurde er mit dem Titel eines „Stadtpfarrers" an die Spitalkirche in Konstanz berufen und mit der Nachfolge Joseph Willibald Strassers im Amt des kirchlichen und staatlichen Dekans und Schulvisitators im Seebezirk betraut. Von den Gläubigen in der Stadt wurde er geschätzt, weil er den Messgottesdienst konsequent in deutscher Sprache gefeiert und attraktive Predigten gehalten haben soll. Mit den Geistlichen in Konstanz und Umgebung soll er einen freundschaftlichen Umgang gepflegt haben und auch im Haus Wessenbergs empfangen worden sein, wenn zutrifft, was sein Biograph Friedrich Kössing beiläufig mitteilt.

1838 trat Kuenzer dem sog. „Schaffhauser Verein“ bei, einer Gruppe reformorientierter Kleriker aus der Region rund um den Bodensee, aus der Schweiz, aus Südwürttemberg, Südbaden und Hohenzollern. Als offizielles Ziel war eine Fortbildung im Bereich der wissenschaftlichen Theologie vorgesehen. Darüber hinaus sollten auch kirchenpolitisch brisante Anliegen thematisiert werden, vor allem die Synodalverfassung der Kirche und natürlich die stets aktuelle Zölibatsfrage. Verdächtig machte sich der Verein zumal durch seinen Entschluss, auch Laien als Mitglieder einzuladen. Um das Ärgernis abzuschätzen, das dieser Verein in ultramontanen Kreisen erregte, sei eine Passage aus der Zeitschrift „Historisch-politische Blätter“ des Jahrgangs 1839 referiert und zitiert. Die Überschrift des Artikels lautet: „Über die äußerste Linke der katholischen Kirche in Baden.“ Da heißt es in ausdrücklichem Bezug auf den Verein: Es habe sich daselbst „eine Demoralisation eingeschlichen, welche eine sorgfältige Ausscheidung solcher contagiöser Kräfte nötig macht, damit der Kirche nicht, wo sie es am wenigsten zu vermuten berechtigt wäre, im eigenen Hause Verrat und Verderben bereitet werde. Es ist jener Teil ihrer besonders geistlichen Mitglieder, welche vom corrasiven Gifte des Rationalismus und der Aufklärung angefressen sich auf die Seite der negativen Macht zur Verfügung des 'Neinherrn` gestellt haben.“ Die „aufgeklärte Meute“ habe die Absicht, „die Grundpfeiler der Staaten und ihrer Ordnung total zu erschüttern“. Es sei so weit gekommen, „daß, wenn die göttliche Macht der Kirche das Ungetüm nicht beschwört und bezwingt, der bloße Polizeistaat schwerlich sich des Scheusals grimmer Zähne erwehren wird.“

Der „ Schaffhauser Verein“ war ins Leben gerufen worden von einem gewissen Dr. Anton Fischer, Professor für Moral und Kirchengeschichte in Luzern, einem Mann in prekären Lebensumständen, aber von beeindruckendem Format. Fischer lebte mit einer Frau zusammen, er hatte auch Kinder mit ihr – und er bekannte sich in aller Offenheit zu dieser „Gewissensehe“: „Die Welt mag mich für einen abtrünnigen katholischen Priester halten, mein Gewissen sagt mir, daß ich nie von dem wahren katholischen und apostolischen Christentume abgegangen bin … Die Stimme der Natur, des Glaubens und des Gewissens hat in mir gesiegt. Weg also mit all diesen Fesseln.“ (Zitiert in „Histor. polit. Blätter für das kath. Deutschland“, Bd. 8, 1841, S.140) Dieses Bekenntnis publizierte Fischer in der „Leipziger Zeitung“, einem deutschlandweit gelesenen protestantischen Journal, um sich gegen die Schändung zu wehren, die ihm von Seiten des ultramontanen Milieus entgegenschlug, wo er als Sittenstrolch diffamiert wurde, besessen von der „Sehnsucht nach der Emanzipation des Fleisches“. Als Fischer erkannte, dass er für seinen „Schaffhauser Verein“ zur Belastung geworden war, verzichtete er auf die Vorstandschaft. Er nahm Abschied und emigrierte, vom Spott der Frommen begleitet, mit seiner Familie nach Amerika. Was dort aus ihm geworden ist, wissen wir nicht. Kuenzer bezeugte jedenfalls einen beträchtlichen Mut, indem er sich als Nachfolger Fischers zum Präsidenten des Vereins wählen ließ. Auch wenn ihm persönlich kein sittenwidriges Handeln vorgeworfen werden konnte, musste er damit rechnen, dass er als Fischers Kumpan und Gesinnungsgenosse verleumdet wurde. Das ist auch geschehen: Man witterte „Sektenwesen, Schisma, Ketzerei“.

Die römische Kurie, die offenbar gut informiert war, was sich in diesem südbadischen Wetterwinkel so alles tat, besser informiert jedenfalls, wie es scheint, als das Freiburger Ordinariat, hat in einem Breve von Papst Gregor XVI. ausdrücklich vor dem Treiben des Vereins gewarnt und Erzbischof Demeter zu disziplinarischem Einschreiten gedrängt: „Uns ist zugetragen worden, daß mehrere Priester Deiner Diözese, hinreichend bekannt wegen ihres schlechten und unkatholischen Lebenswandels, boshaft und schamlos aufgetreten sind, um Institutionen der Religion und der Kirche in böser Absicht zu reformieren. Zu diesem Zweck haben sie sich mit Vertretern aus dem Helvetischen und Rottenburger Clerus in einem Verein zusammengetan, um „Frevelhaftes“ zu verabreden“. Das Breve verweist ausdrücklich auf eine

Sitzung der „Reformer“ am 4. August 1838 in Schaffhausen, wo man Ruchlosigkeiten beschlossen habe. (Breve „Ad nos perlatum“ vom 23. November 1838. - Text in lateinischer Sprache im Appendix!).
Kuenzer, vom Erzbischof auf Veranlassung des Papstes um Rechenschaft gebeten, versicherte, dass man keinen Aufruhr plane und erläuterte noch einmal die seriösen Ziele des Vereins. Daraufhin wandte sich der Erzbischof an die staatliche Kirchenbehörde des Innenministeriums in Karlsruhe, um sich das Recht zum offiziellen Verbot des Vereins zu erwirken. Die staatliche Instanz lehnte unter Hinweis auf das Rede- und Vereinsrecht im badischen Staat den Antrag ab. Dem Erzbischof blieb nur übrig, für künftige Veranstaltungen des Vereins die namentliche Meldung sämtlicher Teilnehmer und einen vollständigen Gesprächsthemenkatalog einzufordern.

Der Erzbischof hatte gegen widerspenstige Kleriker seiner Diözese in der Regel keine souveränen Sanktionsmöglichkeiten, sondern musste darauf gefasst sein, dass der Betroffene im Streitfall an die staatliche Kirchenbehörde appellierte und eine Entscheidung zu seinen Gunsten errang. Diese institutionelle Schwäche seines Amtes mag den Erzbischof auch von Fall zu Fall veranlasst haben, eher eine Provokation hinzunehmen als eine Demütigung von Seiten des Staates zu riskieren. Das sei noch einmal an einem eher juvenil-komischen Exempel statuiert. Kuenzer plante für den Herbst 1839 zusammen mit der Gemeinde ein profanes Sängerfest zu veranstalten, das in der Kirche stattfinden sollte. Der Erzbischof war vorschriftsgemäß vorab informiert worden. Er untersagte das Fest mit der Begründung, dass eine weltliche Veranstaltung in Anwesenheit des „Sanctissimums“, der geweihten Hostien im Tabernakel, unziemlich sei. Das Fest fand dennoch statt, weil Kuenzer am Abend zuvor das „Sanctissimum“ aus dem Tabernakel in die Sakristei überführt hatte und den Altarraum mit Brettern hatte vernageln lassen. Beim Fest stieg er auf die Kanzel und hielt eine profane Predigt, nicht im Talar, sondern im Frack – zum Gaudium seiner Gemeinde. Der Erzbischof soll beklagt haben, dass man ihn nur mangelhaft informiert und ihm sogar das benutzte „Liederbüchlein“ vorenthalten habe. Eine Verurteilung des Erzbischofs ist dennoch ausgeblieben.

Kuenzer erweiterte seine gesellschaftliche Geltung in der Öffentlichkeit, indem er Anschluss bei politisch interessierten Zirkeln in der Stadt suchte und alsbald auch fand - und zwar beim liberal-demokratischen Bürgertum. 1837 kandidierte er für den badischen Landtag und wurde als Seekreisvertreter in die „Zweite Kammer“ gewählt. In seiner Tätigkeit als Abgeordneter vertrat er „linke Positionen“. Im politischen Urteil der Zeitgenossen galt er als „Rotteckianer“! - und das heißt: als kritischer Beobachter der Regierung im Gefolge des prominenten Freiburger Politikers Karl von Rotteck. 1842 verweigerte die staatliche Kirchenbehörde dem lästigen Regierungskritiker Kuenzer eine weitere Beurlaubung von seiner Konstanzer Pfarrei und ließ sich auch nicht durch den diesbezüglichen Protest der Kammermitglieder umstimmen, sodass Kuenzer sein politisches Amt aufzugeben gezwungen war. Der Erzbischof hätte ihn freistellen können, - wenn er gewollt hätte. Doch der wollte nicht. So kehrte Kuenzer nach Konstanz zurück und setzte die Seelsorgearbeit in seiner Kirchengemeinde fort.

Mit dem Eintritt in die überregionale Öffentlichkeit war Kuenzer auch in das Blickfeld der überregionalen Presse geraten. Die „historisch-politischen Blätter für das katholische Deutschland“, eine stramm „ultramontane“ Zeitschrift mit großem Einfluß im kirchlich konservativen Lager, widmeten Kuenzer mehrere zum Teil ausführliche Artikel voll gehässigster Polemik: „Was Sie bisher aus dem armen Schatze Ihrer Gedanken Neues vorbrachten, ist im Grunde nichts als ein altes Lappenwerk.“ Man erklärte ihn zu einem gnadenlos radikalen Kirchenfeind, man erklärte ihn zu einem Ärgernis für alle Katholiken im

Lande. Besonders übel wurde vermerkt, dass er in wiederholten Anträgen die Kammer für ein Votum gewinnen wollte, den Erzbischof aufzufordern, eine Diözesansynode einzuberufen - zum Nutz und Frommen der Kirche selbstverständlich. - Das wurde von den Ultras zynisch kommentiert: „So hat der Ehrenmann (= Kuenzer) wieder in einer der jüngsten Sitzungen den stämmigen Leib erhoben und nicht aus dem Kopfe, sondern aus seinem edlen Herzen den christkatholischen Antrag gestellt: Synoden!" Eine Abstimmungsmehrheit habe er allerdings nicht erzielt, wird mit Genugtuung festgestellt.

Kuenzer blieb Gegenstand der bösartigen Aufmerksamkeit seitens der ultramontanen Pressehetzer auch dann noch, als er den Landtag verlassen hatte und in seine Konstanzer Pfarrei zurückgekehrt war: Er vernachlässige seine Sorge um die Seelen der ihm Anvertrauten, hieß es, und betreibe stattdessen weltliche Geschäfte, er stelle sich in den Dienst der „chevaliers de l`industrie" und deren Interessen, was sich für katholische Priester nicht gezieme. In der Tat hatte sich Kuenzer als Vorstand eines Bürgerkomitees gewinnen lassen, das eine Eisenbahnverbindung von Basel über Schaffhausen nach Konstanz zuwege zu bringen sich vorgenommen hatte – ein evidentermaßen dringendes Bedürfnis für eine wirtschaftliche Entwicklung der Region. Kuenzer tat dies – vielleicht in aller Einfalt? - guten Gewissens. Er hätte sich freilich denken können, dass er mit diesem wirtschaftsdienlichen Engagement böse Nachreden riskierte, auch wenn ihm niemand vorzuwerfen vermochte, dass er in die eigene Tasche wirtschafte. Gleichwohl konnte man in den katholischen „Blättern" den folgenden Kommentar lesen: „Jesus wies die Wechsler und Händler aus dem Tempel, bei uns nimmt man die Priester vom Altar in die Wechselstuben!"

Der Hass, in dem die journalistische Attacke gegen Kuenzer geritten wurde, lässt erkennen, dass hier nicht nur lässliche Verfehlungen moniert werden sollten, sondern dass die fundamentale Identität des Priesters auf den Prüfstand gestellt wurde. Kuenzer, hieß es, lasse sich offenbar von der Annahme leiten, „daß ein Weltpriester die Welt und ihre Interessen zu leben habe" - „was kann verkehrter sein als solch ein Thun?" Statt „zeitlichen" Geschäftigkeiten zu folgen, habe sich der wahre Priester um die ewigen Belange zu kümmern. Das ist in der Tat eine unmissverständliche Abkehr von den Überzeugungen der Aufklärer, nämlich dass sich die christlichen Kirchen sehr wohl auf die Welt, wie sie nun einmal ist, - Gott sei`s geklagt! - einzulassen haben und zwar im guten Willen einer Besserung derselben. Das Reich Gottes ist für die Aufklärer also nicht nur eine jenseitige Verheißung, sondern realisiert sich in einer gewissen Vorläufigkeit im Hier und Heute. Es gehört in diesem Sinne zum Auftrag der Kirchen, sich um die Armen zu sorgen, nicht damit diese die Armut besser ertragen lernen, sondern dergestalt, dass das Ärgernis der Armut aus dem Reich Gottes beseitigt werde. Das aber setzt hiesiges und also „zeitliches" Handeln voraus. - Der Kuenzer-Konflikt indiziert auf sinnfälligste Weise den sich anbahnenden und alsbald auch durchgesetzten Paradigmenwechsel des Klerikerprofils im katholischen Deutschland.

Als 1848 die Revolution losbrach, wurde in der Seeregion verhandelt, wer nach Frankfurt delegiert werden sollte. Wessenberg soll gefragt worden sein, aber abgelehnt haben. Kuenzer war bereit zu kandidieren und wurde gewählt, zunächst in das Vorparlament (am 29. März 1848), dann in die Nationalversammlung (am 16. April 1848). Er habe sich, wie auch der Priester Sprißler aus Sigmaringen, der „äußersten Linken", angeschlossen, heißt es, was immer dies damals in Anbetracht der labilen Fraktionszugehörigkeiten bedeuten mochte. Kuenzer wurde Mitglied im Ausschuss für die Formulierung der Grundrechte. Er gehörte nicht zu jenen Abgeordneten, die sich über Alles und Jedes äußern zu müssen glaubten. Als aber der Artikel über die Religionsfreiheit zur Debatte stand, hat er sich am 24. August 1848 im Plenum zu Wort gemeldet und eine wahrhaft eindrucksvolle Rede gehalten, die häufig von Beifall unterbrochen wurde. Sein spezielles Thema galt dem Verhältnis von Kirche und Staat.

Wir zitieren die Rede in ihrer nahezu ganzen Länge nicht nur in der Absicht, die beeindruckende Fertigkeit der dialektischen Gedankenführung des Redners zu demonstrieren, sondern vor allem um seinen Standort im kirchenpolitischen Konfliktfeld seiner Zeit zu markieren:

„Meine Herren!
Nach so vielen vernommenen Reden bleibt mir wenig noch übrig zu sagen. Ich kann umso kürzer mich fassen, weil ich mir vorgenommen habe, mich an die vorliegende Frage streng zu halten und obgleich ich ein katholischer Geistlicher bin, so will ich doch nicht wie mehrere Redner vor mir eine Streitrede halten gegen die Religionslosigkeit oder eine Verteidigungsrede für die Religion, ebensowenig als ich eingehen werde in eine Verteidigung irgendeiner Kirche. Ich glaube nicht, daß das Eine oder das Andere zur Erledigung unseres Gegenstandes notwendig ist, am allerwenigsten teile ich die Ansicht derjenigen, die da geglaubt haben, im Interesse der Religion auftreten zu müssen gegen Äußerungen, die von einer anderen Seite gefallen sind. Ich bekenne mich zu der Behauptung, - und darum kann ich auch ruhig jede Äußerung für und gegen die Sache anhören, - ich bekenne mich nämlich zu der Behauptung, daß, wenn auch die letzte Spur der Religion vertilgt werden sollte, sie immer wieder von Neuem erstehen wird. (Bravo!) Ich werde also, meine Herren, nur sprechen über den Artikel III genau so, wie er uns vorliegt. Ich erkläre zum Voraus, daß ich das in §11 ausgesprochene Prinzip der vollen Glaubens- und Gewissensfreiheit anerkenne. Ich will dieses Prinzip durchgeführt wissen, unbekümmert um alle seine Folgen, unbekümmert selbst um die Nachteile, die es für irgendeine bestehende Kirche oder Religionsgesellschaft haben möchte, denn eine Kirche oder Religionsgemeinschaft, die nicht mit Glaubens- und Gewissensfreiheit bestehen kann, die zu ihrer Erhaltung des Glaubens- und Gewissenszwangs bedarf, will ich ruhig ihrem Untergang entgegen gehen lassen. Sie trägt das Element des Verderbens in sich selbst. (Bravo!)

Ich glaube nicht, daß es überhaupt notwendig ist, die Notwendigkeit der Glaubens- und Gewissensfreiheit zu begründen, denn sie ist nicht ein unveräußerliches Menschenrecht, sie ist vielmehr eine solche Eigenschaft der menschlichen Natur, welcher der Mensch sich gar nicht selber entäußern kann. Keinem Menschen ist es möglich, irgend etwas zu glauben oder sich zu etwas im Gewissen zu verpflichten, wenn er es nicht aus Überzeugung tun muß. Wohl ist es möglich und leider schon oft vorgekommen, daß der Mensch in solchen Dingen sich selbst belogen hat. Wir haben nur eine Wahl: entweder das längst gefühlte allgemeine Bedürfnis zu befriedigen, die allgemeine und vollständige Glaubens- und Gewissensfreiheit auszusprechen, oder aber die Heuchelei zum Gesetz zu machen – denn etwas Anderes ist neben diesem Beidem nicht möglich. Ich will also nicht weiter für die Notwendigkeit dieses Artikels mit allen seinen notwendigen Consequenzen sprechen. Ich möchte zwar wohl in Beziehung auf die Fassung desselben zur Verdeutlichung, zur allgemeineren Verständigung Manches wünschen. Weil aber ohnehin alle diese Bestimmungen einer nochmaligen Redaktion unterworfen werden, so zweifle ich gar nicht daran, daß der verehrliche Verfassungsausschuß, durch die Diskussion darauf aufmerksam gemacht, die nötigen Verbesserungen vornehmen werde.

Ich komme nun zu demjenigen Gegenstand, den ich allein noch besprechen will, denn das, was ich über Artikel III für denselben hätte sagen können, ist von den Vorrednern zur Genüge schon gesagt worden und ich schließe mich denselben vollständig an. Von den Befürchtungen muß ich sprechen, die man hegt, wenn die Glaubens- und Gewissensfreiheit und die notwendige Folge davon, die völlige Freiheit der Kirche, die völlige Freiheit jeder Religionsgesellschaft, somit also die Unabhängigkeit der Kirche und der Religionsgesellschaften vom Staate zum Gesetz gemacht wird. Ich würde auch davon nicht sprechen, wenn diese Befürchtungen nicht Einfluß hätten auf die Abstimmung über den Art. III und nicht im Stande wären, den Einen oder Anderen vielleicht zweifelhaft zu machen, ob er für die volle Glaubens- und Gewissensfreiheit, für die Unabhängigkeit der Kirche vom Staate stimmen solle oder nicht.

Denn das, was ich jetzt zur Beseitigung dieser Befürchtungen sagen will, betrachte ich zumal in Rücksicht auf diejenige Kirche, der ich angehöre, als eine pure „res domestica", d.h. als eine Sache, von der man sagen kann: Das wollen wir sodann, wenn wir daran kommen, in unserer Kirche schon miteinander ausmachen. Man glaubt nämlich und befürchtet, wenn die Unabhängigkeit der Kirche vom Staate ausgesprochen sein wird, so werde die Freiheit, selbst diejenige Freiheit, die man jetzt noch unter dem Polizeistaat in der Kirche genießt, gänzlich verloren gehen, namentlich verloren gehen für eine gewisse Richtung in der Kirche und für einzelne Glieder derselben, welche dieser Richtung angehören. Ich gehöre selbst einer Richtung in der katholischen Kirche an, die, ich sage leider! heutzutage in dieser Kirche nicht mehr die herrschende ist, ich gehöre jener Richtung an, welche man gewöhnlich mit dem Namen der Josephinischen bezeichnet, ich gehöre jener Richtung an, welche bis herunter auf die neueste Zeit in dem ehemaligen Bistum Constanz, dem ich angehöre, von der Verwaltungsbehörde desselben befolgt wurde. Ich will nicht als Lobredner oder Verteidiger dieser Richtung antreten, sie spricht für sich selbst, sie spricht durch das, was sie gewirkt hat, ich darf es namentlich dieser religiös gemischten Gesellschaft gegenüber sagen, sie spricht vorzugsweise durch die Duldung, welche sie, soweit sie gereicht hat, verbreitet hat (Bravo!).

Aber eines darf ich bei dieser Gelegenheit nicht unberührt lassen: Obgleich ich nicht für die Einmischung des Polizeistaates in die Kirche bin, obgleich ich von ganzer Seele wünsche, daß derselbe in Zukunft ganz aus der Kirche herausgerissen werde, so dürfen wir aber doch auch nicht ungerecht gegen denselben sein. Wir werden ihn billiger beurteilen, wenn wir bedenken, daß der Staat mitunter in der Lage war, dasjenige zu tun, was die Kirchenoberen zu tun vernachlässigt oder verweigert haben, und das war gerade in der Josephinischen Zeit sehr der Fall. Ich befürchte nichts, vielmehr hoffe ich von dieser Unabhängigkeit der Kirche, daß diejenigen Grundsätze wieder Geltung bekommen werden, daß diejenigen Einrichtungen wieder ins Leben treten werden, welchen man jetzt von einer entgegengesetzten Richtung in aller Weise entgegenarbeitet.

Bei dieser Gelegenheit muß ich widersprechen, wenigstens in seiner Allgemeinheit, was hier von einzelnen Rednern ausgesprochen worden ist, daß der Polizeistaat Ursache war, daß so manches gerechte Begehren in der katholischen Kirche nicht erfüllt wurde. Ich könnte Ihnen Belege vorzeigen und Sie auf kirchliche Erlasse aufmerksam machen, welche das Gegenteil beweisen und geradezu dartun, wie die Kirchenoberen selbst das sonst, sofern es dafür taugt, so gern in Anspruch genommene kanonische Recht mit Füßen treten. Ich will hier nur auf einen Punkt aufmerksam machen. Das Recht auf Synoden ist ein anerkanntes Recht, und die Pflicht der Bischöfe, sie regelmäßig abzuhalten, ist eine ganz deutlich und klar ausgesprochene Pflicht. (Bravo!) Die Synoden wurden häufig verlangt, sie wurden bis auf die jüngste Zeit herunter verlangt, und es wurde auf dieses Verlangen, selbst wenn es von Tausenden und abermal Tausenden in der ehrwürdigsten Form gestellt wurde, nicht einmal eine Antwort gegeben, ja, noch mehr kann ich Ihnen sagen, und zwar aus der allerneuesten Zeit, daß sogar verboten wurde, daß sich Geistliche und gleichgesinnte Laien zur Vorbereitung einer Synode, zur Besprechung dessen, was auf einer Synode etwa geschehen sollte, versammeln. Während Vereine in anderer Richtung, Versammlungen in anderer Richtung nicht allein gestattet, sondern auf alle Weise empfohlen und fast befohlen wurden, so wurde der entgegengesetzten Richtung nicht einmal das Unschuldigste gestattet, daß sie sich nur miteinander ganz privat besprechen durften. (Sensation!).

Dieses alles und dergleichen, hoffe ich, wird aufhören, wenn die vollkommene Unabhängigkeit der Kirche vom Staate ausgesprochen ist, denn meine Erfahrungen, hochgeehrte Herren, die haben mir vielmehr gezeigt, daß der Schutz, welchen der Staat den Kirchenbehörden gegeben hat, der Sache der Unabhängigkeit der Kirche gefährlicher und schädlicher war, als die Hindernisse, welche derselbe der Wirksamkeit, nicht der Kirche, sondern der kirchlichen Oberen in den Weg gelegt hat. Haben wir eine unabhängige Kirche, so werden nicht nur die Oberen derselben, sondern die Kirchengesellschaft selbst und jeder einzelne in derselben unabhängig sein. Und was wird die erste Folge davon sein? Die Abhaltung einer Synode, selbst gegen den Willen desjenigen Oberhirten, der es vernachlässigte oder verweigerte, seine kanonische Pflicht zu tun (Bravo!), und zwar eine Synode, nicht wie sie in den letzten Zeiten der Kirche gehalten wurden, sondern eine Synode, wie sie ursprünglich in der katholischen Kirche gehalten wurden und gehalten werden sollen, eine Synode, auf der die gesamte Kirchengesellschaft repräsentiert ist (Bravo!). Diese Synode wird sich sodann aussprechen für das Recht, das die Kirchengesellschaft in älterer und besserer Zeit gehabt und ausgeübt hat. Sie wird – ich scheue mich nicht, es zu sagen, obgleich ich weiß, daß viele Theologen der andern Richtung es bestreiten, worüber ich mich jetzt in einen Streit mit ihnen nicht einlassen will – sie wird zuerst das Recht behaupten und sich über den kirchlichen Oberhirten stellen (Bravo!). Die Synode wird die kirchliche Gesetzgeberin sein und den Oberhirten anweisen, pflichtgemäß ihre Beschlüsse zu vollziehen (Bravo!). Und so wie die Kirchengesellschaft nach diesem ihrem alten Rechte greifen wird, wenn sie frei und unabhängig ist, so wird sie auch auf der Synode das alte Recht wieder ausüben, das ihr im Verlauf der Zeit durch allerlei Gewalttätigkeiten entzogen wurde, sie wird auch ihre Oberen wieder selbst wählen, sie wird nach den Männern des Vertrauens greifen und diese Wahl nicht ferner den Männern derjenigen Richtung überlassen, welche sich aus sich selbst ergänzt und dadurch sich gleichsam verewigt. So wie nun die Gesamtheit dies auf den Synoden tun wird, so wird auch in den einzelnen kleineren Kreisen folgerichtig jede katholische Gemeinde dasselbe tun.

In jeder katholischen Gemeinde wird sich ein Kirchenrat bilden und dieser mit anderen Kirchengemeinderäten zu einem Bezirkskirchenrat sich vereinigen und diese Bezierkskirchenräte werden sofort durch ihre Abgeordneten die Synode beschicken. Das ist die Gliederung und die alte Hierarchie der ursprünglich katholischen Kirche. Darum fürchten auch diejenigen, die im Dienste der Kirche sind, viel zu viel, wenn sie meinen, daß auch die Besetzung der Pfarrstellen von der eben genannten gegnerischen Richtung ausgehen werde. Nimmermehr! Wenn die Gemeinden ihr Recht erkannt haben, werden sie es auch ausüben. Es gebührt ihnen. Jede Gemeinde wird ihren Pfarrer selbst ernennen (Bravo!) und so wie jede Gemeinde das Recht ausübt, ihren Pfarrer selbst zu ernennen, ja, ich sage noch mehr, ihn auch zu entlassen, wenn er seine Pflicht nicht tut (lebhaftes Bravo!), so wird auch diese Gemeinde ihr Kirchenvermögen, denn es ist ihr Vermögen, selbst verwalten (Bravo!). Sie wird die Verwaltung, und ich sage noch mehr, die Verwendung desselben nicht in andere Hände, nicht in die Hände einer Partei geben, die unter allerlei Titeln, z.B. zur Verbreitung des Glaubens, dieses Geld zu ganz unkirchlichen Zwecken verwenden würde, wie dieses mit Geldern geschehen ist, die man von einzelnen frommen Vereinen eingesammelt und hingegeben hat, um den Schweizerischen Sonderbund damit zu unterstützen (Allgemeines Bravo und Händeklatschen!).

Wenn wir nun, meine hochgeachteten Herren, alles dieses von der vom Staat unabhängigen Kirche zu erwarten haben, so sehe ich nicht ein, wie selbst diejenigen Glieder meiner Kirche, die meiner Richtung angehören, von einer solchen unabhängigen Kirche irgendeine Befürchtung haben dürften. Ich sehe im Gegenteil mit Sehnsucht dem Tag entgegen, als dem

Auferstehungstage der wahren, alten, ursprünglichen katholischen Kirche. Alles dies hätte ich übrigens nicht gesagt, wenn ich es nicht für manche Abgeordnete in Beziehung auf ihre Abstimmung für notwendig gehalten hätte, es ist eine „res domestica“, eine Sache, worüber keine Nationalversammlung, keine Ständeversammlung zu verfügen hat, sondern die lediglich jeder Kirchengesellschaft zu ordnen und zu verwalten selbst zusteht. Ich wünsche aber auch, daß die Befürchtung aufhören möge, als ob die vorgeschlagene Unabhängigkeit der Kirche leicht dazu führen könnte, daß man kirchlicherseits sich durchaus in jeder Beziehung zum Staate unabhängig von demselben benehmen werde. Befürchtungen, welche allerdings nicht unbegründet sind, weil schon Ähnliches zumal in älterer Zeit erlebt wurde.

Man hat sich heute vielfach auf die nordamerikanische Verfassung und Zustände berufen. Ich denke, diese Zustände werden hierin auch unsere eigenen werden. So wenig sich der Staat dort in Kirchensachen mischt, so wenig duldet er, daß die Kirche sich in irgendeiner Weise in Staatsangelegenheiten mischt. Alles, was dort Ungesetzliches geschieht, wird ebenso bestraft, ob es von einem Einzelnen oder von einer ganzen Gesellschaft begangen wurde. Man nimmt dabei keine Rücksicht auf die Eigenschaft der Kirche und scheut sich nicht vor der vorgeschützten Heiligkeit und Unantastbarkeit derselben. Und so muß es auch sein: Die Staatsgewalt muß oben und über Allem stehen. Das Gesetz des Staates muß allen Gesetzen und Statuten der Gesellschaften, die im Staate bestehen, vorausgehen, trotz derer, die sich auf einen alten Text berufen und sagen, man müsse Gott mehr gehorchen als den Menschen. Ja, wenn man diesen vorgeschützten Gott näher untersucht, so ist er in manchen Köpfen ein sehr wunderlicher Gott (lebhaftes Bravo!). Man kann das Verhältnis der Kirche zum Staate am allerbesten ausdrücken, wenn man eine Formel wählt, welche in den kanonischen Schulen schon vielfach gebraucht und verhandelt worden ist, schon seit vielen Jahren wurde darüber gestritten, ob die Kirche über, neben, unter oder in dem Staate stände. Sagen Sie, meine Herren, sie ist in dem Staate, denn sie ist darin, und der Staat nicht in der Kirche, und weil der Staat nicht in der Kirche, sondern die Kirche im Staate ist, so muß sie auch als Kirche, als Gesellschaft in ihrer Gesamtheit, sowie in allen ihren Gliedern, ohne Rücksicht auf ihre Lehren und Gebote und ohne Rücksicht auf ihre Beschlüsse den Staatsgesetzen unterworfen bleiben (Bravo!) So muß die vorgeschlagene Unabhängigkeit der Kirche vom Staate angesehen werden, und in dieser Weise möchte ich, daß namentlich die Freunde, die noch Befürchtungen, die noch Zweifel haben, ob sie für die vollste Glaubens- und Gewissensfreiheit und ihre Folgerung, für die Unabhängigkeit der Kirche vom Staate stimmen sollen, in dieser Weise möchte ich, daß sie die Sache betrachten. Das ist meine Bitte an Sie... (Lebhafter, anhaltender Beifall!).“

Kuenzer vertritt ohne Wenn und Aber das Prinzip der absoluten Glaubens- und Gewissensfreiheit für jede einzelne Person. Das diesbezügliche Bedürfnis sei dem Menschen angeboren und könne daher gar nicht unterdrückt werden. Eine explizit erklärte Garantie dieser Freiheit sei daher im Grunde überflüssig, sie habe lediglich deklamatorischen Charakter und richte insofern auch keinen Schaden an, weswegen eine diesbezügliche Stellungnahme entfallen dürfe. Sehr wohl diskussionsbedürftig sei aber die Freiheit der Institution, welche den Glauben repräsentiert, die Frage nach der Freiheit und Unabhängigkeit der Kirche vom Staat. Nach Abwägung des Für und Wider plädiert Kuenzer dafür, jede Einmischung des Polizeistaats in die Angelegenheiten der Kirche strikt abzulehnen – unter der Voraussetzung freilich, dass dieser Kirche die Freiheit gewährt werde, sich selbst nach ihren Bedürfnissen zu organisieren. Entscheidend sei dabei, dass das Prinzip der Synodalität in der Kirche realisiert werde, und zwar dergestalt, dass die Synode mit der Hoheit über die Hierarchie ausgestattet werde. - Kurzum, Kuenzer plädiert für eine umfassende Demokratisierung der Kirche. Auf jeden Fall sollte aber auch eine solche von der staatlichen

Kontrolle befreite Kirche verpflichtet sein, die generell geltenden rechtsstaatlichen Prinzipien ohne Einschränkung zu respektieren.

In Konsequenz dieser Rede stellte Kuenzer in der Parlamentssitzung am 12. September den folgenden Antrag: „Jede Religionsgesellschaft (Kirche) ordnet und verwaltet ihre Angelegenheiten selbständig, bleibt aber, wie jede andere Gesellschaft im Staate, den Staatsgesetzen unterworfen." Dieser Antrag – im Anspruch deutlich zurückhaltender als die zuvor gehaltene Rede - erhielt in Konkurrenz mit mehreren gegenläufigen Antragsformulierungen die Mehrheit des Hauses.

Unübersehbar ist in diesen öffentlichen Parlamentsauftritten Kuenzers die Thematisierung des zeitgeschichtlichen Kontextes: der in der katholischen Kirche Deutschlands inzwischen voll entbrannte Streit zwischen Konservativen und Reformern. Kuenzer bekennt sich explizit zum „Josephinismus" und zwar ausdrücklich in seiner Konstanzer Prägungsvariante, er outet sich als „Wessenbergianer". Für Vicari brachte dieser Parlamentsauftritt Kuenzers das Fass zum Überlaufen. In einem Dekret vom 31. August 1848 erklärte er dessen Exkommunikation mit der Begründung, dass er den Eid „in professione fidei" gebrochen habe. (Heinrich Maas, S.204).

Nach dem Zusammenbruch der Parlamentsarbeit in Frankfurt etablierte sich im Frühsommer 1849 ein „Rumpfparlament" in Stuttgart, in dem sich ein kleiner Teil von Abgeordneten vorwiegend „linker" Identität zur Fortsetzung der Beratungen versammelte. Kuenzer war dabei. Als wenig später auch dieses Gremium von württembergischem Militär aufgelöst wurde, kam es zu ungeordneten Fluchtbewegungen der restlichen Abgeordneten in verschiedene Richtungen, weil man Sanktionen von staatlicher Seite befürchtete. Kuenzer zog sich zunächst zu Freunden nach Appenzell zurück, kehrte aber wenig später nach Konstanz zurück, nachdem offenbar seine Exkommunikation wieder aufgehoben worden war. Jedenfalls war ihm erlaubt worden, den priesterlichen Dienst in seiner alten Pfarrei wieder aufzunehmen. Aber er blieb dauerhaft unter der Beobachtung der Behörden. Noch immer gelte er als „Haupt der Radikalen", steht in seinen Akten, aber es steht sinngemäß auch in diesen Akten, dass er seinen ehemaligen Einfluss auf die Gläubigen weitgehend eingebüßt habe - Schicksal eines Verlierers! Das Freiburger Ordinariat strebte Kuenzers Versetzung in eine andere Region der Diözese an. Dagegen wehrte er sich. Noch ehe eine definitive Entscheidung gefallen war, starb Dominikus Kuenzer am 11. Mai 1853 als gebrochener Mann.

Appendix:

Breve von Papst Gregor XVI. vom 23. November 1838.
„Ad nos perlatum est, plures ex finibus tuae Archidioeceseos clericos, satis jam mala vitae consuetudine vel ipsis acatholicis invisios perperam atque impudenter niti ad religionis ecclesiaeque instituta pravo suo ingenia reformanda. Quem in finem inita societate cum aliis ex clero Helvetico et Rottenburgensi Schaphusiae (Schaffhausen) die quarto superioris mensis convenerunt de perniciosis novitatibus ac sacri präsertim coelibatus abolitione consultari. Quid? Rurale capitulum Bondorfiense post habitum mense Augusto conventum, ubi nequissima plane capita proposita fuerant, iterata mox sessione statuit, postulandum exte convocationem, ea nimirum mente, ut huius auctoritatis nefarii ipsorum conatus ad exitum perducantur."

Josef Sprißler (1795 - 1879)

Schriften von Josef Sprißler:

Neue Predigten. 1835

Rezension der Schrift von David Friedrich Strauß: „Das Leben Jesu Christi - kritisch betrachtet. In: „Freymüthige Blätter über Theologie und Kirchentum“, Jge. 1835 und 1836.

Urteil über Martin Luther. In : „Freymüthige Blätter“, Jg.1837.

Anonym (aber eindeutig Sprißler zuzuschreiben): Diverse journalistische Essays kirchenkritischen Inhalts in der Sigmaringer Zeitung „Der Erzähler“, 1847/48, z.B. „Kommunismus, Proletariat und Kirche“, oder „Freiheit, Brot und Kirche“, oder „Die Cölibatsfrage in unseren Tagen“, etc.

Text der von Sprißler geplanten Rede zur Religionsfreiheit in der Nationalversammlung. 1848.

Text von „Sprißlers Trauerrede bei Robert Blums Todtenfeier in Sulz. Am 27. November 1848.“

Anonym (wahrscheinlich Josef Sprißler): Die Suspension des Pfarrers J. Sprißler in Empfingen. 1849.

Schriften über Josef Sprißler:

Josef Sprißler hat im professionellen kirchenhistorischen Bewusstsein kaum Beachtung gefunden. Umso mehr ist die Bemühung von zwei nicht professionellen Historikern zu würdigen, Sprißlers Leben und Wirken so sinnfällig darzustellen, dass ihm in seiner hohenzollerschen Heimat die Ehre einer Identifikationsfigur der ansässigen Bevölkerung zuteil geworden ist:
Helmut Engisch und Hans Peter Müller: „Für Freiheit, Licht und Recht! - Josef Sprißler, ein streitbarer Pfarrer und wackerer Demokrat in der Revolution von 1848.“ Hsg. von der Julius-Bauser-Stiftung. Empfingen 1999. - Dank verdient insbesondere Herr Engisch für mündliche Auskünfte.

Adolf Rösch: Das religiöse Leben in Hohenzollern unter dem Einflusse des Wessenbergianismus 1800 – 1850. Ein Beitrag zur Geschichte der religiösen Aufklärung. 1908.

Eberhard Gönner: Die Revolution von 1848/49 in den hohenzollerischen Fürstentümern und deren Anschluß an Preußen. Hechingen 1952.

Erwin Keller: Das erste Freiburger Rituale von 1835. Freiburger Diözesan-Archiv Bd. 80, 1960. S.5 – 96.

Clemens Rehm: Die katholische Kirche in der Erzdiözese Freiburg während der Revolution 1848/49. Freiburg 1987.

Irmtraud Götz von Olenhusen: Klerus und abweichendes Verhalten. Zur Sozialgeschichte katholischer Priester im 19. Jahrhundert - Die Diözese Freiburg. Göttingen 1994.

Stefan Ihli: Kirchliche Gerichtsbarkeit in der Diözese Rottenburg im 19. Jahrhundert. Berlin 2008.

Stenographischer Bericht über die Verhandlungen der deutschen konstituierenden Nationalversammlung zu Frankfurt am Main 1848/49.

„Der Erzähler“ - (Zeitung für die Stadt und Region Sigmaringen). Jahrgänge 1847/48/49

Karl Josef Rivinius: Das Ringen der katholischen Kirche um ihre Freiheit vor staatlicher Bevormundung in der Mitte des 19. Jahrhunderts, aufgezeigt an den beiden Denkschriften des oberrheinischen Episkopats von 1851 und 1853. In: Jahrbuch für christliche Sozialwissenschaften19/1978, S.197 -236.

Karl Werner Steim: Die Suspension des Pfarrers Josef Sprißler in Empfingen. 1979

Josef Sprißler entstammt wie viele Kleriker seiner Generation aus armen Familienverhältnissen. Er ist 1795 als Sohn eines „Halbbauern und Pfründners“ in dem Dorf Inneringen unweit von Sigmaringen geboren worden und daselbst auch aufgewachsen. Es darf angenommen werden, dass der Pfarrer des Dorfes die Bildungsfähigkeit des Knaben erkannt hat, dass er ihn unterrichtet und gefördert hat, möglicherweise auch veranlasst hat, dass ihn der Landesfürst mit einem Stipendium bedacht und nach Luzern geschickt hat, um ihn auf dem renommierten Jesuitengymnasium zum Priesteramtskandidaten präparieren zu lassen. 1816 meldete sich Sprißler im Meersburger Priesterseminar an und wurde 1818 noch vor Erreichen des Mindestalters auf Empfehlung Wessenbergs von Weihbischof Johann Baptist Keller in Rottenburg zum Priester geweiht.

1821, in vergleichsweise jungem Alter, wurde er mit der ansehnlichen Pfarrei Veringenstadt betraut, wo er sich unverzüglich, ganz im Sinne Wessenbergs, der Erneuerung der Messliturgie widmete. Sein besonderes Bemühen galt der Entwicklung einer attraktiven Predigtkultur. Nach rund anderthalb Jahrzehnten Praxis als Kanzelredner publizierte er 1835 unter dem Titel „Neue Predigtsammlung“ ein Werk mit innovativem Anspruch: Es geht ihm um nichts Geringeres als um eine „neue Art zu predigen“, um einen homiletischen Paradigmenwechsel - zumindest im katholischen Raum. Er offeriert ein Modellbuch, in dem er sorgfältig elaborierte Predigttexte für sämtliche Sonn- und Feiertage des Kirchenjahrs versammelt. Dabei greift er jeweils aus dem offiziell verordneten Perikopenensemble einen bedeutungsvollen Satz heraus und macht ihn zum thematischen Zentrum einer rund dreißig Minuten dauernden Erläuterungs- bzw. Erbauungsansprache. So war z.B. für den ersten Adventssonntag der Evangelientext Lukas, Kap. 21, vorgesehen, in dem es u. a. heißt: „Himmel und Erde werden vergehen, aber meine Worte werden nicht vergehen“ (Vers 33). Sprißler nimmt diese Jesusworte, also nur diesen einen Satz, zum Anstoß seiner Predigt, „daß Gleichgültigkeit gegen die christliche Wahrheit verwerflich“ sei - ein Aufruf zu theologischer Aufmerksamkeit für das Wort Gottes, woimmer es verkündet wird, und zum ernsthaften Bedenken desselben: „Was ist der Mensch? Wozu ist er erschaffen? Auf welchem Wege gelingt ein wahres Seelenleben?“ Und schließlich: „Was erwartet uns nach unserem Tod?“ - die Predigt als Ort existentieller Grenzfragen! - Oder für den zweiten Adventssonntag war als Episteltext eine Passage aus dem Römerbrief des heiligen Paulus vorgeschrieben. Sprißler greift den Satz Kap. 15, Vers 4 heraus: „Und alles, was einst geschrieben worden ist, ist zu unserer Belehrung geschrieben, damit wir durch Geduld und durch den Trost der Schrift Hoffnung haben." Sprißler macht daraus eine Predigt mit dem Leitgedanken: „Von der Gewinnung der christlichen Erkenntnis." Mehrfach wiederholt er in dieser Predigt den Zuruf: „Forschet in der Schrift!" - ein in der katholischen Pastoral der Zeit keineswegs selbstverständlicher Appell an die Laien, selber die Bibel zu studieren. Sprißler hat insgesamt 69 Predigten dieses Typs in seinem Buch vorgelegt. Es sind Modellreden für junge Kleriker mit dem Lernziel, die hörende Gemeinde das Jahr über und über die Jahre hinweg mit den Fundamentalien einer christlichen Lebensführung vertraut zu machen, mit christlicher Gesinnung, mit christlicher Anthropologie, mit christlicher Ethik. So finden sich Reden „Über des christlichen Ehestandes Würde und Weihe" oder „Vom Ursprung, Erwerb und Gebrauch irdischer Güter", ferner eine ausführliche Reflexion „Über den Reichtum", eine Warnung „Über das freventliche Richten Anderer". Es begegnen rhetorische Glanzstücke, die zumindest entfernt an die Redekunst von Sprißlers Landsmann Abraham a Sancta Clara erinnern, z.B. „Über die böse Sünde des Neids": „Hoffahrt ist eine schlimme Mutter, sie treibt Unzucht mit allen Tugenden und Lastern, sie gebährt gräßliche Töchter, Haß und Feindschaft und eine noch häßlichere, den Neid ..." etc. pp.

Sprißler unterbricht immer wieder die Serie seiner Sonn- und Feiertagspredigten, um reflexive Passagen zur „geistlichen Beredsamkeit" einzuschalten - „homiletische Bemerkungen", wie er diese Einschübe nennt, in denen er die vielfältigen Aspekte der Kanzelrhetorik thematisiert. Dabei gilt sein besonderes Augenmerk der Funktion der Predigt im liturgischen Vollzug der Messe. Mit dem sonntäglichen Gottesdienst sollte allen, die sich in der Kirche versammelt haben, ein Fest bereitet werden, eine feierliche Veranstaltung für die Mühseligen und Beladenen, die, von der Härte der Arbeit unter der Woche erschöpft, am Tag des Herrn einen Schimmer himmlischen Glücks erahnen sollten. Und selbstverständlich war unter den verschiedenen Elementen der Messliturgie der Predigt ein besonderer Rang zugedacht, denn nur in der Predigt konnte es dem Priester gelingen, in einen aktiven und intensiven Blickkontakt zu der hörenden Gemeinde einzutreten. - Die Messe als Fest, diese grandiose Vorstellung hat Sprißler, wie er ausdrücklich mitteilt, von dem Mainzer Homiletiker Markus Adam Nickel übernommen, der diese Idee in einem sechsbändigen Werk über „die heiligen Zeiten und Feste nach ihrer Geschichte und Feier in der Kirche" mitzuteilen versucht hat.

Sprißler war der Überzeugung, dass die Predigt eine Kunst sei, die zu erlernen ist – vorausgesetzt, dass man sich der Mühe unterzieht, die Texte großer Prediger der Kirchengeschichte zu studieren. Er führt namentlich auf, wer ihm selbst zum Lehrmeister geworden sei: Johann Wild (1497-1554), Ignaz Wurz (1731-1784), Esprit Fléchier (1632-1710), Johann Friedrich Schwabe (1779-1834), Claus Harms (1778-1855), Bernhard Dräseke (1774-1849), Johann Michael Sailer (1751-1832) und viele andere, Katholiken, Protestanten, gleichviel, allesamt Meister der „evangelischen Beredsamkeit". Sprißlers höchste Wertschätzung galt aber Erasmus von Rotterdam, einem der renommiertesten Theologen der Reformationszeit, der 1535 ein einschlägiges Werk publiziert hat: „Vier Bücher über die Kunst des Predigens" („Ecclesiastae sive De ratione concionandi quatuor libri"). Sprißler war vor allem von Teil I dieses Werkes fasziniert, in dem Erasmus die Würde des Predigeramtes und den darauf gegründeten Geltungsanspruch des Priesters im Sozialgefüge der Welt hervorhebt. Wir zitieren auszugsweise einige eindrucksvolle Sätze des Erasmus, die Sprißler aus dem Lateinischen ins Deutsche übersetzt und als Einschub in sein eigenes Predigtwerk übernommen hat:
„Das erste Erfordernis für einen Prediger ist unstreitig, daß er seinen hohen Beruf und sich selber achte, daß er nur Gott und Christus den Herrn über sich und sein Wirken in ihm wisse, dann wird keine Höhe und Tiefe ihn schrecken und die Zuversicht ihm rauben, daß er als

Prophet des Christentums für die große Angelegenheit des ganzen menschlichen Geschlechtes stehe und rede, ob es vor Vielen oder vor Wenigen, vor Königen oder Hirten, vor Gelehrten oder Unwissenden sei. ...Vernimm also deine Würde und wirf dich nicht selber als unbedeutend vor nichtigem Schimmer, vor höheren Stellungen weg. ... Ist das nicht groß, daß du mit himmlischen Kräften wirkest und deine kleine unansehnliche Herde sittlich und geistig mehren, groß und herrlich machen kannst? ... Es achte daher der Prediger sein Amt und sich selber, er wird es vermögen, wenn sein ganzes Leben und sein Bewußtsein im christlichen Gemeingeist wurzelt, aus dem er Wissen und Kraft zieht und den er in seinem Vortrag ausspricht, in seinem ganzen äußeren Halt und Benehmen kund gibt.... Erfasse daher einen deiner Waltung würdigen Stolz, ... sei eingedenk, wessen Schafe Du weidest, wessen Schätze du spendest, wessen Wort du redest, wessen Sache du führest, wem du Rechenschaft thun müssest, welcher Lohn dich erwarte – und von Wem, nicht von einem Bischofe sondern von Christo. - Wenn dieser Stolz dein Lehrer ist, wirst Du bald der christlichen Rede Meisterschaft gewinnen."

Erasmus setzt in seiner Schrift über das Predigtamt zweifellos einen sozialkritischen Akzent gegen die weltliche und geistliche Hierarchie. Sprißler vertieft diesen Akzent, indem er sich ausdrücklich an den niederen Klerus auf dem Lande wendet. So ergänzt er wiederholt den Erasmustext in auffälliger Zuspitzung: „Der geringste Landpfarrer, lehrt unser Erasmus, soll sich ebenso hoch als ein Bischof in seinem Amte fühlen. Auch einer kleinen Herde guter Hirt ist groß." Oder an anderer Stelle wiederholt er: „So höre also, armer Landpfarrer eines vergessenen Dörfleins, erkenne deine Würde, nicht daß du eitel anschwellst von Stolz, sondern daß du nicht deines Amtes Herrlichkeit durch den Beischlag unedler Dinge befleckest."

Indem Sprißler gerade diese Passagen aus der Erasmusschrift übersetzt und zum Teil auch verschärfend ergänzt in sein homiletisches Lehrbuch für junge Kleriker übernimmt, gibt er sein primäres Anliegen zu erkennen: Er intendiert die Bildung eines spezifisch priesterlichen Standesbewußtseins: Der Priester – und sei es der „geringste Landpfarrer" – ist in Wahrnehmung seines Amtes jedem Fürsten und allemal jedem Bischof, ja sogar dem König voraus, insofern er und nur er das Reich Gottes den Armen zu verkündigen ausersehen ist. Damit adelt der Priester nicht nur sich selber, sondern auch die hörende Gemeinde, das einfache Volk, die bäuerliche Unterschicht, den Vierten Stand, der überwiegend von Armut heimgesucht wird. Armut ist nicht unchristlich – im Gegenteil: die frühe Kirche, sagt Sprißler einmal an anderer Stelle, war ursprünglich eine Kirche der Armen.

Das Verhältnis zwischen niederem Klerus und niederem Landvolk ist für Sprißler nicht nur durch die pastorale Dimension des spirituellen Redens und Hörens im Kirchenraum definiert, sondern erst recht durch die vielfach gemeinsamen Lebensformen im Alltag. Priester und Volk lebten nahe beieinander, nicht unbedingt befreundet, aber durch gemeinsame Interessen vielfältig aufeinander angewiesen und zu mancherlei Partnerschaften und Solidaritäten veranlasst. In diesem engen, im Grunde nachbarschaftlichen Beziehungssystem zwischen Priester und Volk ergaben sich soziale Schnittmengen und, wie sich zeigen sollte, eine treffliche Voraussetzung für eine politische Allianz.

Ein letzter Einschub in die Serie von Predigten verdient Beachtung, obwohl der Sachzusammenhang desselben mit dem homiletischen Gesamtunternehmen Sprißlers sich nicht auf den ersten Blick erkennen lässt. Angekündigt wird eine Rezension über ein von dem protestantischen Theologen David Friedrich Strauß 1835 publiziertes Buch mit dem provokanten Titel: „Das Leben Jesu, kritisch bearbeitet." Strauß gilt als ein früher Vorbote der Entmythologisierungsexegetik des 20. Jahrhunderts und hat mit seinem Werk die wortgläubigen Bibelleser seiner Zeit zutiefst erschüttert. Er machte auf die zahlreichen Ungereimtheiten der Evangelientexte untereinander aufmerksam und scheute sich nicht, die erzählten Sachverhalte, die sich alltagsempirisch nicht bestätigen lassen, als „Mythen", als Phantasieprodukte, zu denunzieren, vor allem die Wundererzählungen.

Strauß löste mit diesem Werk unter den Theologen beider Konfessionen eine ungemein heftige und vielstimmige Diskussion aus. Die freundlichste Kritik katholischerseits stammte von Josef Sprißler, der in diesem bibelkritischen Werk von Strauß nichts weniger als „den Anfang einer neuen Periode in der theologischen Welt" erahnen zu dürfen glaubte. Er verwirft zwar die Mythentheorie von Strauß und kritisiert die Unangemessenheit des Begriffs „Mythos" für die Evangelientexte, räumt aber ein, daß nicht alles exakt so geschehen sein mochte, wie es die Evangelisten aufgeschrieben haben. Dennoch hält er daran fest, dass alles Erzählte im Neuen Testament als authentischer Reflex von Tatsächlichkeiten anzuerkennen sei. Diese Tatsächlichkeiten hinter dem überlieferten Text zu ermitteln, ist die Aufgabe der Bibelwissenschaftler. - So ungefähr gilt das bis zum heutigen Tag! - Für die Protestanten, sagt Sprißler, sei das Strauß`sche Werk eine Katastrophe, denn „das protestantische Dogma beruht lediglich auf der Inspiration der heiligen Schriften als einziger Quelle des christlichen Wissens, während dem Katholizismus eine zweite, die Schrift nicht nur als controllierende, sondern sogar als erklärende und vermittelnde Autorität zu Gebote steht – das in der Kirche fortlebende Wort, das allgemeine kirchliche Bewußtsein" - also kurzum, die „Tradition". Ungeachtet aller kritischen Einwände respektiert er aber den wissenschaftlichen Mut des protestantischen Theologen.

Überraschenderweise beschließt Sprißler seine kritische Rezension des Strauß´schen Werkes mit einem Bekenntnis der eigenen religiösen Gläubigkeit – es ist nicht, wie manch ein frommer Zeitgenosse erwartet haben mochte, der Text des tridentinischen Glaubensbekenntnisses mit all seiner peniblen Fülle von Glaubensartikeln, sondern Sprißlers Bekenntnis beschränkt sich auf zwei Axiome, auf zwei Sätze also, die eines Beweises weder fähig noch bedürftig sind. Er glaube an einen „persönlichen Gott" – womit er sich namentlich von dem latenten Pantheismus eines Spinoza oder Hegel oder Schelling oder eben auch Strauß distanziert, und er glaube - gegen die Überzeugung der radikalen Rationalisten seines Zeitalters - an eine persönliche „Fortdauer" unseres Lebens in einem wie auch immer beschaffenen Jenseits. - Mit diesem minimalen und dennoch grandiosen Bekenntnis seiner Rechtgläubigkeit gibt Sprißler zu verstehen, was die Leser seines Buches zu erwarten haben: wahrhaft christliche Predigten!

Sprißlers Ansehen als Theologe wurde im klerikalen Oberbau der Erzdiözese durchaus wahrgenommen, sodaß er zeitweise als Kandidat für eine Berufung als Professor an der theologischen Fakultät der Universität Freiburg gehandelt wurde. An welchem „Obstat" die akademische Karriere dann doch scheiterte, wissen wir nicht, aber gravierende Anlässe lassen sich sehr wohl vermuten.

Naheliegend wäre, daß man ihm seinen prominenten Auftritt in der „Affäre Amann" übel genommen hat. Johann Heinrich Amann, Professor für Kirchenrecht an der Universität Freiburg, selbst ein Zölibatär, hatte 1828 von zahlreichen Universitätskollegen gestützt eine Petition an die Zweite Kammer des badischen Landtags gerichtet, in der er die Parlamentarier aufforderte, bei der Regierung ein Verfahren zu erzwingen mit dem Ziel, den Pflichtzölibat zu liquidieren. Diese Petition wurde in der Kammer zwar verhandelt, blieb aber folgenlos. 1831 wiederholte Ammann diese Petition, nachdem er ein Circular an sämtliche Geistliche der Diözese verschickt und deren Unterstützung für seinen Aufruf erbeten hatte. Von insgesamt rund 1100 Priestern, die in einem Versiegelungsverfahren befragt wurden, beantworteten 156 seinen Aufruf positiv. Das Parlament versprach mit einer überwältigenden Mehrheit die Unterstützung in der vermeintlich demnächst abzuhaltenden Diözesansynode. Diese Petition war natürlich ein Affront gegen den Erzbischof, der aus dem gesamten Vorgang ausgeschlossen gewesen war. Ein Affront erst recht war freilich, dass 1832 in Freiburg eine Veranstaltung stattfand, in der Professor Amann für seinen mutigen Einsatz im Zölibatskonflikt öffentlich geehrt wurde. Die öffentliche Würdigung Amanns hatte Josef Sprißler übernommen. Seine Gratulationsrede enthielt ein hartes Plädoyer wider den Zölibat. Der Erzbischof reagierte erst, nachdem auch die Priesteramtskandidaten des Freiburger Seminars gegen den Zölibat zu protestieren begonnen hatten und der allerdings unbeweisbare Verdacht in Umlauf kam, dass Sprißler den Widerstand des Klerikernachwuchses inszeniert habe. So wurde er unverzüglich in das Ordinariat bestellt, um von dem Provikar Dr. Martin verhört zu werden. Sprißler wies die Unterstellung zurück und insistierte darüberhinaus auf dem Recht, gegen das Zölibatsgesetz zu reden, denn dieses sei kein Dogma, sondern lediglich ein disziplinarisches Gebot der Kirche, das prinzipiell veränderungsfähig sei.- Der Erzbischof nahm diese Erklärung widerspruchslos hin. Aber da die Professorenschaft der Freiburger Theologenfakultät in der Zölibatsfrage ohnehin besonders aufsässig war, wäre es plausibel, wenn er auf die Berufung eines weiteren Zölibatsgegners aus wohlerwogenen Gründen verzichtet hätte.

Schwerwiegender könnte ferner der Umstand gewesen sein, dass sich Sprißler einige Jahr später in den offenen Streit innerhalb der katholischen Kirche über die Einführung eines neuen Ritualbuches für die Erzdiözese Freiburg eingeschaltet hat – und zwar gegen den Erzbischof. Bei diesem Streit ging es, wie sich von Anfang an abzeichnete, um Grundsätzliches: Es wurde eine Art Religionskrieg geführt um die Identität der katholischen Kirche in Deutschland, - ein Krieg zwischen Reformern, Erneuerern, Modernisten einerseits und Traditionalisten, Konservativen, Altgläubigen andererseits. Ungekröntes Haupt der Reformer war Ignaz Heinrich von Wessenberg seit seinem Amtsantritt als Geneneralvikar der Diözese Konstanz im Jahre 1802 und er ist es geblieben auch über seinen 1827 erzwungenen Abschied aus dem Kirchendienst hinaus. Wessenberg veröffentlichte 1831 ein „Rituale“ für sämtliche geistlichen Verrichtungen in- und außerhalb des Kirchenraums, also Spendung und Empfang von Sakramenten, Weihungen und Segnungen, vor allem aber für den Messgottesdienst. Diesem Werk, das sich an Kleriker und Laien gleichermaßen wandte, wurde umgehend ein fulminanter Rezeptionserfolg beschert, sodaß schon 1833 eine zweite Auflage erschienen ist: „Ritual nach dem Geiste und den Anordnungen der katholischen Kirche oder praktische Anleitung für den katholischen Seelsorger zur erbaulichen und lehrreichen Verwaltung des liturgischen Amtes; zugleich ein Erbauungsbuch für die Gläubigen.“ Der Erfolg dieses Werkes war darin begründet, dass die heiligen Texte durchweg in bester deutscher Sprache abgefaßt waren – für „Ultramontane“ natürlich ein Ärgernis! Und so beschloss Erzbischof Boll, ein offizielles Ritualbuch der Diözese Freiburg dagegenzusetzen - mit der Vorgabe, eine „Wiederannäherung an das Römische Rituale nach Sprache, Inhalt und Form“ möglichst eng anzustreben. Zunächst sollten zwar nicht alle, aber doch die „verba essentialia“, die Schlüsselformulierungen lateinisch gesprochen werden (also z.B. die Wandlungsworte in der Messe „hoc est corpus meum“= „das ist mein Leib“, oder die Absolutionsformel in der Beichte „ego te absolvo a peccatis tuis“= „ich spreche dich los von deinen Sünden“, etc.)., sodass sich ein deutsch-lateinischer Mischtext ergab. Dieses sprachliche Verfahren entsprang durchaus einem theologischen Hintersinn. Der Erzbischof machte Wessenberg zum Vorwurf, dass er sein Gebetbuch nur als Mittel zur „Belehrung und Erbauung“ konzipiert und damit das entscheidende Momentum des liturgischen Vollzugs unterschlagen habe: die Vermittlung der „Gnadengaben“, die Offenbarung der „Geheimnisse Gottes“. Wessenberg und seine Anhänger mussten in dieserVorhaltung einen magischen Rest erkennen, der im Horizont der Aufklärung keinen Platz mehr verdiente. - Als das erzbischöfliche Werk 1835 dennoch ausgeliefert und zum Kauf empfohlen wurde, war der Widerstand der Kleriker insbesondere in den Regionen der ehemaligen Diözese Konstanz, also im weiland Wessenberg'schen Revier, besonders heftig, auch in Hohenzollern, wo namentlich der streitbare Pfarrer von Empfingen Josef Sprißler sein abschätziges Urteil unter das gläubige Volk brachte. Er soll auch ein förmliches Protestschreiben nach Freiburg gesandt haben. Wenn dies zutrifft, wird man sich nicht wundern, dass ihn der Bischof sich vom Leibe halten wollte und eine Berufung an die Freiburger Universität vereitelt

Kaum förderlich für eine katholische Kirchenkarriere war schließlich auch ein allzu freundliches Lutherportrait, das Sprißler 1837 in den „Freymüthigen Blättern" (Bd .12, 1837, S.92ff.) publiziert hatte – nach Heinrich Bornkamm das freundlichste Lutherbild des ganzen Jahrhunderts von katholischer Seite! Konfessioneller Indifferentismus war in der katholischen Hierarchie dieser Jahre keine hochgeschätzte Tugend.

Und also blieb Sprißler weiterhin in seiner hohenzollerschen Gemeinde und kümmerte sich weiterhin als gemeiner Landpfarrer um die häufig schwierigen Lebensverhältnisse der Bewohner in seinem Dorf.

Die Hohenzollerschen Lande waren vergleichsweise arme Territorien. Zahlreiche Dörfer waren übervölkert in dem Sinne, dass zu viele Hofstellen über zu wenig landwirtschaftliche Nutzflächen verfügten, sodass sich zahlreiche Familien von den eigenen Ernteerträgen nicht ausreichend ernähren konnten – eine Folge des geltenden Erbsystems der „Realteilung". Da sich im frühen 19. Jahrhundert eine Industrie, die Arbeitsplätze außerhalb der Landwirtschaft hätte bereitstellen können, noch nicht entwickelt hatte, herrschte oft genug Hunger in diesen Dörfern.

Sprißler war 1834 von Veringenstadt nach Empfingen umgezogen, in ein großes, aber auch besonders armes Dorf. Er übernahm unverzüglich die Organisation der Armenfürsorge, die schon sein Vorgänger im Amt, der Pfarrer Münzer, einige Jahre zuvor ins Leben gerufen hatte. Sprißler sammelte Spenden bei denen, die etwas übrig hatten, er forderte Zuschüsse von der Ortsverwaltung, vom Oberamt, auch von der fürstlichen Regierung zugunsten der Armen und sorgte für eine hinlänglich gerechte Verteilung der Mittel unter die Bedürftigen. Er erbettelte Naturalien, er installierte Suppenküchen, er appellierte an seine klerikalen Kollegen, von ihrem mehr oder weniger bescheidenen Einkommen ein Scherflein für die Armen abzutreten. Bei all diesen löblichen Anstrengungen mag er indessen sehr wohl eingesehen haben, dass eine noch so ambitionierte Almosenwirtschaft das Armutsproblem nicht zu lösen vermochte. Da war politisches Handeln geboten.

Immerhin hatte die fürstliche Obrigkeit von Hohenzollern Anfang der dreißiger Jahre, über die revolutionären Vorgänge in Paris erschrocken, eine Landesverfassung in Kraft gesetzt und die Konstituierung eines Landtags veranlasst. Sprißler kandidierte und wurde gewählt – mehr noch: die Abgeordneten erkoren ihn zum Präses des Landtags. In diesem Amt vertrat er eine „linksliberale Politik", d.h. er machte die Interessen der bäuerlichen Bevölkerung gegen die fürstliche Regierung geltend: Er ermahnte dieselbe zur Sparsamkeit und forderte Reformen, vorab die Beseitigung der immer noch bestehenden feudalen Restlasten der Bauern, er forderte Steuersenkungen, aber auch Investitionen zur Arbeitsbeschaffung. - Kurzum, Sprißler kontrollierte und kritisierte die Regierung – ohne bei derselben Furcht und Schrecken verbreiten zu wollen wie einige Radikale im Landtag, welche die fürstliche Obrigkeit zu entmächtigen drohten und die Errichtung einer Republik in Aussicht stellten.

Die Arbeit im Landtag war aufwendig und wurde finanziell nicht honoriert, sodass Sprißler genötigt war, seine Pfarrei in Empfingen, von der er seine Einkünfte bezog, weiterhin zu behalten. Damit nun die seelsorgerliche Betreuung der Dorfbevölkerung durch die politische Belastung ihres Pfarrers nicht vernachlässigt würde, stellte Sprißler einen von sämtlichen Landtagsabgeordneten gestützten Antrag an die Regierung, ihm einen Hilfsgeistlichen zur Seite zu stellen, der einen Teil der geistlichen Pflichten in Empfingen vertretungsweise übernehmen sollte. Der Antrag wurde aus welchen Gründen auch immer abgelehnt. Auch einem entsprechenden Antrag an den Dekan des Landkapitels Haigerloch, wozu Empfingen gehörte, wurde nicht stattgegeben. Bemerkenswert ist, dass offenbar kein Versuch unternommen worden zu sein scheint, die missliche Angelegenheit vom Freiburger Ordinariat bereinigen zu lassen. Wusste man schon vorab, dass politisierende Pfarrer dort grundsätzlich nicht erwünscht waren? So blieb Sprißler nichts anderes übrig, als sein politisches Mandat im Sommer 1837 aufzugeben, um materiell zu überleben, aber natürlich auch, um dem Seelsorgeauftrag in seinem Dorf gerecht zu werden. Er tat dies mit großer Sorgfalt, sodass ihm eine 1842 durchgeführte Kirchenvisitation ein vorzügliches Zeugnis ausstellte.

Dessen ungeachtet entfremdete sich Sprißler im Laufe dieser Jahre gegenüber der realexistierenden katholischen Kirche in steigendem Maße. Als die Liberalen in der Region Sigmaringen 1847 eine Zeitung gründeten - „Der Erzähler" -, lieferte Sprißler zahlreiche kritische Artikel zumal über kirchliche Missstände. Ob alle diese Beiträge ihm persönlich zuzurechnen sind, ist nicht zu entscheiden – sie sind anonym, also ohne Angabe des Verfassernamens, erschienen. Thematik und Schreibstil erlauben jedoch die Annahme, dass Sprißler der Autor war. Zentralaspekt aller dieser aggressiven Artikel ist die Kluft zwischen der ursprünglichen Idee des Christentums und der Praxis des gegenwärtigen Kirchenregiments. In diesem Reflexionsrahmen entfaltete Sprißler sein kritisches Räsonnement über die katholische Kirche in Geschichte und Gegenwart.

Sprißler übernimmt im Wesentlichen das Geschichtsbild Wessenbergs, wenn er die Gründungsphase der Kirche rühmt und ihre Depravation im Laufe der folgenden Jahrhunderte beklagt. Es ließen sich in der Geschichte der Kirche zwar immer wieder Ansätze eines Reformwillens erkennen, die in korrektiver Absicht auf das frühe Christentum als Normvorgabe verweisen, die aber am Widerstand einer reaktionären kirchlichen Hierarchie zu scheitern pflegten. Auch die Kirche der Gegenwart befinde sich zweifellos in einer Krise und bedürfe wieder einmal der Erinnerung an ihren ursprünglichen Anspruch.

In einer eindrucksvollen Artikelserie unter dem Titel „Freiheit, Brod und Kirche" markiert er die Substanz seiner religiösen Überzeugung. Das wahre Christentum, sagt Sprißler - sagt auch Wessenberg und sagen viele andere Aufklärungstheologen der Zeit -, sei eine Religion, die auf einem umfassenden Freiheitsversprechen gründe. Es enthalte die Botschaft einer Auslösung vom Joch aller Knechtung und Unterdrückung. Bürgen dieser Freiheitstheologie sind für Sprißler zumal die Apostel Paulus (Gal. 5,13, und 2 Kor. 3,17) und Petrus (1Petr.2,9), aber auch wohl Luther („Die Freiheit eines Christenmenschen"), der in diesem Zusammenhang nicht namentlich, aber doch indirekt zitiert wird. - Wohlgemerkt: „Freiheit" bedeutet für Sprißler nicht die Lizenz für ein beliebiges Tun und Lassen, bedeutet nicht „Willkür und Laune des Einzelnen" auf Kosten anderer, sondern gelte allein dem Schutzraum „jenseits der gesellschaftlichen Zwecke", somit nur jenem Bereich, welcher der „individuellen Bewegung" vorbehalten sei, dem persönlichen „Gewissen", dem „geistigen Selbstbewußtsein". Der Bezirk der Innerlichkeit, könnte man sagen, ist unantastbar. Diesbezüglich sei alle „Mittelbarkeit", also Beaufsichtigung, Bevormundung, Fremdbestimmung, ausgeschlossen. Oder um pointierend zu sagen, was er gemeint haben dürfte: das wahre Christentum garantiert die Freiheit von Angst. - Um diese Freiheit jedem Einzelnen zu gewährleisten, habe sich die frühe christliche Gemeinde auf eine spezifische Sozialordnung verständigt, sie habe sich „kommunistisch" organisiert: „Damit der Einzelne nicht dem Drange des äußeren Lebens erliege und sich wieder fangen lasse unter das tückische Dach der Knechtschaft durch Not und Armut und Hunger und Blöße, haben alle gesorgt und Brod gegeben, um die Freiheit zu bewahren." Freiheit setze Gleichheit und Brüderlichkeit voraus. „So hat das Christentum geredet, als es die Kirche gegründet in der Macht und Fülle seines Geistes. Darin bestand die Freiheit des Christentums und der ursprünglichen Kirche." So schreibt Sprißler in einem Artikel mit dem provokanten Titel „Kommunismus, Proletariat und Kirche" am 6. August 1847. Die Geschichte sei indes anders verlaufen als erhofft. Es habe sich in dieser christlich-kommunistischen Gesellschaft alsbald eine soziale Differenzierung ergeben, es habe sich eine Hierachie ausgebildet, welche Herrschaft über die Unterschichten auszuüben begann, sodass nach und nach „die vollendetste Feudalität der Geister und Leiber" entstanden sei. Die Kirche habe „usurpatorisch" ein Unterdrückungsregime errichtet und damit dem Volk das gebührende Selbstbewußtsein des Christenmenschen geraubt. Wer gegen diese „Usurpation" ankämpfe, habe zu gewärtigen, als „Verräter gescholten" zu werden.

Sprißler setzte mit solchen Presseartikeln eine informierte Leserschaft voraus. Informiert waren solche Leser, welche über die kurvenreiche Geschichte der katholischen Kirche in Deutschland seit Beginn des 19. Jahrhunderts zumindest in groben Umrissen Bescheid wussten und die innerkirchlichen Spannungen der unmittelbaren Gegenwart wahrzunehmen in der Lage waren. Mit besonderer Aufmerksamkeit werden die Gläubigen den Wandel der pastoralen Usancen in der Ablösung einer aufgeklärt-liberalen Klerikerschaft durch eine junge Priestergeneration verfolgt haben, die in einer ultramontanen Frömmigkeitskultur sozialisiert worden waren. Unübersehbar war, dass sich die Kirche zu einer strengen Indoktrinationanstalt auszubilden im Begriffe war, welche die Gläubigen auf breiter Front das Fürchten lehrte - nicht nur das gläubige Volk, sondern auch manchen Priester. Sprißler schreibt im Sommer 1848: „Schon jetzt fallen Dinge vor, die nur noch vor 10 Jahren im Traume kaum möglich gewesen wären. Namentlich der niedere Klerus ist der hierarchischen Willkür ganz überliefert. Ohne Untersuchung, ohne Verteidigung muß er sich beschimpfen, infamieren, bedrohen, einsperren lassen, sobald es einem frommen Anschwärzer, einem rachsüchtigen und ränkevollen Parteiführer, einem fanatischen Kirchenobern so gefällt."

Als das Frankfurter Vorparlament Wahlen zur Nationalversammlung ankündigte, verbreitete sich in der Bevölkerung eine große Ratlosigkeit, Umwälzungen, welche auch immer, wurden erhofft und befürchtet. Wen sollte man in die große Politik schicken? - Einen Mann des Vertrauens natürlich! Einen Mann, der nah bei den Menschen und mit deren Nöten vertraut war, einen Mann der Bescheid wusste und in der Öffentlichkeit reden konnte. Kleriker waren Personen, die Sonntag für Sonntag Gelegenheit hatten, ihre vertrauenswürdige Leistungsfähigkeit von der Kanzel herab unter Beweis zu stellen. Und also wurde Sprißler zur Kandidatur gedrängt und er gewann die Wahl mit einer eindrucksvollen Mehrheit. Übrigens war er nicht der einzige Kleriker der Region, dem diese Ehre widerfuhr: Im Nachbarwahlkreis wurde der Pfarrer Blumenstetter gewählt, in Konstanz der Pfarrer Kuenzer von der Spitalpfarrei. - Als Sprißler am 18. Mai 1848 zusammen mit 300 anderen Deputierten in die Paulskirche einzog, war er nach eigenem Zeugnis aufs Äußerste erschüttert: „Es war der größte Augenblick meines Lebens." Das berichtet er im ersten seiner ausführlichen Protokolle, die er regelmäßig aus Frankfurt nach Sigmaringen schickte und im „Erzähler" publizieren ließ. Sprißler erwartete offenbar, dass sich nun eine Wendung aller Verhältnisse zum Guten ergeben werde. Und so war es konsequent, dass er sich im Parlament der Fraktion der „Linken“ anschloss, weil er deren sozialpolitische Grundhaltung teilen zu können glaubte: die Sorge um den „Vierten Stand“. In der journalistischen Öffentlichkeit wurde ihm alsbald eine besondere Nähe zu Robert Blum nachgesagt („historisch-politische Blätter für das katholische Deutschland“ 1848, Bd.II. S.40), den er offensichtlich verehrte.

Die anfängliche Begeisterung des Abgeordneten Sprißler verflüchtigte sich jedoch rasch. Endlose Debatten zur Geschäftsordnung, ungebremste Redebeiträge über Quisquilien, thematisch destruktive Entgleisungen, disziplinlose Affektausbrüche – all das nahm Sprißler mit wachsendem Frust zur Kenntnis. Löblicherweise berichtete er über seine deprimierenden Parlamentserfahrungen immer wieder im Sigmaringer „Erzähler“. In der Hohenzollerschen Heimat erwartete man freilich vor allem Beschlüsse, welche die Lebenswelt der Bevölkerung spürbar hätten verbessern können. Da diese ausblieben, kam es trotz der schriftlichen Warnungen Sprißlers zu einem radikalen Umschwung: Bekennende „Republikaner“ übernahmen die Herrschaft der Protestbewegung, es kam zu Revolten wider die Regierung. Als Sprißler schließlich gerüchteweise zugetragen wurde, dass das Freiburger Ordinariat gedenke, die Pfarrei Empfingen anderweitig zu besetzen, legte er unverzüglich sein Mandat nieder und kehrte am 11. September 1848 zurück nach Hohenzollern.

Große Spuren hat Sprißler im Parlament nicht hinterlassen. Ein später Antrag verdient aber doch erinnert zu werden. Zur Beratung der Grundrechte reichte er den folgenden Text zur Religionsfreiheit ein: „Niemand darf zur Erfüllung religiöser Pflichten gezwungen, und Niemand kann wegen Nichterfüllung oder Verletzung derselben mit weltlicher Strafe belegt werden.“ Was meint dieser Antrag? - Teil 1 („Niemand darf ...“) ist eine Vorformulierung dessen, was in Artikel 4, Absatz 1 des Grundgesetzes der Bundesrepublik Deutschland als generelles Freiheitsrecht, wie folgt, festgelegt ist: „Die Freiheit des Glaubens, des Gewissens und die Freiheit des religiösen und weltanschaulichen Bekenntnisses sind unverletzlich.“ - Teil 2 („Niemand kann ...“) war im Grunde ein Vorschlag für ein spezielles Klerikerschutzgesetz und markierte die faktischen Grenzen der Konfliktfähigkeit des Priesters im strittigen Umgang mit der kirchlichen Obrigkeit: Der Bischof konnte einen Priester seines Amtes entheben (Suspension) oder auch aus dem Klerikerstand entlassen (Dimission), wenn er es aus kirchlichen Gründen für geboten hielt und die staatliche Behörde damit einverstanden war. Für den Betroffenen waren die Folgen fatal, denn ihm drohte im gegebenen Falle die ökonomische Erledigung seiner Existenz. Was sollte ein Priester dieser Zeit tun, wenn er aus dem Amt gedrängt wurde? Der bürgerliche Ruin war die „weltliche Strafe“, vor der es den Priester nach Sprißler zu schützen galt. - Sprißlers Antrag wurde am 12. September 1848, also einen Tag nach seinem Rücktritt, im Parlament aufgerufen, aber aus abstimmungstechnischen Gründen nicht mehr verabschiedet.

Anstatt einer ursprünglich vorgesehenen Rede zur Begründung des Antrags publizierte Sprißler wenige Tage später einen 10 Seiten starken Erläuterungstext, in dem er sein Grundanliegen ausführlich artikulierte. Er bekräftigte seine Überzeugung, dass der Einsatz von Zwang irgendwelcher Art gegen deviante Mitglieder innerhalb der Kirche mit dem Geist des Christentums nicht zu vereinbaren sei. Es müsse der Kirche verboten sein, „materielle Strafen an Freiheit, Vermögen, bürgerlicher Ehre“ zu verhängen, „körperliche Züchtigung“ müsse gänzlich ausgeschlossen sein. Denn das Christentum sei „seinem innersten Wesen nach Befreiung, Erlösung vom Druck des äußeren Lebens, von der Knechtschaft eines Gesetzes, das nicht innerlich veredelt, sondern nur äußerlich nötiget.“ Auf den ersten Blick scheint Sprißler mit dieser radikalen Feststellung den Sanktionsanspruch der christlichen Kirche gegen Normbrecher innerhalb der eigenen Reihen generell zu bestreiten. Aber das ist nicht der Fall: Er fordere keineswegs schiere „Straflosigkeit für Nichterfüllung oder Verletzung religiöser Pflichten; die Kirche soll auf dem ganzen ihr zuständigen Gebiete ihre Disciplin handhaben und ihr Strafrecht üben; aber ihre Strafmittel soll sie nicht von einem ihrer Natur und ihrem Zwecke fremden Boden herholen; d.h. solche Zwangsmittel und Strafen anwenden, welche dem weltlichen Gebiete angehören und mit Hülfe der weltlichen Macht in Anwendung gebracht werden müßten." Das heißt: Differenzen sind innerhalb der Kirche nicht mit der Ruinierung der bürgerlichen Existenz des Schwächeren zu lösen. Geistlicher Zwang sei „Hochverrath an Geist und Freiheit", heißt es, sei „Gotteslästerung". Christlich angemessene Mittel zur Lösung von Konflikten seien hingegen das „liebevolle Wort", die „wohlwollende Belehrung", die „ernste Mahnung", „preces et lacrymae" (Bitten und Tränen), im äußersten Fall aber, indem man dem „Unverbesserlichen" die Wahl lässt, sein eigenes Leben außerhalb seines Standes leben zu lassen, stets aber unter Verzicht jeglichen „weltlichen Zwangs". Die Ausübung der „materiellen Strafgewalt" sei indessen dem säkularen Polizeistaat vorbehalten, - selbstverständlich auch über den Priester, sollte dieser gegen die weltliche Rechtsordnung verstoßen haben. - Wenn nun die kirchliche Hierarchie den Anspruch erhebe, in einer Trennung vom Staat die Unabhängigkeit und damit auch eine interne Souveränität zur Anwendung materieller Gewalt zu gewinnen, so seien fatale Folgen zu befürchten. Die Hierarchie werde „instinktartig zum Religionskriege treiben und getrieben werden" - eine wahrhaft hellsichtige Prognose! Schon zu Beginn der 50er Jahre löste der Erzbischof von Freiburg Hermann von Vicari in dem Bedürfnis, die Kirche aus der Kontrolle des Staates zu lösen, einen Konflikt mit der badischen Regierung aus, der ein Vierteljahrhundert lang den religiösen Frieden im Lande schwer beeinträchtigen sollte.

Nach seiner Rückkehr nahm Sprißler unverzüglich seine Tätigkeit als Pfarrer in Empfingen wieder auf. In die revolutionären Geschehnisse vor Ort scheint er sich nicht aktiv eingeschaltet zu haben. Als aber zwei Monate später, am 9. November 1848, der Parlamentarier Robert Blum nach einem standgerichtlichen Verfahren in Wien erschossen worden war, ließ sich Sprißler von Vertretern der aufgebrachten Bevölkerung in Hohenzollern dafür gewinnen, diesen Repräsentanten der Revolution in einem öffentlichen Trauerakt zu würdigen. Die Feier fand statt am 27. November in der evangelischen Kirche von Sulz am Neckar, Sprißler hielt die Trauerrede. Über diese Veranstaltung wurde das Ordinariat in Freiburg durch Denunzianten umgehend informiert. Die Reaktion der kirchlichen Obrigkeit erfolgte nach offenbar reiflichen Beratungen mit einem Schreiben vom 23. Februar 1849. Da teilte nicht der Erzbischof persönlich, sondern der Domkapitular Dr. Johann Adam Martin im Auftrag des Ordinariats nicht unmittelbar dem Delinquenten, sondern dessen Vorgesetztem, dem Dekan von Haigerloch, mit, dass Jos. Sprißler, Pfarrer zu Empfingen, von allen geistlichen Verrichtungen suspendiert sei. Über diesen Beschluss möge der Dekan den Betroffenen in Kenntnis setzen und die Landesregierung darüber benachrichtigen. Die Suspension gelte zunächst nur „vorerst", um dem Suspendierten Gelegenheit zu geben, die Zweifel an seiner Rechtgläubigkeit und an seiner Loyalität gegenüber der katholischen Kirche auszuräumen: „Finden wir sofort die an uns einzureichenden Erklärungen des besagten Pfarrers genügend und beruhigend, so wird derselbe zur Besieglung seines Glaubens die ′professio fidei catholicae` feierlich ablegen, wie sie unser Ritual enthält."

Als Anlass der Strafmaßnahme wurden im Anschreiben des Suspensionstextes einerseits Sprißlers Rede auf Robert Blum und andererseits sein schriftlicher Beitrag zur Verfassungsdebatte über die Religionsfreiheit im Frankfurter Parlament aufgeführt. Anstoß erregte in der Blum-Rede Sprißlers zunächst dessen Bekenntnis zur Freundschaft mit einem „Aufrührer", der gegen die Obrigkeit zu den Waffen gegriffen habe, sowie das Bekenntnis der „Gesinnungsverwandtschaft" mit einem Mann, der aus der katholischen Kirche ausgetreten war und sich einer Sekte angeschlossen hatte, von der „kaum gewiß" sei, ob sie überhaupt „an einen Gott und eine Unsterblichkeit der Seele" glaube. Anstoß erregte ferner, dass Sprißler sich in dieser Rede erdreistet habe, diesen Robert Blum mit den weltweit bedeutendsten

Repräsentanten der Religionsgeschichte in eine Reihe zu stellen – mit Moses, mit Luther, ja sogar mit Christus. Einen gewöhnlichen Menschen mit dem „Gottmenschen Christus“ zu vergleichen , zeuge jedoch von „gänzlicher Unkenntnis und ungeheurem Leichtsinn“: „kein menschliches Opfer“ sei „mit dem Opfertod Christi in eine Parallele zu bringen“. Das sei schiere „Blasphemie!“ Soviel zur Blum-Rede! - Einen ganz unbefriedigenden Eindruck hinterlasse auch der Erläuterungstext, den Sprißler seinem gescheiterten Antrag zur Religionsfreiheit in der Verfassungsdebatte des Parlaments nachgereicht hatte. Eine kritische Hinterfragung verdiene insbesondere seine Freiheitstheologie: Was er dazu über „das innerste Wesen des Chistentums“ vorzubringen habe, nämlich „Befreiung und Erlösung vom Druck und Zwang des äußern Lebens“, lasse erkennen, dass er dieses „innere Wesen des Christentums“ offenbar in keiner Weise zu erfassen vermöge. Mit seinem abschätzigen Urteil über Kirche und Hierarchie bekunde er eine Einstellung, „die man sonst nur von den Feinden der katholischen Kirche zu hören gewohnt ist.“

Jedenfalls habe Sprißler mit seinen Verlautbarungen den Zweifel geschürt, „ob er der Gesinnung und der Überzeugung nach uns angehöre.“ - Der Schlußsatz lautet: „Bevor dies Alles geschehen sein wird“ - nämlich die schriftliche Distanzierung von den eigenen Aussagen im Sinne eines glaubhaften Widerrufs! -, „müssen wir von jeder Aufhebung der Suspension ferne bleiben, sowie Pfarrer Sprißler einsehen wird, daß er, wenn seine obigen Vorstellungen und Gesinnungen seine eigenen sein und bleiben sollten, er sich selber nicht einmal mehr als Glied der katholischen Kirche erkennen möchte.“ - Damit wird ihm im Grunde ein Ultimatum gestellt, welches seine Existenz bedroht : die Exkommunikation. - In einem Appendix zu diesem Schreiben des Ordinariats an Sprißler informiert ihn der zuständige Dekan Engst von Haigerloch, dass ein Pfarrverweser an Sprißlers Statt bereits ernannt worden sei und dass er, Sprißler, somit angewiesen sei, „das Erforderliche für kirchliche Verrichtungen“, u.a. Kirchen-, Tabernakel-, Taufsteinschlüssel, Gottesdienstordnung, Verkündbuch, Jahrtageverzeichnis, etc.p.p., unverzüglich auszuliefern.

Mit diesem Suspensionsakt des Freiburger Ordinariats war Sprißler nun schlagartig selbst in jene Lebenssituation versetzt worden, die er in seinen Frankfurter Verlautbarungen zur Freiheit der Religionsausübung verfassungsrechtlich hatte ausschließen wollen. Nun drohten ihm selber Konsequenzen, welche seine bürgerliche Existenz in Frage stellten: Wie sollte ein von der Kanzel verjagter Kleriker sein Leben fristen können? Also galt es zu entscheiden, ob er sich - „sofort“, wie gefordert - bedingungslos unterwerfen oder sich auf das Risiko eines Widerstandsverfahrens einlassen solle. Er wählte zunächst den Weg des Widerstands, die Rechtslage war nicht aussichtslos.

Die Fürsten der Oberrheinischen Kirchenprovinz hatten in der kirchenpragmatischen Verordnung vom 30. Januar 1830 den Bischöfen ihrer Länder eine uneingeschränkte Strafgewalt über die Geistlichen ihrer Diözesen versagt: „In Baden“, so heißt es in der Verordnung, „kann das erzbischöfliche Ordinariat gegen Geistliche, welche sich Disziplinarvergehen zu Schulden kommen lassen, geringere Disziplinarstrafen, nämlich Verweise, Geldstrafen bis zu 30 Gulden und Suspension von dem Amte bis zur Dauer von vier Wochen ohne Staatsgenehmigung verfügen, doch ist gleichzeitig mit einer solchen Verfügung das Erkenntnis abschriftlich an das Ministerium (katholische Kirchensection) einzuschicken, auch bleibt dem Beteiligten das Recht des Recurses offen.“ Diese Regelung fand eine entschiedene Missbilligung von Papst Gregor XVI., blieb aber unverändert in Geltung und wurde auch nicht verändert, als Erzbischof Demeter Ende der 30er Jahre den Versuch unternahm, in erneuten Verhandlungen mit der Staatsregierung eine Erweiterung der bischöflichen Strafgewalt gegen die Kleriker seiner Diözese zu erreichen.

Sprißler hat diese juristischen Regelungen zweifellos gekannt und auch gewusst, dass die hohenzollerschen Fürsten diese badische Regelung für die Pfarrer ihrer Länder übernommen hatten. Schon am 11. März 1849, zwei Tage nach Erhalt seiner Suspensionsstrafe, schickte er deshalb ein Schreiben an die fürstliche Landesregierung in Sigmaringen mit den, wie er meinte, ausreichenden Erklärungen seiner Schuldlosigkeit. Vorab weigerte er sich, diese Suspension „als im Rechte begründet anzuerkennen", er betrachte sie als „einen widerrechtlichen Raub an meiner Ehre, an meiner Wirksamkeit und meinem wohlverdienten Einkommen." Er protestiere zumal gegen das Verfahren, das ihn „ungehört", also ohne Gelegenheit zur Widerrede oder Erläuterung, „verurtheilt" habe. Für die in dem Ordinariatsschreiben geäußerten Zweifel an seiner Rechtgläubigkeit sei kein sachhaltiger Grund vorzubringen. Umgekehrt habe er Anlass zum Zweifel an der gebotenen Unbefangenheit des Herrn Erzbischofs, der im vorigen Sommer – also während Sprißlers Abwesenheit bei den Frankfurter Verhandlungen – in einem Brief an die Geistlichkeit in Hohenzollern dieselbe pauschal belobigt habe mit der namentlichen Ausnahme seiner Person. Er behalte sich vor, solche „Infamien" als Klage bei den Landesgerichten einzureichen. - Er schließt mit dem Satz: „Ich werde fortfahren, Alles aufzubieten, um die möglichen Folgen des unberechneten, gewaltthätigen und aufregenden Schrittes, zu dem sich das H. Ordinariat hat fortreissen lassen, ferne zu halten."

Die offizielle Bekanntgabe der Suspension Sprißlers – sie wurde von den Kanzeln verlesen – löste in der Bevölkerung seiner Gemeinde und in den umliegenden Dörfern einen spontanen Aufruhr aus. Es fanden Massendemonstrationen statt (am 11. März 1849 angeblich über 5000 Teilnehmer!), Unterschriften zugunsten Sprißlers wurden gesammelt und mit Protestschreiben versehen ins Freiburger Ordinariat verschickt. Kurzum, Sprißler war unversehens zu einem Volkshelden avanciert, was er offenbar auch genoss. In seinen öffentlichen Reden äußerte er Widerstandsgeist und Kampfbereitschaft. Die Empfinger Bauern weigerten sich, den vom Ordinariat bestellten Pfarrverweser anzunehmen und verwehrten diesem unter Androhung von Gewalt den Zutritt ins Dorf und in die Kirche. Sprißler sah sich ermutigt, sein Amt als Seelsorger uneingeschränkt fortzusetzen, er feierte Messen, er taufte, er beerdigte. Solange sein Einspruch gegen das bischöfliche Suspensionsurteil von der staatlichen Behörde nicht beantwortet wurde, durfte er annehmen, dass ihm zumindest befristet erlaubt sei, wie er handelte.

Die Zurückhaltung von Kirche und Staat im Streitfall Sprißler ist möglicherweise darauf zurückzuführen, dass diese Institutionen mit anderweitig Wichtigem überlastet waren. Kirche und Staat im Südwesten, insbesondere der Freiburger Erzbischof Hermann von Vicari und die staatliche Kirchenbehörde im Großherzogtum Baden, gerieten seit 1849/50 in einen jahrelang währenden Konflikt über die Erweiterung der bischöflichen Regierungsvollmacht gegenüber dem Staat. Zu den zahlreichen Differenzen zwischen diesen Institutionen gehörte auch der Anspruch des Erzbischofs auf ungehemmte Gerichtsbarkeit über den katholischen Klerus. - Gleichzeitig verloren die Hohenzollerschen Länder durch die Abdankung der regierenden Fürsten 1849 ihren Status als selbständige Staatsgebilde und wurden als eigene Regierungsbezirke in das Königreich Preußen integriert. Dieser Regierungswechsel hatte erhebliche Anpassungsveränderungen in der Verwaltung zur Folge, sodass weniger brisante Angelegenheiten vorderhand wohl aufgeschoben werden durften. Sprißlers Einspruch wurde von staatlicher Seite jedenfalls nicht beantwortet.

Da Sprißler auch von Seiten des Ordinariats von Repressionsmaßnahmen verschont blieb, hätte er sich auf einigermaßen sicherem Wege wähnen können. Das war aber anscheinend nicht der Fall. Je länger seine Ungewissheit dauerte, desto mehr scheint er über die Legitimität seines Handelns in Zweifel geraten zu sein. Wer ihm schließlich eingeredet haben mochte, durch sein angeblich rechtswidriges Verhalten dem Status der „Irregularität" verfallen zu sein, wissen wir nicht. „Irregularität" ist ein Terminus des Kirchenrechts und bezeichnet einen Schuldzustand aufgrund von Verstößen besonderer Gravität wie z.B. „Apostasie", „Haeresie" oder „Schismatismus". Verstöße dieser Art konnte allein der Papst vergeben. Sprißler, so wird man vermuten müssen, war im Begriffe, seine Nerven zu verlieren, als er am 24. Dezember 1849 einen Brief an den „Heiligen Vater" schrieb, in dem er sich selbst der „Irregularität" bezichtigte und inständigst um Absolution bettelte. Die taktische Bewandtnis dieses sieben Seiten langen Briefes an die Römische Kurie ist schwer zu durchschauen. Sprißler stilisiert sich da als ein allseitig angefeindetes Opfer. Er beklagt sich zumal über das Verfahren, das die Freiburger Kurie gegen ihn vollzogen habe: Man habe ihn, falschen Denunziationen böswilliger Klerikerkollegen folgend, unter Verletzung seiner Grundrechte („jura fundamentalia") suspendiert. Man habe ihn verurteilt, ohne ihn vorab angehört oder angeklagt zu haben. Der Dorfbevölkerung, deren enthusiastische Unterstützung er noch einige Monate zuvor genossen hatte, macht er nun den Vorwurf, ihn genötigt zu haben, ungeachtet seiner Suspension die geistlichen Pflichten als Gemeindepfarrer zu verrichten. Kurzum, Sprißler sucht sich zu entlasten, indem er die Verantwortlichkeiten verschiebt. - Hat er tatsächlich geglaubt, dass er, ein gewöhnlicher Dorfpfarrer aus Hohenzollern, mit diesem Lamento in Rom Gehör finden werde?

Der archivalische Bestand gibt allerdings Anlass, den Sachverhalt zu hinterfragen. Sprißlers Brief an den Papst vom 24. Dezember 1849 wird im Freiburger Diözesanarchiv in der Personalakte „Sprißler" aufbewahrt. Dieser Brief ist in feinster Kanzleischrift verfasst und von „Joseph Sprißler" namentlich unterschrieben. Der Brief ist jedenfalls nicht als Kopie kenntlich gemacht, sondern erweckt im Gegenteil den Anschein, ein Original zu sein. Der Verdacht drängt sich auf, dass Sprißler seinen Brief an den Papst, wie es der Dienstweg vorsah, zur Kenntnisnahme zunächst an das Freiburger Ordinariat schickte, damit er von dort nach Rom weitergeleitet werde, was aber, wie es scheint, nicht geschehen ist. - Sollte dies tatsächlich der Fall gewesen sein, wäre dies ein wahrhaft zynischer Streich gewesen, denn Sprißlers Bitten um eine Aufhebung seiner Suspendierung durch den Erzbischof wurde stets mit dem Bescheid abgewehrt, dass seine Absolution vorab vom Papst erklärt werden müsse (Schreiben des Domkapitulars Dr. Ludwig Buchegger vom 24. Dez. 1852).

Das Freiburger Ordinariat regte sich jedenfalls nicht und ließ den Sünder weiterschmoren. Einige Monate später kapitulierte Sprißler und erklärte seine Bereitschaft, die vom Ordinariat verhängte Bedingung für eine Aufhebung seiner Suspension zu erfüllen – nämlich die „Professio Fidei", das Tridentinische Glaubensbekenntnis, feierlich abzulegen - ein zweifellos demütigender Akt der Unterwerfung für einen in jahrzehntelangem Kirchendienst bewährten Kleriker. Das diesbezügliche Protokoll ist im Freiburger Diözesanarchiv aufbewahrt und sei, wie folgt, zitiert:
„Geschehnis Haigerloch. 1. Juni 1850. Vormittags ½11 Uhr im Pfarrhaus zu Empfingen durch Dekan Engst von Haigerloch im Beysein des Pfarrers J. Sprißler zu Empfingen und als Zeugen der Kapitels-Senior Pfarrer Jacob Breitinger von Bietenhausen und der Pfarrer Daniel Beutter von Betra. Auf die am 28. Mai d.J. von Pfarrer Sprißler an das Dekanat gemachte Mittheilung, daß er ganz willig und bereit sei, die von ihm verlangte Professio fidei abzulegen und von seiner Seite das Mögliche zur Beendigung der bewußten Angelegenheit zu thun, wurde schriftlich nach geschehener Verständigung oben genannter Tag, Stunde und Ort dazu bestimmt und zwar das Pfarrhaus zu Empfingen aus Ursache der Kränklichkeit des Pfarrers Sprißler. - Vorgenannte erschienen zur Vornahme dieser heiligen Handlung in feierlicher Priesterkleidung /:Chorrock, Stola :/ Vor dem Crucifix 2 brennende Wachskerzen und dem Evangelienbuch beten sie gemeinsam das Veni Creator mit Verf. u. Oration/: S. 5 u. 6 des Diözes. Benedictionale, auf dieses legte Pfarrer Joseph Sprißler von Empfingen deutlich

und vollständig die Professio fidei in lateinischer Sprache nach dem Benedictionale S.168-172 wirklich und aufrichtig ab. Geschlossen wurde dieser Act mit dem Te Deum.

Für die Wahrheit und Richtigkeit des Vorstehenden unterzeichnen eigenhändig
Empfingen am 1. Juni 1850
Pfarrer J. Sprißler
Erzbischöflicher Decan Engst
Zeugen: Pfarrer Breitinger von Bietenhausen
Pfarrer Beutter von Bebra."

Sprißler muss diese Vorleistung in der Tat als tiefe Kränkung empfunden haben – und dies um so mehr, weil die Resonanz aus dem Freiburger Ordinariat ausgeblieben ist. Der Erzbischof verweigerte ihm offenbar die Glaubwürdigkeit und nahm den Suspensionserlass auch weiterhin nicht zurück. Wohl aber fanden hinter Sprißlers Rücken Verhandlungen statt zwischen dem Freiburger Ordinariat und der preußischen Staatsregierung in Sigmaringen. Beschlossen wurde eine Vertreibung Sprißlers von seiner bisherigen Wirkungsstätte. Man gewährte ihm ein Niederlassungsrecht nur an Orten, die mindestens 10 Stunden von Empfingen entfernt waren. Sprißler wurde über diese Vereinbarung am 17. Februar 1851 unterrichtet, ohne zuvor gehört worden zu sein.

Klärungsbedürftig war nun noch die materielle Zukunft des in die Frührente gezwungenen Sprißler. Ungeachtet seiner professionellen Entpflichtung in Empfingen bezog er zunächst noch in vollem Umfang das ihm als amtierendem Pfarrer zustehende Einkommen von der Gemeinde, von dem er allerdings, da er selber in Empfingen nicht mehr tätig sein durfte, einen Pfarrverweser finanzieren musste. Nun wurde ihm auch diese Regelung gekündigt. In einem Schreiben vom 24. Dezember 1852 teilte ihm der Domkapitular Buchegger mit, dass die Gemeinde Empfingen wieder mit einem regulären Pfarrer ausgestattet werden solle, sodass ihm, Sprißler, sein bisheriges Einkommen aus der Gemeinde zukünftig versagt werden müsse. Man gewähre ihm zum Ausgleich den „Tischtitel". Dieses Wort bezeichnet die von der Kirche garantierte Mindestsumme für dienstuntaugliche Priester. Sprißler wurden in dem Schreiben des Ordinariats insgesamt 300 Gulden pro Jahr in Aussicht gestellt – ein Geldwert, der zu Sprißlers Zeit für´s Sterben zwar zu hoch, für´s Leben aber zu gering war: umgerechnet (über den Daumen gepeilt) = 250 Euro pro Monat für Miete und Essen!

Die Autoren Helmut Engisch und Hans Peter Müller haben in ihrem Buch über Josef Sprißler einlässlich die Demütigungen referiert, die dem suspendierten Geistlichen von Seiten des Freiburger Ordinariats widerfuhren. Flehentliche Bitten Sprißlers um eine Aufstockung der Rente seien wiederholt abschlägig beschieden oder nur geringfügig - einmal um 100, ein andermal um 50 Gulden! - erfüllt worden. Vorschläge des Haigerlocher Dekans, Sprißler eine der kleinen geistlich verwaisten Landpfarreien im Dekanat zuzuweisen, seien von Freiburg strikt zurückgewiesen worden. Am 9. August 1860, nach zehnjährigem Zerwürfnis, habe sich Sprißler noch einmal mit einer förmlichen Versöhnungsbitte an den Erzbischof gewandt. Vicari selbst habe diese Bitte mit der Aufforderung beantwortet, dass Sprißler „im Allgemeinen dasjenige, was er bezüglich der Lehre, Satzung oder des Gehorsams gegen die Kirche gefehlt habe, mißbillige und zurücknehme." Im Übrigen empfehle er Sprißler, sich an den Papst selbst zu wenden, um die Angelegenheit endlich abzuschließen.

Am 16. Februar 1861, so berichten Engisch und Müller in ihrem Buch, habe Sprißler das Ordinariat über den Dekan unterrichten lassen, dass er entschlossen sei, seinen Fall nun endlich vor einem weltlichen Gericht verhandeln zu lassen und dass er willens sei, die Affäre im Berliner Abgeordnetenhaus bekannt zu machen. Das Ordinariat reagierte umgehend und erhöhte den Tischgeldbetrag für Sprißler auf 700 Gulden pro Jahr. Damit war er kein reicher Mann geworden, aber er war der Armut entronnen.

Und noch etwas haben Engisch und Müller in ihrer detektivischen Neugier herausgefunden: Sprißler sei während seines Hechinger Altersexils mitunter in einem Wirtshaus gesehen worden – in Begleitung einer Frau: Barbara Dobler habe sie geheißen und habe rund dreißig Jahre zuvor einen unehelichen Sohn auf die Welt gebracht.

In Hechingen ist Josef Sprißler am 17. Juni 1879 gestorben. Daselbst ist auf dem Friedhof auch heute noch sein Grabstein zu sehen.

Appendix:

Sprißlers Brief an Papst Pius IX. vom 24. XII. 1849 (aus dem Lateinischen ins Deutsche übersetzt mit Hilfe des Latinisten Ernst Knobelspieß in Konstanz).

Hochheiligster Vater!
In aller Demut wagt es der unterzeichnete Priester, sich mit den untertänigsten Bitte an Eure Heiligkeit zu wenden, dass Sie ihn vom Vorwurf der Irregularität gütigst absolvieren mögen. Was er begangen habe, ist nicht aus eigenem Antrieb oder gar böswillig geschehen, sondern in bester Absicht und im Willen, der kirchlichen Autorität und dem kirchlichen Frieden zu dienen. Möge Eure Heiligkeit dem Folgenden Gehör und Glauben schenken.

Die Ursache ergibt sich aus dem folgenden Anlass: Ich bin aufgrund des höchst ehrenvollen Vertrauens meiner Landsleute als Abgeordneter in die deutsche Nationalversammlung nach Frankfurt gesandt worden. Dort und auch nach meiner Rückkehr habe ich allerlei Schrifttum publiziert. Diese zugegebenermaßen unzureichenden Äußerungen konnten falsch gelesen werden, zumal dann, wenn mir in einer böswilligen Lesart ein mir ferner Sinn unterstellt wurde. In einer üblen Verfälschung meiner Aussagen hat man mich einer mangelhaften katholischen Rechtgläubigkeit geziehen und mich dementsprechend niedergemacht.

Tatsächlich geschah dies: Meine Worte, übel ausgelegt, bösartig verfälscht und somit in ihr sinnwidriges Gegenteil gewendet, wurden dem hochverehrten Ordinariat in Freiburg durch Denunzianten zugetragen und bestätigten daselbst, wie es scheint, das dort vorherrschende Vorurteil wider mich. Hinzugefügt wurden lügenhafte und künstlich zugespitzte Zweideutigkeiten, es wurde mir ein falscher Schein verpasst. Ohne die Umstände der Angelegenheit weiter zu untersuchen, hat der Richter, vorab von meiner Schuld überzeugt, den Prozess gegen mich auf falsche Weise veranstaltet, nämlich vom vorgefaßten Ausgang aus. Er hat mich bestraft, ohne mich angehört und mich verfahrensgemäß verurteilt zu haben, er hat mir die Fortsetzung meines Dienstes als Seelsorger verboten, er hat mich suspendiert.

Wie und auf welcher Rechtsgrundlage dies alles hat geschehen können, weiß ich nicht. Dennoch und trotz der unüblichen Vorgehensweise und nicht meinetwegen, sondern aus Sorge und der Sache der Kirche wegen und ungeachtet der schmerzhaften Verletzung durch die Strafe meiner Amtsenthebung habe ich mich ohne zu zögern unterworfen. Allergehorsamst habe ich mich der kanonischen Gewalt unterworfen, auch wenn mich diese gerade nicht kanonisch behandelt hatte. Der Großteil und auch der vortrefflichste Teil meiner Pfarrangehörigen hat sich deswegen über die Maßen empört.

Empört waren die Gläubigen der Gemeinde, weil man ihren Pfarrer, den sie fünfzehn Jahre lang als wahren Katholiken und einen im Dienst der Sache Christi unermüdlich tätigen Mann kennen und schätzen gelernt hatte, nun fälschlich angeklagt und widerrechtlich bestraft hat. Und man empörte sich an meiner Stelle.

Fundamentale Rechte, der deutschen Nation soeben erst wiedergewonnen, sind dadurch betroffen, angegriffen, ja verraten worden, und man hat sich voller Argwohn gefragt, wie weit gegen einen Deputierten des Volkes eine förmliche Untersuchung geführt werden dürfe, weil er in öffentlichen Versammlungen und Ausschüssen, die mit politischen Angelegenheiten befasst sind, mitgewirkt habe. Dies war zumal der Grund, warum sich die Mehrheit des Volkes über das mir angetane Unrecht erregte und jeden Appell zur Entspannung zurückweisend erst recht in eine hitzige Bewegung geriet. Es drohten allergrößte Gefahren für den Frieden der Kirche und der Bürger.

Soweit ich konnte, habe ich mit Ermahnungen, klugem Zureden und mit Bitten diesen Aufstand abzuwehren versucht, aber alles Drängen auf Versöhnung oder Unterwerfung war vergeblich. Wenn der an meiner Stelle eingesetzte Vikar seinen Dienst zu verrichten sich anschickte, wurde er von der Bevölkerung voller Entrüstung abgewiesen. Meine Pfarrkinder haben mich, den vom Hochwürdigsten Ordinariat Abgesetzten, wieder eingesetzt und mich von meinem Haus zur Kirche geleitet, um den heiligen Dienst zu leisten.

Ich bin durch die drohende Bewegung des Volkes in Angst geraten und habe nachgegeben, ich habe wiederum mit der Seelsorge begonnen, keineswegs in böser Absicht, auch nicht in Vorwegnahme des endgültigen kirchlichen Urteils, selbst dann, wenn dieses ungerecht sein sollte, auch nicht im Hass gegen die kirchliche Macht, selbst dann, wenn diese ihre Gewalt ungut gebrauchen sollte, sondern einzig und allein in der Absicht, die Gemüter zu besänftigen und einem Skandal zuvorzukommen, damit keine Spaltungen und und vielfältige Wirren entstehen, die andernfalls unvermeidlich drohten.

Die Lage der Dinge angemessen erwägend, bevor sie „ernsthaft" zur Verhandlung anstehen, habe ich mich entschlossen, jetzt Rechenschaft abzulegen.

Nach der Vorschrift des kanonischen Rechts habe ich gewiss falsch gehandelt, das weiß ich, das räume ich ein, das bekenne ich und ich leide darunter, aber es war nicht meine Schuld, sondern vielmehr die Schuld derjenigen, die bei reiflichem Bedenken gesetzwidrig gegen mich vorgegangen sind. Indem sie Grundrechte („iura fundamentalia") missachteten, haben sie die öffentliche Meinung gegen sich selbst und gegen ihr Sachanliegen aufgebracht. Ihre Schuld besteht im Abfall vom Gesetz, das die Hochwürdige Kurie zu Freiburg zuvor selbst genehmigt und erlassen hat, sie besteht in dem in keiner Weise zu verteidegenden Urteil der Kurie gegen einen Mann, der in einem Zeitraum von 32 Jahren geprüft und stets tadellos befunden worden ist, sowohl im Dienst als auch im Glauben und in seinen Sitten, - gegen einen Mann, der deshalb öffentliches Vertrauen gewonnen hat und der jetzt unvorhersehbar und rücksichtslos in dieses Strafverfahren verstrickt worden ist.

Ja, ich habe wohl in der Sache gegen das Gesetz verstoßen, der Form nach aber nur geringfügig Durch mein Handeln habe ich gegen das Gesetz verstoßen, nicht aber gemäß meiner Gesinnung. Ich habe gegen das Gesetz verstoßen, um das Gesetz zu erfüllen, zu festigen und in seinem Bestand zu bewahren. Ich habe gegen das Gesetz verstoßen, um das Gesetz wirksamer zu schützen. Im Falle von kollidierenden Pflichten habe ich mich stets an das gehalten, was mir das Gewissen und die Vernunft geboten, ansonsten habe ich dem Gesetz gehorcht.

Schismatische Spaltungen, kirchliche und bürgerliche Unruhen habe ich nicht nur in meiner Pfarrei abgewehrt, sondern auch in der Region, soweit ich sie zu überblicken vermochte. Der gnädige Gott hat mein eindringliches Bitten und Flehen erhört und mir mit seiner Inspiration geholfen, die heftig aufbrausenden Leidenschaften des Volkes zu besänftigen und auch die Hassausbrüche etlicher Priester zu beruhigen, die im öffentlichen Ruf als Denunzianten galten und als Urheber meiner Suspension verdächtigt wurden.

Ich habe gegen das Gesetz verstoßen, aber ich habe es getan in der Absicht, den betrüblichen Vorfällen Einhalt zu gebieten, die unvermeidlich aus jener Gesetzesverletzung resultierten, welche der Hochwürdigsten Kurie von Freiburg zuzurechnen ist. Diese hat Recht und Gesetz verletzt, verdorben, gelähmt.

Ich habe gegen das Gesetz verstoßen, wie einst die Söhne des A. Postumius und des M. Torquatus gegen das Gesetz verstoßen haben, als sie gegen eine vorab getroffene Vereinbarung die Victoria zurückbrachten.

Ich habe gegen das Gesetz verstoßen und wegen dieses Verstoßes erleide ich nun die Strafe. Ich bin dem Urteil der Irregularität verfallen, welches das Hochwürdigste Ordinariat über mich verhängt hat.

Darüber bin ich traurig, aber ich beschwere mich nicht, ich klage nicht an, ich leiste keinen Widerstand, ich stifte keinen Unmut. Prüfen Sie unvoreingenommen. Ich unterwerfe mich gehorsam.

Ich unterwerfe mich all jenen, denen ich die gebührende Achtung nicht erbracht habe, damit dem Gesetz und dem Ansehen desselben die ursprüngliche Reinheit und Kraft wieder zukomme.

Nach dem Beispiel meines Herrn und Erlösers, dem nachzufolgen seinen Jüngern auferlegt ist, will ich zulassen, dass das, was andere gesündigt haben, meiner Sündenschuld zugerechnet werde.

Das Kreuz nehme ich um des Kreuzes willen auf mich.

Daher bekenne ich, in der Sache gegen das kanonische Recht gehandelt zu haben. Ich will bei Eurer Heiligkeit für dieses Vergehen demütigst Abbitte leisten und zugleich ergebenst und inständigst bitten, den Status meiner Irregularität aufzuheben. Ich erbitte von Eurer Heiligkeit, von Eurer Gnade und Güte und Menschlichkeit, die der Erdkreis rühmt und bewundert, die Wiederherstllung meines vorigen Zustands.

Zu Füßen Eurer Heiligkeit niederfallend
und dieselben mit Küssen bedeckend
verbleibe ich Euer tieffrommer Sohn und untertänigster Diener.

J. Sprißler, Pfarrer

Gegeben zu Empfingen in der Erzdiözese Freiburg
am Vorabend der Geburt unseres Herrn Jesus Christus
24. Dezember 1849.

Aloys Benedikt Pflanz (1797- 1844)

Schriften von Pflanz:

Freymüthige Blätter über Theologie und Kirchentum. 1832 -1844

Über das religiöse und kirchliche Leben in Frankreich. 1836

Der römische Stuhl und die Kölner Angelegenheit. 1838

Doktor Fridolin Hubers Leben und literarisches Wirken – eine demselben aus Veranlassung seines Priesterjubiläums von mehreren seiner Verehrer gewidmete Denkschrift. 1839.

Schriften über Pflanz:

Hagen August: Die kirchliche Aufklärung in der Diözese Rottenburg: Benedikt Alois Pflanz. 1953.S. 279 – 335.

Burkard Dominik: Benedikt Alois Pflanz: Integrationsfigur des liberalen süddeutschen Katholizismus im 19. Jahrhundert. 2004.

Aloys Benedikt Pflanz war gebürtiger Ostschwabe. Er ist 1797 in dem Dorf Espachweiler unweit der Stadt Ellwangen geboren worden und in einer bitterarmen Familie aufgewachsen. Seine Bildungsgeschichte verlief typisch: Nach dem Besuch der Dorfschule fand er einen Geldgeber, wahrscheinlich den Pfarrer im Ort, der ihm die Fortsetzung seiner Schulzeit am Gymnasium in Ellwangen ermöglichte, vielleicht sogar auch, zumindest teilweise, die ersten Semester an der Universität Ellwangen, wo er sich 1815 für ein Studium der katholischen Theologie inskribierte. Als diese Fakultät 1817 auf Veranlassung der württembergischen Regierung geschlossen und nach Tübingen umgesiedelt wurde, war auch Pflanz genötigt, in die schwäbische Bildungskapitale zu wechseln, um sein Studium abzuschließen. 1820 wurde er in Rottenburg zum Priester geweiht. Den Gepflogenheiten folgend übernahm er zunächst einige Kaplaneistellen (Höchstberg, Duttenberg, Oberndorf), wo er, wie es scheint, keine Lebensperspektive zu gewinnen vermochte. 1823 ließ er sich als Lehrer am Untergymnasium in Ehingen anstellen. Er erweiterte seine schulspezifischen Kenntnisse und legte 1824 das Professoratsexamen ab. 1826 hatte er das Glück, an das traditionsreiche Gymnasium in Rottweil berufen zu werden. Er unterrichtete die Fächer Religion und Geschichte, die alten Sprachen und war auch für Frankreichkunde zuständig. Pflanz fand alsbald Anschluss an bildungsbürgerliche, politisch liberal gesinnte Kreise in der Stadt, was sich aus zwei signifikanten Indizien erschließen lässt:

Als 1831 in Württemberg Landtagswahlen angesetzt wurden, hat eine namentlich nicht näher zu definierende, aber in der Stadt offenbar einflussreiche sog. „Gesellschaft“ Aloys Pflanz zur Kandidatur aufgefordert, er stellte sich zur Wahl und wurde mit einer eindrucksvollen Mehrheit gewählt. Und er wiederholte diesen Erfolg, als 1833 erneut zur Wahl aufgerufen wurde. Pflanz war im Landtag Angehöriger der liberalen Fraktion, er vertrat dementsprechend liberale Positionen in der Kirchen- und Schulpolitik und scheute sich auch nicht, gegen konservative katholische Meinungsführer (Freiherrn von Hornstein!) anzutreten. Öffentliches

Ansehen erwarb er sich durch sein mutiges Eintreten für die Freiheit der Presse. Die Stadtväter von Rottweil honorierten seine mutigen Auftritte im Parlament mit der Verleihung der Ehrenbürgerwürde (1835).

Lebensgeschichtlich noch bedeutsamer wurde für Pflanz eine Entscheidung, die wiederum von eben dieser namentlich nicht näher zu definierenden „Gesellschaft" in Rottweil getroffen wurde, nämlich eine liberalkatholische Zeitschrift zu gründen: „Freymüthige Blätter über Theologie und Kirchenthum". Der Titel gibt die Tendenz zu erkennen: Man annoncierte ein Presseorgan, in dem ohne Hemmung durch obrigkeitliche Behinderungen auch kritische Äußerungen über die Religion und ihre institutionelle Ordnung zugelassen sein sollten. Damit stellten sich die „Freymüthigen Blätter" in die Konkurrenz zu „ultramontan", also spezifisch „römisch" orientierten „Kirchenblättern" in Deutschland, die den einschlägigen Lesemarkt dominierten. Vornehmlich ist in diesem Zusammenhang die seit 1821 erschienene Zeitschrift „ Der Katholik" zu erwähnen, ein Blatt zur „Belehrung und Warnung"! Belehrt sollten die Leser werden in allem, was die römische Kirche für lehrenswert hält, gewarnt sollten sie werden vor allen diesbezüglich kritischen Geistern: „ Fest gekräftigt im Glauben an die Göttlichkeit unserer Kirche und an die Gottheit ihres Stifters, werden wir als eine große Gunstbezeugung desselben ansehen, wenn wir auch Andere von den Wahrheiten, die wir mit unserem Blute besiegeln würden, überzeugen." Das Versprechen, im Kampf für diese einzig wahre römische Kirche das Martyrium zu riskieren, ist im Blick auf die vergleichsweise friedfertigen Verhältnisse der Zeit pure Großmäuligkeit.

Zu Beginn der 30er Jahre wurden weitere Zeitschriften ähnlicher Gesinnung angekündigt, z. B. „Sion. Eine Stimme in der Kirche für unsere Zeit. Eine religiöse Zeitschrift, zugleich auch eine Hausbibliothek für fromme katholische Familien".(1831) Die Wucht dieser streng römisch-katholischen Publizistik hat bei den Aufklärern, den Liberalen, den Reformern im Lande offensichtlich das Bedürfnis geweckt, sich mit einem Organ an die Öffentlichkeit zu wenden, das dem fortschrittlichen „Geist der Zeit" entsprechen sollte. Während der erste Jahrgang der „Freymüthigen Blätter" 1830/31, wie gesagt, ohne Nennung eines verantwortlichen Redakteurs veröffentlicht worden ist, bekennt sich Aloys Pflanz in allen folgenden Ausgaben zur Identität seiner Herausgeberschaft. In der Wahrnehmung dieser Aufgabe, profilierte er sich als zweifellos bedeutendster Publizist im konfessionell katholischen Diskursfeld seiner Generation.

Pflanz markiert seinen kirchenpolitischen Standpunkt im Vorwort zur Ausgabe von 1832, wie folgt: „Daß eine Zeitschrift, die es sich zur Aufgabe gemacht hat, der Sache der Aufklärung das Wort zu reden gegen den Obskurantismus, in vielen Herzen Anklang findet, ist ein Beweis, dass der letztere noch nicht so weit um sich gegriffen hat, als uns die Koryphäen desselben gerne glauben machen möchten. An Euch vorzüglich wende ich mich, denen die Religion eine heilige Sache ist, an Euch, die Ihr überzeugt seid, daß mit ihr das Wohl der Menschheit stehe und falle! Seht! Es haben sich Wächter vor die Pforte der Kirche Jesu gesetzt, trotzig und kühn, sie behaupten, das Christentum zu bewachen, aber sie bewachen außerwesentliche, veraltete Formen, sie geben vor, für die Kirche Iesu zu kämpfen, und sie brechen ihre Lanzen für Mönchtum und Jesuitismus, sie nennen sich die Streitmacht des Papstes und sie sind die Satelliten einer unheiligen Kirche.Verachtet und verhaßt wird durch sie und ihr unheiliges Streben der echte Katholizismus bei Tausenden von denen, die in seinem Schoße geboren sind. Darum droht unserer Kirche die größte Gefahr von ihren Mitgliedern selber!" - „Obskuranten": im Jargon der Zeit sind das die Feinde der Aufklärung, die romhörigen Katholiken im Lande, die sog. „Ultramontanen". Diesen wird nun von Aloys Benedikt Pflanz die öffentliche Gegnerschaft angesagt.

Am 15. August 1832 publizierte die römische Kurie eine Enzyklika von Papst Gregor XVI. an die deutschen Bischöfe, in der er seine tiefen Sorgen um die katholische Kirche in Deutschland zum Ausdruck bringt: „Ietzt ist die Stunde der Finsternis“, schreibt der Papst, „eine zügellose Freiheit feiert freche Siege.“ Die Kirche Petri erleide großes Ungemach. Es gelte, die Feinde zu erkennen und ihre aufrührerischen Forderungen zu bekämpfen: „Zügellose Meinungsfreiheit, Redefreiheit, Neuerungssucht“! Da sei es geboten, sich der klugen Sorge der Väter des Tridentinischen Konzils zu erinnern, die den Entschluss gefasst hätten, den „Index“ einzurichten, ein Institut, das den Vertrieb und die Lektüre gefährlichen Schrifttums unter Strafe stellte.

„Gefährliches Schrifttum!“ - Aloys Pflanz hatte allen Grund anzunehmen, dass auch die „Freymüthigen Blätter“ unter der Beobachtung der römischen Indexkongregation stehen würden. So ist es durchaus nachvollziehbar, dass er sich durch die päpstliche Brandrede persönlich betroffen fühlte und sich zu einer rüden Replik entschloss, die er 1834 in seiner Zeitschrift publizierte und die hier auszugsweise zitiert sei: „Wir müssen von Herzen bedauern, daß der Hirtenbrief Sr. Päpstlichen Heiligkeit ein gewaltiger Verstoß gegen die öffentliche Meinung ist und überhaupt wegen Intoleranz und Verdammungssucht der nicht nach römischer Vorspiegelung Glaubenden der päpstlichen Würde in den Augen der Gebildeten aller Confessionen schaden muß. - Ist wirklich der Verfall der Religion und das Verderbnis der Sitten so allgemein? - Wo? - Wahrscheinlich zu Rom, in den päpstlichen Staaten in Italien, - in Deutschland noch nicht!“ Wenn der Papst behaupte, dass in Deutschland „die Majestät des Gottesdienstes von gottlosen Menschen getadelt, entheiligt, verspottet“ werde, müsse man im Blick auf die heilige Praxis ehrlicherweise konstatieren, dass in Deutschland noch viel fehle, ehe man von einer „Majestät des Gottesdienstes“ sprechen könne: Was also ist zu tun? „Man verdränge zuerst den Quark von unverständlichen und veralteten, unbrauchbar gewordenen Formeln, womit der Gottesdienst noch überladen ist, besonders die lateinische Sprache, die nicht zur Erbauung dienen kann, sondern die darauf berechnet ist, das Volk in der Dummheit und Unmündigkeit, ja die ganze katholische Kirche in Deutschland in der Geistessklaverei vom römischen Stuhl zu erhalten.“ Am Ende seiner 58 Seiten langen Antwort erlaubt sich Pflanz einen drohenden prognostischen Satz: „Ein starker Geist ist wirklich aufgewacht, es ist der Geist der Reformation, die Macht der öffentlichen Meinung! Wer könnte sich rühmen, ihn je beschworen zu haben? Keine Gewalt tut dies, nur die Zeit!“ - Die Zukunft, will Pflanz damit sagen, ist auf unserer Seite. Die Aufklärung ist nicht aufzuhalten.

Die von Aloys Benedikt Pflanz rund anderthalb Jahrzehnte lang allein redigierte Zeitschrift ist in ihrer Tendenz durchweg konstant geblieben und bezeugte inhaltlich einen bewundernswert weitreichenden Horizont. Sie erschien in mehreren Heften pro Jahr und lieferte damit eine regelmäßige Lesestoffmenge von jeweils über 500 Seiten. Mit „Abhandlungen“, die er selbst verfasst oder Gleichgesinnten in Auftrag gegeben hat, beteiligte sich Pflanz am kritischen Diskurs über Zustände und Vorgänge innerhalb der katholischen Kirche. Er kritisiert den päpstlichen Primatsanspruch, er macht sich Gedanken über den Zölibat der Kleriker und er vergisst auch nicht, die spezifischen Rechte der Laien in der Kirche zu erörtern. Er fordert Toleranz gegenüber Andersgläubigen. Er lässt ausführlich in einer Reihe von Beiträgen das von den Ultramontanen skandalisierte Werk von David Friedrich Strauß zur Entmythologisierung der Evangelien diskutieren. Nachdrücklich fordert er die Einberufung von Synoden.

Dabei galt sein Blick nicht nur den Verhältnissen seiner Heimatregion in der „Rheinischen Kirchenprovinz“, sondern reichte auch darüber hinaus in die übrigen Staaten des deutschen Bundes. Bemerkenswert ist sein engagiertes Interesse am „religiösen und kirchlichen Leben in Frankreich“. Die diesbezüglichen Kenntnisse hatte er sich Mitte der dreißiger Jahre auf einer Reise durch Frankreich verschafft. Intensiv befasste er sich mit Henri de Saint-Simon („Le nouveau christianisme“, 1825) und Felicite de Lamennais („Paroles d`un croyant“ 1834). Nicht hoch genug zu würdigen ist die Entdeckung des Theologen (und Mathematikers) Bernard Bolzano, den Pflanz anlässlich eines Besuchs in Böhmen persönlich kennen gelernt und zur Mitarbeit in den „Freymüthigen Blättern“ hatte anwerben können. Bolzano lieferte zwischen 1837 und 1843 Jahr für Jahr je nachdem längere oder kürzere Beiträge zu einer Philosophie der Religion, die freilich manchen Leser überfordert haben mochten. Natürlich kam dabei auch die Affäre um Bolzanos Exkommunikation zur Sprache. - Mut bewies Pflanz mit seiner romkritischen Schrift zum Streit über den päpstlichen Vorbehalt gegenüber der Eheschließung konfessionell differenter Brautpaare, indem er sich für eine liberale Ordnung im Sinne Wessenberga einsetzte: „Der römische Stuhl und die Köllner Angelegenheit.“ (1838) Ergänzt wurde das intellektuell anspruchsvolle – allzu anspruchsvolle? - Programm der Zeitschrift schließlich durch einen regelmäßig umfangreichen Rezensionsteil, in dem das neu erschienene Schrifttum mit Theologie und Kirche berührenden Themen umfassend zur Kenntnis genommen und sorgfältig besprochen wurde.

Um den Geist und das intellektuelle Profil der Zeitschrift sinnfällig zu demonstrieren, sei das Register eines beliebig ausgewählten Jahrgangs zitiert:

„Freymüthige Blätter – Inhaltsverzeichnis 1843:

Vorwort.

Abhandlungen und Aufsätze:

Über die Stellung der kirchlichen Parteien.

Das Zusammenwirken des Klerus.

Verwahrung der deutschen Kirche gegen die Folgen einer kirchenrechtlichen Übung und Sitte.

Über die Verbesserung der entlassenen Strafgefangenen.

Von der Macht der Autorität in Sachen des Wissens und Glaubens.

Fragmente über einige wichtige Gegenstände im Gebiete der philosophischen und religiösen Forschungen: Über das Verhältnis des Wissens zur Erkenntnis des Göttlichen. / Das Verhältnis der dogmatischen Theologie zu den antireligiösen Richtungen der gegenwärtigen Zeit. / Gründliches Bedenken gegen die Beförderung des Sieges der Vernunft über die Wahngläubigkeit durch die neueste Richtung der philosophischen Spekulation. (Bolzano). / Die Nichtigkeit der neuen Lehre von der Identität des Ich und Nicht-Ich und des Endlichen und Unendlichen. (Kritische Auseinandersetzung mit der Philosophie des deutschen Idealismus).

Über die Einheit der Lehre der Apostel.

Die Clerikalkleidung.

Über den Grund und die Natur der Rechte der Domkapitel während der Vakanz des bischöflichen Stuhles.

Der Theophilantropismus in Frankreich am Ende des vorigen Jahrhunderts. Ein Beitrag zur Geschichte der Culte.

Über Erholungsreisen der Geistlichen. (Forderung der Lizenz, von Zeit zu Zeit den Dienstort zu verlassen und sich umzusehen, was andernorts geschieht).

Das Concil von Pisa.

Einige Betrachtungen über die neuesten Verhandlungen zwischen dem römischen Hofe und dem Kaiser Nikolaus von Rußland in Betreff der unierten Griechen und der lateinischen Kirche.

Wichtiger Streit zwischen der katholischen bischöflichen Behörde und dem katholischen Schulrat des Kantons Graubünden im Jahr 1843.

Drohende Zeichen eines bevorstehenden Krebsgangs in der Liturgie der französischen Kirche.

Die Wiedereinführung jesuitischer Moral.

Neueste Vorgänge in Betreff der gemischten Ehen in Ungarn.

Über die Verhältnisse zwischen Staat und Kirche und die Grundlagen ihrer möglichen Eintracht.

Verhandlungen der sigmaringischen Landstände über den Priestermangel.

Die neuesten Schritte französischer Bischöfe in Bezug auf den philosphischen Unterricht an öffentlichen Lehranstalten.

Zur Kenntnis der kirchlichen Zustände in Bayern.

Rezensionen."

Pflanz hat diese Arbeitsleistung über all die Jahre hinweg nebenberuflich erbracht, das heißt: neben seinem Brotberuf als Professor am Gymnasium in Rottweil. Zwar hat er nicht alle Beiträge in seiner Zeitschrift selbst verfasst, sondern er musste „Leiharbeiter" anheuern, was schwierig war, weil er, wenn überhaupt, allenfalls dürftige Honorare zahlen konnte. Selbstverständlich hatte er bei diesem Geschäft ein umfangreiches Lesepensum zu bewältigen, um unter diesen Bedingungen geeignete Autoren für eine Mitarbeit zu gewinnen.

An dieser Stelle sei noch einmal daran erinnert, dass Pflanz als württembergischer Bürger in württembergischen Bildungsanstalten sozialisiert und als württembergischer Katholik der Diözese Rottenburg angehörte. So wäre es naheliegend gewesen, prominente Personen geistlichen Standes zur Mitarbeit einzuladen, die dem Staat und der Kirche Württembergs angehörten, z. B. den einen oder anderen Professor der Theologie an der Universität Tübingen, den Pflanz während seines Studiums kennengelernt hatte. Die Herren Drey, Möller oder Hirscher, die in Frage gekommen wären, verwalteten jedoch bereits ihre eigene Zeitschrift – die „Theologische Quartalschrift" - und wären wahrscheinlich auch nicht willens gewesen, die romkritische Tendenz von Pflanz in diesen Jahren mitzutragen.

Wie es dazu kam, dass sich Pflanz an Wessenberg wandte, um ihn für eine Unterstützung der „Freymüthigen Blätter" zu gewinnen, lässt sich aufgrund der Quellenlage leider nur spekulativ erschließen. (Wessenbergs Briefe sind, worauf immer wieder mit Bedauern hinzuweisen ist, leider in den Wirren des Zweiten Weltkriegs verloren gegangen). Nachweisbar ist aber, dass Pflanz ab 1830 eine Korrespondenz mit Wessenberg eröffnete. Die Anregung dazu mochte er von Fridolin Huber erhalten haben. Huber und Pflanz waren als Mitglieder des Dekanats Rottweil miteinander bekannt oder sogar befreundet. Huber war von allem Anfang an und blieb bis zu seinem Tod 1841 ein eifriger Autor der „Freymüthigen Blätter", Pflanz wiederum bedankte sich dafür, indem er Huber aus Anlass von dessen 50jährigem Priesterjubiläum 1839 eine stattliche Festschrift widmete. Huber also dürfte Pflanz die Idee vermittelt haben, dass eine Beteiligung Wessenbergs an der Zeitschrift einem Akzeptanzerfolg derselben im Milieu der Aufklärer weit über Rottweil und auch über Rottenburg hinaus dienlich wäre. Man darf annehmen, dass umgehend eine Kooperation vereinbart wurde. Die Gründung eines reformorientierten und romkritischen Journals entsprach evidentermaßen einem beidseitigen Interesse. Der im weiteren Umfeld wenig bekannte Gymnasialprofessor war darauf angewiesen, eine Galionsfigur für die programmatische Ausrichtung der geplanten Zeitschrift zu gewinnen. Wessenberg war seinerseits darauf angewiesen, nach dem Untergang des von ihm ein Vierteljahrhundert lang redigierten „Archivs für die Pastoralkonferenzen" eine Presseplattform zu finden, die es ihm erlaubte, seine nach wie vor romkritischen Ansichten einer entsprechenden Leserschaft mitteilen zu können. Jedenfalls waren die „Freymüthigen Blätter" in den Jahren ihres Bestehens das Bindeglied für die geistige Liaison zwischen Pflanz und Wessenberg. Pflanz publizierte buchstäblich alles, was ihm Wessenberg zum Druck angeboten hat, mitunter auch Reprints von anderweitig bereits publizierten Texten. Exemplarisch seien im Folgenden einige Titel der Wessenberg´schen Essays aufgeführt: „Vom Einflusse der weltlichen Politik auf die Bestrebungen nach einer Kirchenreform." (1834), „Über das Verhältnis des Christentums zum socialen Leben der Völker, veranlaßt durch die Schrift des Abbé La Mennais `Paroles d´un croyant`"(1834). „Beleuchtung des Einflusses, den die Politik auf die Verhandlungen und das Ergebnis des allgemeinen Conciliums von Basel für die Kirchenreform ausgeübt hat." (1835). „Das Verhältnis des römischen Stuhls zur katholischen Kirche und zu den Staaten und Völkern der Christenheit." (1838) Etc. Als überwältigende Leistung Wessenbergs würdigte Pflanz schließlich in einer von ihm selbst verfassten Rezension die 1840 in vier Bänden erschienene Geschichte der Konzilien von den Anfängen bis Trient. Pflanz stellt in der Besprechung des Werkes gleich einleitend heraus, dass kein antiquarisches Unternehmen zu erwarten sei, sondern eine im Grunde aktuelle Kampfschrift: „Das Werk ist willkommen in einer Zeit wie die unsrige, wo das Bedürfnis einer Reform so dringend gefühlt und der Ruf nach Synoden vernommen wird."

Die Qualität der von Pflanz organisierten Zeitschrift verdient hohe Anerkennung bis zum heutigen Tag. Dennoch gelang es Pflanz zu seiner Zeit nicht, dem zunächst allmählichen und dann Fahrt aufnehmenden Siegeszug der Ultramontanen Einhalt zu gebieten. Pflanz war sich dessen durchaus bewusst. Im Heft I des Jahrgangs 1837 machte er im Vorwort zum Thema darauf aufmerksam, was leider der Fall war: „Unsere Hoffnungen, das können, das dürfen wir uns nicht verhehlen sind im Verlauf der letzten Jahre und Jahrzehnte weiter hinausgerückt, Furcht aber sollen, dürfen wir nicht kennen, wenn wir anders der Sache treu dienen wollen, die wir die unsrige nennen. Im Gegenteil, wenn wir es mit der Sache redlich meinen, so brauchen wir nicht nur mannhaften Mut, sondern auch eine entschlossene, kaltblütige Verzichtleistung auf alles das, was man eigenen Vorteil nennt. Wer wohl die Wahrheit sagen möchte, wenn er nicht befürchtete, bald da, bald dort anzustoßen, der taugt in unserer Zeit nicht zu ihrem Verteidiger. Wer den schwarzen Talar mit dem violetten vertauschen und seine Brust mit einem Kreuz zieren möchte, dem raten wir, sich dem Speyrer Katholiken und dessen Meinungsgenossen anzuschließen, bei uns wird er die Rechnung nicht finden.“ (In Speyer residierte der Domkapitular Nikolaus Weis, Herausgeber der ultramontanen Zeitschrift „Der Katholik“). Es gelte, die ungerechtfertigten Machtansprüche der kirchlichen Hoheit zu erkennen und sich zu wehren: Die römische Kirche begnüge sich keineswegs damit, die Angelegenheiten Deutschlands geregelt zu sehen, sie wolle dabei „stets an Macht, Ansehen und Einfluß“ gewinnen. „Ihr Grundsatz war von jeher, nichts für gewonnen zu halten, wenn nicht Alles gewonnen ist.“ Daher fordere sie eine radikale „Rückkehr zum Alten, wobei Alles, was seit dem Emser Kongress (1786) verhandelt worden war, als das Neue, Schädliche, Aufzugebende“ bezeichnet werde. Die Bischöfe hätten sich damit abgefunden, dass sie, wenn sie auch nicht Alles wollen, was Rom will, doch nichts wollen, was Rom nicht will.“ Pflanz schließt sein Schreiben „An die Leser“ mit der rührend hilflosen Devise: „Vernunft und Wahrheit müssen siegen!“ Dies ist ein Appell, der aus dem Zweifel geboren ist.

Aloys Pflanz hat 1837 seine Professur in Rottweil aufgegeben und die letzten Jahre seines kurzen Lebens als Gemeindepfarrer in kleinen schwäbischen Dörfern zugebracht – angeblich des Pfründeinkommens wegen, das höher gewesen sein soll als sein Gymnasiallehrergehalt in Rottweil. Vor allem aber ließen ihm die bescheidenen Dienstpflichten in diesen Gemeinden die Zeit, um den wachsenden Aufwand für seine Zeitschrift zu bewältigen.

Am 23. November 1844 ist Aloys Benedikt Pflanz nach kurzer schwerer Krankheit in dem Dorf Schörzingen bei Rottweil gestorben. Wessenberg hat ihm zum Abschied die folgenden Verse gewidmet und im Dezemberheft des Jahrgangs 1844 der „Freymüthigen Blätter“ post mortem veröffentlicht:

Nachruf an Pflanz

Friede dir jetzt in der Zone,
Wo auf ewig lichtem Throne
Wolkenlos die Wahrheit strahlt!
Sie zu schaun war hier Dein Streben,
Ihrem Dienst gabst Du Dein Leben,
Nie mit Lügengold bezahlt.

Achtend nicht des Heuchlers Spottes
Tilgtest Du im Garten Gottes
Pflanzen, nicht von Gott gesät,
Und du widersprachst vor Allen,
Brüstete in Tempelhallen
Sich ein Lügner als Prophet.

Mögen dir die Gleißner fluchen!
Mögen sie es noch versuchen!
All´ihr Toben ist umsonst.
Einzig frommer Erdenwaller
Folgt dir dort der Segen aller
Wahrheitsfreunde, wo du wohnst.

Appendix / Miszellen:

Vorschnelles Totengeläut eines späten Ultramontanisten
am Vorabend des Zweiten Vatikanischen Konzils:
„Bereits im Gründungsjahr der Freymüthigen Blätter trug die katholische Aufklärung den Keim des Todes in sich. Pflanz war ein Ausläufer und Nachzügler der Aufklärung nach der kirchenrechtlichen Seite, ein blasser und verkümmerter Spätling ohne Erbe. Als junger Mann machte er sich an ein Alterswerk und scheiterte. Im Kampf für seinen liberalen und gereinigten Katholizismus verzehrte er sein Leben. Es ist eben schwer, sich von Irrtümern loszumachen, in denen man aufgewachsen ist, und es gehört viel Selbstverleugnung dazu, zurückzunehmen, was man früher öffentlich verfochten hat. Pflanz hatte nicht bloß wie ein schlechter Politiker auf eine falsche Karte gesetzt und sich in den Aussichten der Konjunktur zufällig getäuscht. Vielmehr waren die gegnerischen Kräfte, rein für sich betrachtet, die besseren und stärkeren. Er und seine Sache krankte an religiöser Flachheit und an schöpferischer Ohnmacht. Auf der anderen Seite stand ein überzeugter und unverkürzter katholischer Glaube, eine geistige Tiefe und mitreißende Begeisterung für die kirchliche Freiheit."

Abschließendes Urteil des Dr. Dr. August Hagen,
ordentlichen Professors für Kirchenrecht an der
Universität Würzburg (1934 bis 1947) und
Generalvikars der Diözese Rottenburg (1948 bis
1959) In: „Kirchliche Aufklärung in der Diözese
Rottenburg, S. 335.

Aphorismen von Aloys Benedikt Pflanz:

„Der Zweck der Neuerer ist, die Fundamente einer neuen menschlichen Institution zu legen und zu bewirken, daß die Kirche, die göttlich ist, menschlich werde."

„Eine Kirche, die den freien Geist des Menschen in Fesseln schlägt, kann keinen Anspruch auf Liebe erheben."

„Wer der sich aufschwingenden Lerche in der freien Luft die Bahn vorzeichnen will, der muß im Stande sein, sich ebenso hoch zu erheben als sie. Wer ihr aber die Flügel beschneidet, beherrscht sie auf leichtere Weise. Letzteres ist das ganze Geheimnis des neueren Curialismus und das höchste Ziel der Ultramontanisten."

„Wenn man nicht gegen den Strom schwimmen kann, so ist es mannhafter, in demselben mannhaft aufrecht zu stehen, als sich von der Strömung forttragen zu lassen."

„Freund! Die Zeit der Ernte ist noch nicht gekommen. Wenn Du nur säen willst, wo du selbst und bald ernten kannst, so suche Dir einen anderen Acker, der unsrige fordert eine längere Geduld!

„Der Geist des Christentums läßt sich nicht in Fesseln schlagen, die der Eigennutz, die Herrschgierde und der Pharisäismus geschmiedet haben, er äußert seine Kraft überall und zu allen Zeiten und bricht sich jederzeit Bahn durch die Bollwerke menschlichen Unverstandes."

„Von einem Dornstrauch kann man keine Feigen ernten."

Karl Alexander von Reichlin-Meldegg (1801 – 1877).

Schriften von Reichlin-Meldegg:

Theologische Abhandlungen. 1829

Vorschläge zur Verbesserung in unserer katholischen Kirche. In „ Darmstädter Allgemeine Kirchenzeitung" Jg. 43/1831.

Geschichte des Christentums von seinem Ursprunge bis auf die neueste Zeit. Bd. 1,1

Einleitung zu dem Studium der Kirchengeschichte. 1830 und Bd. 1,2 Erster Zeitraum von Christus bis auf die Alleinherrschaft Constantins des Großen. 1831.

Sendschreiben an den Erzbischof Boll 1831

Akt des Übertritts und der Aufnahme des Dr. Karl Frhr von Reichlin aus der römisch katholischen Kirche, nebst seinem Glaubensbekenntnis, abgelegt den 20. Februar 1832 in der evangelischen Stadtpfarrkirche zu Freiburg. 1832.

Heinrich Eberhard Gottlob Paulus und seine Zeit. 2 Bde. 1853

Das Leben eines ehemaligen römisch-katholischen Priesters. Eine Jubelschrift 1874 (Autobiographie)

Schriften über Reichlin-Meldegg:

Friedrich von Weech: Allgemeine deutsche Biographie. Bd.27/1880 /S.681f.

Friedrich Wilhelm Graf: Neue Deutsche Biographie. Bd. 21/2003/ S.318.

Badische Biographien, 3.Teil, S. 126f. (ohne Angabe des Verfassers).

Wilhelm Frank: Über die Verbesserungsvorschläge des Professors von Reichlin-Meldegg.
In: Der Katholik. Bd. 44/1832.

Sebastian von Drey: Rezension von Bd. 1,1 der „Geschichte des Christentums" in der „Theologischen Quartalsschrift" 13, S.103-137.

Anonym: Wider die römische Verketzerungssucht. Gutachten eines aufrichtigen Canonisten über die von der katholischen Kirchenzeitung erhobene Anklage gegen D. Frhrn v. R.-M. in Freiburg. 1831.

Karl Alexander von Reichlin-Meldegg ist 1801 als Spross eines alten Kleinadelsgeschlechts geboren worden und ist in Freiburg aufgewachsen. Der Vater, ein studierter Jurist, war im badischen Staatsdienst als Hofgerichtsrat tätig, starb aber schon 1812 und hinterließ eine finanziell nur dürftig versorgte Familie mit drei Kindern. Karl Alexander, der Älteste, war offenbar intellektuell begabt und erhielt deshalb ein langfristiges staatliches Stipendium, welches ihm erlaubte, seine höhere Schul- und Universitätsausbildung zu finanzieren. Er inskribierte sich im Wintersemester 1817/18, also als Sechzehnjähriger, in der theologischen Fakultät der Universität Freiburg und beendete sein Studium nach Vorlage einer Dissertation über einen altpersischen Religionsgründer, dessen Lehre in den frühen Jahrhunderten des Christentums als häretische Bewegung bekämpft worden ist: „Die Theologie des Magiers Manes und ihr Ursprung". Das Promotionsverfahren konnte er 1822 mit einer hervorragenden Gesamtzensur („summa cum laude") abschließen. Unmittelbar anschließend absolvierte Reichlin die Ausbildung im Priesterseminar zu Meersburg. Die Priesterweihe musste er allerdings um ein Jahr aufschieben, weil er das amtlich vorgeschriebene Mindestalter noch nicht erreicht hatte. Seine Weihe fand 1823 in Rottenburg statt.

Seelsorger in einer Land- oder Stadtgemeinde wollte Reichlin nicht werden, sondern er erstrebte, wie es scheint, schon in seinen jungen Jahren ein Lehramt an einer der höheren Bildungsanstalten im Lande. Es ist ihm gelungen, zunächst am Freiburger Gymnasium angestellt zu werden und hatte dann das Glück, ab 1825 zusätzlich einen Lehrauftrag an der Freiburger Universität zu erlangen. 1828 erhielt er einen Ruf zunächst als Extraordinarius an der Universität und wurde daselbst zwei Jahre später auf einen ordentlichen Lehrstuhl befördert. Seine Zuständigkeit galt der Geschichte der Kirche, einem Fachgebiet, das harmlos zu bleiben pflegt, solange es mit einem nur antiquarischen Interesse betrieben wird, aber eine erhebliche Brisanz auszulösen vermag, sobald die Geschichte als argumentatives Instrument in polemischer Absicht verwandt wird, um Streitigkeiten innerhalb der kirchenpolitischen Gegenwart auszutragen.

Reichlin scheint das Amt des Kirchenhistorikers primär als kritisches Geschäft verstanden zu haben. Die gegenwärtige Kirche sollte in der Differenz zu ihrer ursprünglichen Verfasstheit beurteilt und - wenn erforderlich - auch mit guten historischen Gründen korrigiert werden dürfen. Mit einer Reihe kritischer Essays, die er Ende der 20er / Anfang der dreißiger Jahre publizierte, gab er seine Zugehörigkeit zu den „Reformern" innerhalb der Kirche deutlich zu erkennen. Aufsehen erregten insbesondere seine „Vorschläge zu Verbesserungen in unserer deutsch-katholischen Kirche", die er 1830 in der wohlgemerkt protestantischen „Darmstädter Allgemeinen Kirchenzeitung" publizierte. Da kritisiert er vehement das römisch-katholische Priesterverständnis: „Nach unserem bestehenden Ritus erscheint der Klerus als eine Kaste von Zauberern, welche durch die Handauflegung des Bischofs oder Erzbischofs die Vollmacht erhalten, Dinge zu tun, die außer dem Bereiche alles Möglichen liegen. Von der Frühe des Tages bis in die späte Nacht wird die Zauberkraft des Klerikers in Anspruch genommen und die zahllose Schar von Mysterien und Benediktionen in der unverständlichen Sprache eines barbarischen Lateins sollen dem unruhigen Gewissen des gläubigen Landvolkes aufhelfen." Man denke etwa an die Exorzismuszeremonien im Taufritus, die jedem vernünftigen Christentum widersprächen.

Besonders ärgerlich ist für Reichlin die Kultivierung des Wunderglaubens. Da stelle sich die folgende Alternative: Man verwerfe entweder in strenger Konsequenz alles Wunderbare, alles, was außerhalb des Natürlichen liege, und nehme bloß an, was durch die menschliche Vernunft erkennbar ist. Sonach sei man „ein entschiedener Rationalist." Oder man höre die Kirche, welche Offenbarungslehren verkünde, „deren Inhalt erhaben sei über den engen Kreis des endlichen Menschenverstandes und weder von diesem stamme noch von diesem begriffen werden könne". Im ultramontanen Milieu erregten solche Bekenntnisse stürmische Kritik. Man forderte vom Erzbischof, „den Hirtenstab zu gebrauchen, um die Rede des Verirrten zu unterbinden". Das sollte auch alsbald geschehen.

Reichlin eröffnete seine Professorentätigkeit an der theologischen Fakultät der Universität Freiburg mit einer Reihe von Vorlesungen über die „Geschichte des Christentums von seinem Ursprunge bis auf die neueste Zeit". Er fand lebhaften Zuspruch nicht nur bei der Studentenschaft, sondern auch bei einem intellektuell interessierten liberalen Bürgertum aus der Stadt. Er hatte die Absicht, diese Vorlesungen drucken zu lassen und als Standardwerk zur Kirchengeschichte aus angeblich wahrer katholischer Sicht der deutschen Öffentlichkeit zur Verfügung zu stellen. 1831 und 1832 sind zwei Teile eines ersten Bandes erschienen, welche der christlichen Frühzeit bis zur Konstantinischen Wende gewidmet waren. Vier weitere Bände wurden für die folgenden Jahre angekündigt, um den Weg oder viel eher die Wege der Entwicklung des Christentums durch die Jahrhunderte bis in die Gegenwart zu verfolgen.

Alles, was ist, so lautete Reichlins Generalthese, ist einem historischen Wandel unterworfen - auch die Kirche. Schon die Kirche der Apostel sei anders gewesen als die Kirche zu Lebzeiten Jesu Christi und anders wiederum als die Kirche der nachapostolischen Zeit. Diese These einer sich stets wandelnden Kirche war natürlich explosiv, denn sie implizierte damit zugleich, auch eine Veränderbarkeit der gegenwärtigen Kirche zur Diskussion zu stellen. Reichlin forderte im Grunde eine Öffnung der Schleusen für eine fundamentale Kritik am herkömmlichen Glauben, zumal am wortwörtlichen Glauben an die Gründungserzählungen der Institution Kirche. Wie radikal dieser Veränderungsansatz gedacht war, gab Reichlin schon in den allerersten Sätzen seiner Erzählung vom „Ursprung des Christentums" zu erkennen:

„Ein Vierteil der gebildetsten Bewohner unseres Erdballes bekennt sich gegenwärtig zu den religiösen Lehrsätzen, welche von einem vor 1800 Jahren in Palästina gekreuzigten Juden, Jesus von Nazaret, den Namen führen. Die Geburt des Stifters des Christentums ist, gleich den ersten Tagen später berühmt gewordener Männer, mit einem Dunkel verhüllt, was auch die Nachrichten seiner Schüler vergebens zu zerstreuen suchen. Die Schüler schreiben die Geburt des Meisters übernatürlichen Einwirkungen zu. Begeisterte Freunde verfassten Nachrichten über sein Leben, um zu beweisen, dass er der erwartete Messias des jüdischen Volkes sei. Heilige Träume und Engelsvisionen seiner Familienangehörigen sowie Familienhymnen bewahrten diesen Glauben in Jesu frühesten Lebensjahren in einem engeren Kreise, welcher sich durch die Geschwätzigkeit einer alten Prophetin, durch den Lobgesang eines Verwandten und durch den bethlehemitischen Kindermord frühzeitig erweiterte. - Im dreißigsten Jahr war Jesus unter den Seinigen aufgetreten. Die Juden erwarteten ein neues politisches Reich durch den von den Propheten der Vorzeit in kühnen Bildern verkündeten Maschiach. Ein neues Reich wurde von Jesus gelehrt, das Reich Gottes. Gott war hier der Vater, die Menschen seine Kinder, unter sich Brüder, Reinheit der Gesinnung und Übung derselben in reiner, vorwurfsfreier Tat waren die Hauptsache seiner Lehre. Er selbst war derjenige, der im Gefühle seiner Kraft sich den Sohn der Gottheit nannte, den der zuversichtliche Glaube des jüdischen Volkes damals erwartete und welchen Jesus vom Vater unterschied. Die Lehre dieses Mannes sollte sich ausbreiten unter den nach Veränderung begierigen Juden."

Es ist evident: Reichlin wollte mit dieser demonstrativ saloppen Erzählform nicht nur die Kirche als religiöse Institution säkularisieren. sondern vor allem den fundamentalen Glauben, auf dem die Autorität dieser Kirche gegründet ist: den Glauben nämlich an einen Jesus von Nazareth, der als leiblicher Sohn Gottes in die Welt gekommen ist, um dieselbe zu erlösen. Er zertrümmert diesen Glauben in einem Modus hämischer Entlarvung. Die Aggressivität dieser Lesart ist dem in einer traditionellen Kirchenfrömmigkeit befangenen Erzbischof Boll natürlich nicht entgangen und von ihm mit Recht als skandalöses Ärgernis empfunden worden. Er entschloss sich zu strengen Gegenmaßnahmen.

Wir sind heute - wie übrigens auch schon die damaligen Zeitgenossen - über den Verlauf der Streitigkeit zwischen dem Erzbischof und dem Universitätstheologen einigermaßen genau informiert, weil Reichlin den Mut, um nicht zu sagen, die Frechheit besaß, den gesamten einschlägigen Schriftwechsel mit der kirchlichen Obrigkeit umgehend zu veröffentlichen.

Am 28. Juni 1831 richtete der Erzbischof eine Aufforderung an Reichlin, seine in Band I der „Geschichte des Christentums" enthaltenen „Sätze und Meinungen" unverzüglich zu widerrufen und das bei der Priesterweihe beschworene Glaubensbekenntnis zu wiederholen. Reichlin weigerte sich in einer Antwort vom 3. Juli, irgendeine Widerrufung auszusprechen, solange ihm nicht mitgeteilt werde, welche seiner „Sätze und Meinungen" betroffen seien. In einem Schreiben vom 7. Juli verzichtete der Erzbischof zwar auf die Forderung eines Widerrufs, hielt aber daran fest, von Reichlin eine Antwort auf die Frage zu fordern, ob er versichern könne, „all jenes mit aufrichtigem Herzen zu glauben, was er vor seiner Priesterweihe zu glauben beschworen habe. Ich hoffe von Ihnen in möglichster Bälde auf diese Frage ein kategorisches Ja oder Nein." Wenige Tage später , am 25. Juli, richtete der Erzbischof, ohne Reichlin zu informieren, ein persönliches Schreiben an Seine königliche Hoheit, den Großherzog, mit einer Beschwerde „in Betreff des Professors Reichlin Meldegg" und bat flehentlich um hoheitlichen Beistand gegen den unbotmäßigen Hochschullehrer. (Vgl. Appendix!) Es ist anzunehmen, dass der Großherzog nach Kenntnisnahme der Klage des Bischofs die staatliche Kirchenbehörde aufgefordert hat, sich mit dem Professor ins Benehmen zu setzen und den peinlichen Streitfall aus der Welt zu schaffen. Reichlin wurde nun offiziell zu einer Stellungnahme aufgefordert, die er umgehend in einem Verteidigungsschreiben vom 2. August erteilte. Er berief sich auf sein Gewissen, auf seine religiöse Überzeugung und auch auf den Eid, den er diesbezüglich als Universitätslehrer geleistet habe, nämlich nur das vom Katheder zu verkünden, wovon er persönlich überzeugt sei. Um des lieben Friedens willen erklärte er sich jedoch bereit, seinen Dienst in der Ausbildung der Theologiestudenten zu kündigen, wenn ihm das Ministerium erlaube, stattdessen als Professor in der philosophischen Fakultät zu lehren. Das Ministerium, das offenbar um nahezu jeden Preis eine Befriedung des Streitfalls wünschte, stimmte dem Antrag Reichlins zu – unter der Bedingung, dass er mit einer Versetzung an die Universität Heidelberg einverstanden sei. - Unter dem Datum des 31. Dezembers 1831 schickte Reichlin ein „Sendschreiben" an den Erzbischof, in dem er erklärte, dass er die Frage nach einer Bestätigung des Glaubensbekenntnisses, das er zehn Jahre zuvor aus Anlass seiner Priesterweihe geschworen habe, heute nur mit einem klaren „Nein" beantworten könne. Dabei bestreite er nicht die Nicänischen Glaubensartikel, sondern die Mehrzahl von Zusätzen, die auf dem Konzil zu Trient verabschiedet worden seien und die Papst Pius IV. 1564 nach Abschluss des Konzils als allgemein verbindlichen Glauben der Kirche hinzugefügt habe. Abschließend bestritt Reichlin in aller Entschiedenheit den Anspruch der römisch-katholischen Kirche, ein „unfehlbares Institut" zu sein und insofern als „die Mutter und Lehrerin aller Kirchen" anerkannt zu werden, als „die allein seligmachende Kirche" außerhalb derer „kein Heil" sei.

Erzbischof Bernhard Boll verzichtete nun darauf, Reichlins „Sendschreiben" mit einer persönlichen Antwort zu würdigen und beauftragte stattdessen seinen amtlichen Stellvertreter, den Generalvikar Hermann von Vicari, dem aufsässigen Professor, eine finale Auskunft zu erteilen. Diese erfolgte in einem Schreiben vom 13. Januar 1832: Es sei ihm, schreibt Vicari, von „Seinen erzbischöflichen Gnaden, dem Hochwürdigsten Metropoliten, der Auftrag geworden, den Freiherrn Karl von Reichlin-Meldegg zu ersuchen, Sie wollen die Urkunde über die empfangene Priesterweihe, literas formatas, dem Ordinariate zustellen, da sie Ihnen ohnehin von keinem Gebrauche mehr sein könne." Diese offensichtlich demütigend gemeinte

Entlassung aus dem kirchlichen Dienst als Priester – die kirchenrechtlich härteste Sanktion, mit der die Kirche einen devianten Priester strafen kann - veranlasste Reichlin zu einer äußerst radikalen Antwort. Am 19. Februar 1832 schrieb er an das Freiburger Ordinariat: „Mit Rücksicht auf den von dem hochwürdigsten Ordinariate unter dem 13. Jänner d.J. gegen mich geäußerten Wunsch, die Rücksendung meiner Urkunden über die empfangene Priesterweihe betreffend, habe ich die Ehre zu erwidern, daß ich unter dem Heutigen meinen Übertritt aus der römisch-katholischen zur evangelischen Kirche angezeigt habe und somit die Zurücksendung dieser mir eigentümlich zugehörenden Urkunden auf keine Weise mehr nötig sein dürfte." Reichlin stellte auch dieses Antwortschreiben der Öffentlichkeit zur Verfügung.

Der Erzbischof unterrichtete in einem Schreiben vom 10. April 1832 die Priesterschaft der Diözese über den Abgang Reichlins: „Mit tiefem Schmerz der Seele wenden wir uns an Euch, ehrwürdige Brüder! um Euch die Kunde zu geben, daß ein Priester und öffentlicher Lehrer der christlichen Kirchengeschichte, Karl Alexander von Reichlin-Meldegg, uns verlassen hat..., ein Diener des Altares, ein Hausgenosse Gottes!... Wir dürfen es bekennen: mit Tränen sahen wir, wie die Stimme der Kirche nicht geachtet wurde." Diesem Bekenntnis der Trauer über den Verlust folgt jedoch gleich anschließend eine Verurteilung im Sprachgestus alttestamentarischen Prophetenzorns: „Die Priester verachteten mein Gesetz und verunreinigten mein Heiligtum. Sie machten zwischen dem Heiligen und Unheiligen keinen Unterschied. Sie verstanden nicht, was rein und unrein war.... Wer Ohr hat, der höre!" Auch dieses erzbischöfliche Schriftstück wurde einer erweiterten Öffentlichkeit mitgeteilt. Der Text erschien am 27. Oktober 1832 wiederum in der protestantischen „Allgemeinen Kirchenzeitung". Man kann sich denken, wer diesen signifikant katholischen Text zum Abdruck eingereicht hatte und welche Absicht damit verfolgt wurde.

Auf eine Darstellung des bürgerlichen Lebens, das Reichlin von Meldegg von nun an als Universitätsprofessor für Philosophie und nach seiner Eheschließung als Familienvater in Heidelberg geführt hat, soll hier verzichtet werden, weil sie nicht in den Interessenhorizont unseres Buches gehört. Nähere Informationen dazu sind in der Autobiographie Reichlins nachzulesen, die dieser als alter Mann 1874 veröffentlicht hat. Wichtig mag in unserem Zusammenhang allenfalls der Hinweis sein, dass sich aus den zugänglichen Lebensspurmaterialien kein Anlass ergibt, einen persönlichen Identitätsbruch Reichlins infolge seiner Konversion wahrzunehmen. In religiöser Hinsicht bekannte er sich nach wie vor zu einem aufgeklärten Christentum und bezeugte dies auch in seiner engen Freundschaft mit dem bedeutenden protestantischen Professor der Theologie an der Universität Heidelberg Heinrich Paulus, dem er auch eine ausführliche Lebensbeschreibung widmete. Ob und inwieweit diese aufwendige Würdigung eines extrem aufklärerischen Theologen einen selbstbezogenen Hintergrund gehabt haben könnte, muss der Spekulation überlassen bleiben. Nicht auszuschließen ist, dass er in Paulus einen radikalen Theologen verehrte, der er selbst einstmals hatte werden wollen und was ihm von den Instanzen versagt worden war.

Es sei bei dieser Gelegenheit der Hinweis nicht versäumt, dass Paulus ein bekennender Sympathisant Wessenbergs war und mit diesem eine langjährige freundschaftliche Korrespondenz führte.

Appendix:

Um die verzweifelte Hilflosigkeit des Erzbischofs Bernhard Boll in der Affäre Reichlin-Meldegg zu belegen, sei seine beschämend kniefällige Bitte um Beistand von Seiten des Großherzogs vollständig wiedergegeben:

„Wenn ich in diesem meinem untertänigsten Schreiben die Gefühle meines gekränkten Herzens zu den Füßen E.k.H.ehrfurchtvollst niederlege und Höchst dero ohnehin schwere Regentensorgen durch eine meinem Herzen abgedrungene Klage zu vermehren wage, so ist es gewiß nur die heiligste unerläßliche Pflicht, die mir durch die nie gesuchte Ernennung zum Oberhirten meiner Kirche auf meine Greisenschultern aufgelegt wurde, die mich dazu auffordert, und dann nur das unbegrenzte Vertrauen auf das landesväterliche liebevolle Herz E.k.H., Höchstwelche mir und meiner Kirche bei unserer dargebrachten tiefsten Huldigung mit dem Ausdrucke allerhöchster Huld und Gnade Schutz und Schirm zuzusichern geruhten, was mir dazu Mut geben konnte. –

Schon im vierten Jahre war der Priester Karl Freiherr von Reichlin Meldegg als Lehrer an der theologischen Fakultät der Hochschule dahier, zuerst als Privatdozent, dann als außerordentlicher Professor angestellt und hatte bisher sowohl die Kirchengeschichte, als auch die heiligsten Schrifturkunden auf die unwürdigste Weise behandelt, indem er in den Vorträgen über jene, meistens mit der Umgehung dessen, was die würdigen Oberhäupter unserer Kirche und was die ehrwürdigen Institutionen und deren fromm gesinnte Mitglieder Gutes und Vortreffliches für Religion und Staat geleistet haben, nur die Gebrechen und von uns allen schon längst mißbilligten Handlungen auf die schmählichste, jedes reine Ohr beleidigende Weise heraushob und zur Schau stellte, worüber selbst bei einer von Reichlin gehaltenen öffentlichen Rede Herr Staatsrath, Kreisdirektor und Kurator der Hochschule, sein größtes Mißfallen äußerte, in seinen Auslegungen der heiligen Schrifturkunden aber sich willkürliche, von der festgesetzten Lehre unserer Kirche abweichende Deutungen und von Nichtchristen ersonnene Hypothesen anzuführen und in Schutz zu nehmen erlaubte.

Durch solche den Herzen der akademischen Jünglinge, die sich dem geistlichen Stande widmen wollen, so verderbliche, den Glauben an Christus und das Ansehen der von Ihm gestifteten Kirche so herabwürdigende Lehrvorträge dieses Mannes tief gekränkt, bot ich alles auf, um seinen, wie ich anfangs glaubte, nur jugendlichen und neuerungssüchtigen Leichtsinne durch gütige Mahnungen, dann auch durch Bitten und Vorstellungen anderer Männer, für welche er sonst Achtung und Aufmerksamkeit zu haben schien, Einhalt zu tun. Selbst der Direktor der katholischen Kirchensektion hat denselben auf mein Ansuchen wiederholt zu sich gerufen, um ihn wenigstens zu einem klügeren Benehmen zu bewegen, aber auch wie die anderen vergebens versucht.

Da ich und alle Gutgesinnten daher das Mißlingen dieser Besserungsmittel tief bedauerten, leuchtete uns auf einmal ein Strahl der Hoffnung, dieses Mannes los zu werden, indem er unvermutet den Ruf an die Universität Gießen erhielt. Allein er fand unter den Lehrern an der hiesigen Hochschule und anderwärts Freunde, die ihn hielten, und nachdem ich in zwei Schreiben den Geheimen Rat und Direktor Engesser dringend gebeten und beschworen hatte, bei des Höchstseligen Vorfahren königlicher Hoheit mit seinem vielvermögenden Worte meine gerechten Klagen zu unterstützen, blieb dennoch diese Bitte unbeachtet und statt der Entlassung Reichlins durch seine Anstellung als ordentlicher Professor mit Vermehrung seines Gehaltes durch das hohe Ministerium ausgesprochen.

Hierdurch in seinen Anmaßungen noch dreister gemacht, erkühnte er sich, Vorschläge zur Verbesserung unserer Kirche in die Allgemeine Kirchenzeitung zu Darmstadt, deren getreue Abschrift nebst dem in einem Artikel sich hierauf beziehenden gedruckten Blatte der Kirchenzeitung zu Aschaffenburg ich hier alleruntertänigst beizulegen für Pflicht halte, einrücken zu lassen, worin er nach einer allen Anstand verletzenden schmachvollen Einleitung solche Grundsätze ausspricht, die mit der Verfassung unserer Kirche und mit unsern Glaubenslehren im auffallendsten Widerspruche stehen, indem er unsern Erlöser als einen bloßen Menschen darstellt, der nach der Gerechtigkeit und Seligkeit strebte und nur insofern als Heiland erschien, als er seine Zeitgenossen und uns zu diesem Streben anregte, auch nur für seine Überzeugung des gewaltsamen Todes starb, da doch die katholischen sowohl als auch die andern christlichen Konfessionen Christus als den ewigen im Fleische erschienenen Sohn des ewigen Vaters mit gleich vollkommenster Wesenheit anbeten und mit seinem Tod als eine freiwillige Hingabe zu unserer Erlösung und Nachlassung unserer Sünden, mithin als ein dem himmlischen Vater dargebrachtes Versöhnungsopfer zufolge ihrer festgesetzten, vom Anbeginne des Christentums anerkannten Glaubenslehren der göttlichen Erbarmung verdanken und darin bei dem niederschlagenden Gefühle eigener Schwachheit und Gebrechen die einzige trostvolle Beruhigung und den Grund der Hoffnung ihrer künftigen Seligkeit finden, dessen nun freilich Reichlin mit einigen der Geschichten des Neuen Bundes und deren deutlichsten Stellen Hohn sprechenden und der so begrenzten Vernunft allein huldigenden Denkgläubigen, die für ihr jenseitiges Schicksal bekümmerte Menschheit zu berauben sucht.

So lebt und schreibt nun dieser junge Mann in die Welt hinaus das Gegenteil von dem, was er feierlich und eidlich vor seiner Priesterweihe in seinem Glaubensbekenntnisse beschworen hat; so will er in seinen ferneren Verbesserungsvorschlägen des Klerus, er, der seinem Bischof eben so feierlich Ehrfurcht und Gehorsam angelobte, diesen zur Nulle herabwürdigen, demselben allen Einfluß über die Priesterkandidaten, alles Prüfungsrecht ihrer Fähigkeiten etc. entziehen und selbe ihm ähnlichen Lehrern vorbehalten, damit er, der Bischof, dann blindlings als eine bloße Maschine den ihm unbekannten vorgeführten Zöglingen solcher Lehrer, seine Hand auflegen und sie zum Priester- und Predigtamte einweihen soll. So lehrt dieser junge Mann, daß bloß in der ehelichen, von uns immer als heilig anerkannten Verbindung (die er so sinnlich schildert) allein die göttlichen Gebote der Liebe beobachtet werden können, da doch so viele tausend ehelose Männer und Jungfrauen ihre ausgebreitete unbeschränkte Liebe zu Gott und den Menschen durch die Verkündigung des Evangeliums in aller Welt, durch Pflege der Kranken, durch Unterstützung der Armen, durch Unterricht der Jugend unter tausend Gefahren, ja mit Aufopferung ihres Lebens bewiesen haben, was nach dem Ausspruche Jesu die höchste Liebe ist.

Wenn endlich Reichlin sich über die gottesdienstlichen Gebräuche unserer Kirche schmählicher Ausdrücke und Ausfälle bedient, so legt er nicht allein seinen Übermut gegen die kirchliche Behörde, welcher die Anordnung, sowie die Änderung der Ceremonien allein zusteht, an den Tag, sondern liefert zugleich den deutlichsten Beweis, wie wenig er als katholischer Priester seiner Pflicht gemäß in den Geist der kirchlichen Liturgie eingedrungen und die bei sinnlichen Zeichen so erhabene übersinnliche Bedeutsamkeit aufgefaßt und beachtet habe, daß in Sachen der Religion und der äußern Form der Gottesverehrung nicht bloß der Verstand, sondern auch das Herz und das Gefühl in Anschlag genommen werden müssen, er aber aus den Büchlein, die den Schulkindern in die Hände gegeben und erklärt werden, hätte lernen können, daß die mannigfaltigen Ceremonien weit davon, den Aberglauben oder Götzendienst zu nähren, gerade das Herz zu der reinsten Anbetung des einzig wahren Gottes im Geiste und der Wahrheit erheben.

Königliche Hoheit! Allergnädigster Herr und Landesvater! Ich glaube nicht, daß ich in dieser alleruntertänigsten Anzeige etwas übertrieben oder vergrößert, sondern mich vielmehr noch schonend benommen und ausgedrückt habe, indem ich zwar den Irrtum und die Bosheit hasse, aber immer dem Geiste des Christentums gemäß den Irrenden, ja selbst den Boshaften als einen der Besserung fähigen Miterlösten liebe. Allein die Liebe zu Gott, zu Kirche und Staat drängt mich und legt mir als erster Lehrer meiner Religion im Lande und Oberhirten von mehr als 800000 Seelen die Pflicht auf, so irrigen und gefährlichen Lehren, nach allen mir von Gott gegebenen und von meinem Fürsten gnädigst in Schutz genommenen Rechten, in Zukunft vorzubeugen, damit nicht die durch solche dem Ansehen der heiligen Urkunden und unserer Kirche so nachteiligen Sätze herbeigeführte Mißbildung junger Theologen und durch diese das Verderben des armen Volkes und somit die notwendig damit verbundenen nachteiligen Folgen für Religion und Staat, für Fürst und Vaterland vor dem ewigen Richterstuhle Gottes, vor welchem ich in meinem Greisenalter bald zu erscheinen habe, mir als einem stummen Hirten, ja vielmehr Mietlinge, zur Verantwortung anheimfallen. Denn wie gewiß dergleichen Lehrer die Hierarchie unserer Kirche anfeinden, eben so huldigen sie dem antimonarchischen Prinzip, kämpfen mit dem Regenten um die Majestätsrechte, versetzen das Volk in den Schwindel falscher Freiheit und untergraben die Fundamente des Thrones wie des Altares: die Beispiele sind ja nachbarlich.

Zum Überflusse kommen mir auch noch von Außen dringende Aufforderungen zu, die mich, wenn ich auch meinem eigenen Gewissensdrange widerstehen könnte, um meiner Ehre willen nach Kräften einzuschreiten nötigen. Und wie sollte, wie könnte ich wohl anderst einschreiten als durch meine Zuflucht zu Eurer königlichen Hoheit, meinem teuersten Landesvater, von Höchst dessen schützender Huld und gerade ich die tröstliche Versicherung und Überzeugung habe, so wie ich mir mit der zuversichtlichen Hoffnung schmeichle, daß auch Allerhöchstdieselben von meiner festen und herzlichen Treue, Anhänglichkeit und Liebe sich überzeugt fühlen werden. Und wenn es auch als Vermessenheit gedeutet werden könnte, daß ich eine so gedehnte Klage unmittelbar zu den Füßen des Thrones niederzulegen wage, so werden mich bei Allerhöchst dero väterlichem Herrn, meine oben angeführten, in dieser Sache fruchtlosen Verwundungen entschuldigen.

Geruhen also Eure königliche Hoheit meine und meiner unterzeichneten Domkapitularen alleruntertänigst gehorsamste und angelegenste Bitte allergnädigst zu berücksichtigen und diesen so gefährlichen Lehrer allenfalls, doch unmaßgeblich, die höchste Weisung zugehen zu lassen, daß er, wenn er katholischer Priester bleiben wolle, seine gedruckten Vorschläge zur Verbesserung unserer deutschen katholischen Kirche öffentlich widerrufe, künftighin wie auch andere katholische theologische Lehrer im Gleise des rein katholischen Glaubens und seiner Dogmen bleibe und die Vorschläge, zu was immer für Änderungen und Verbesserungen in den außerwesentlichen Dingen, dem Urteile seines Bischofs als seines geistlichen Oberhirten unterwerfe und überlasse, auch besonders sich aller schmähsüchtigen Ausfälle gegen Personen, welche ihre Würde oder ihre Stellung ehrwürdig macht, enthalten soll.

Zwar muß ich von seiner bisher bewiesenen Unbeugsamkeit befürchten, daß auch das höchste Fürstenwort vergeblich an ihm abgleiten dürfte, allein dann wäre ich nach den Gesetzen meiner Kirche und meines Gewissens genötigt, ihn, wenn er sich nicht selbst von unserer Confession trennen wollte, öffentlich als nichtkatholischen Professor zu erklären, ihm alle priesterlichen Verrichtungen zu untersagen und den studierenden Theologen den Besuch seiner Vorlesungen unter der Androhung zu verbieten, daß sie als ungehorsame und des Irrtums verdächtige nie ins bischöfliche Seminar aufgenommen werden, noch eine geistliche Weihe erhalten könnten, was gewiß ein großes Aufsehen in und außer Landes machen würde und was ich doch im Falle seiner Widerspenstigkeit tun oder meinem bischöflichen Amte entsagen müßte.

Ich bete zu Gott, daß er dieses verhüten wolle und indem ich vertrauensvoll diese mein Herz so tief kränkende Angelegenheit Allerhöchst Dero Weisheit und Gerechtigkeitsliebe untertänigst anheimstelle, ersterbe ich in tiefster Ehrfurcht

Eurer königlichen Hoheit."

Das peinliche Lamento des Erzbischofs fand alsbald den Weg in die Öffentlichkeit. Ausgerechnet die streng römisch-katholisch orientierte Zeitschrift „Der Katholik" zitierte den vollständigen Text des bischöflichen Klageschreibens noch im gleichen Jahr (1831). Auf der Eingangsseite des Textes ist eine redaktionelle Anmerkung abgedruckt, die einer Hinterfragung bedarf. Da heißt es: „Dieses von sicherer Hand uns zugegangene Schreiben wollen wir unseren Lesern nicht vorenthalten. Wir überlassen es aber ihnen, die Lage der Dinge nach ihrer Anschauungsweise zu beurteilen." - Da stellt sich nun die Frage, welches Interesse wen veranlasst haben könnte, den bischöflichen Jammer zur Schau zu stellen. Der Gestus der schonungslosen Intimität, dessen sich der Erzbischof in seinem Elend gegenüber dem Großherzog befleißigte, schließt aus, ihn selber als Lieferanten des Textes an die Presse zu verdächtigen. Aber auch dem Großherzog ist kein Motiv zu unterstellen, die Unterwürfigkeit der katholischen Obrigkeit im Lande an den Pranger zu stellen.Viel eher ist eine Spur zu verfolgen, die zu den Beamten der katholischen Behörde im badischen Innenministerium führt, welche der Großherzog beauftragt haben mochte, den peinlichen Streitfall gleichsam auf dem Dienstweg aus der Welt zu schaffen. Wohlgemerkt: Diese Beamten waren katholische Geistliche, die ihren Diensteid nicht dem Erzbischof, sondern dem Landesfürsten geleistet hatten, aufgeklärte Kleriker, welche die Säkularisation als Befreiung vom Druck der katholischen Hierarchie erfahren hatten und die in den nicht seltenen Fällen eines Konflikts des Erzbischofs mit dem einen oder anderen störrischen Pfarrer im Lande zugunsten des niederen Klerus votierten. Dass sie nun die Gelegenheit ergriffen, den Erzbischof in seiner selbstverschuldeten Hilflosigkeit vorzuführen, wäre nicht ganz und gar unwahrscheinlich gewesen. - Eine letzte Hypothese hätte den Umstand zu berücksichtigen, dass die vom Großherzog mit der Urteilsbildung beauftragten Beamten sich zunächst um eine nähere Information zu bemühen sich vornahmen und eine Abschrift des erzbischöflichen Schreibens dem Angeschuldigten zukommen ließen mit der Forderung nach einer diesbezüglichen Stellungnahme („et audiatur altera pars"!) – eine Bitte, die Reichlin unverzüglich erfüllte (Antwortschreiben vom 2.August 1831). Es entspräche durchaus der Methode der Reichlin´schen Kriegführung gegen die Hierarchie, wenn er es selber gewesen wäre, der den erzbischöflichen Text, den er abschriftlich in Händen hatte, ausgerechnet der katholischen Presse zur Verfügung gestellt hätte, um den Erzbischof in aller Öffentlichkeit als Denunzianten zu blamieren. So hatte er es mit allen seine Person betreffenden Schriften getan, die ihm der Erzbischof zugesandt hatte

.

Fidelis Haitz (1801 – 1872)

Schriften von Fidelis Haitz:

Über das Verhältnis von Kirche und Staat. In: Zeitschrift für Theologie. Freiburg 1844.

Das kirchliche Synodal-Institut vom positiv historischen Standpunkte aus betrachtet: mit besonderer Berücksichtigung auf die gegenwärtige Zeit. 1849

Das Leben I.H.v.Wessenberg`s, ehemaligen Bistumsverwesers in Konstanz. - Nach schriftlichen und mündlichen Mitteilungen herausgegeben von einem Freunde und Verehrer des Verstorbenen. 1860.

Die katholische Abendmahlslehre nach der heiligen Schrift und Tradition und in ihrer Bedeutung für das religiös sittliche Leben. 1871.

Schriften über Fidelis Haitz:

Heinrich Reusch, ADB Band 10.

Friedrich von Weech, Bad. Biographien, Bd.1, S.327-329.

Hermann-Josef Scheidgen: Der deutsche Katholizismus in der Revolution von 1848/49. Episkopat - Klerus - Laien – Vereine. Köln 2008.

Hubert Schiel: Johann Baptist Hirscher: eine Lichtgestalt aus dem deutschen Katholizismus.1926.

12 Briefe von Haitz an Wessenberg im Stadtarchiv Konstanz.

1 Brief von Wessenbergs Kammerdiener Joseph Schnetz an einen nicht genannten Adressaten (wahrscheinlich Domkapitular Haitz) im Archiv der altkatholischen Pfarrei von Konstanz.

Fidelis Haitz gehörte zu der jüngeren Generation von Klerikern im Umkreis Wessenbergs, deren menschliche und professionelle Identität als Priester wesentlich durch Wessenbergs Bildungsvorstellungen geprägt worden ist. Fidelis Haitz ist 1801 in Waldshut zur Welt gekommen. Als Jugendlicher wurde er nach Konstanz geschickt, um sich am Lyceum die unerlässlichen Kenntnisvoraussetzungen für ein Universitätsstudium zu erwerben. Mit hoher Wahrscheinlichkeit hat er in diesen frühen Konstanzer Jahren die kirchenpolitischen Turbulenzen nach dem Tod des Fürstbischofs Carl von Dalberg anno 1817 wahrgenommen: die Wahl Wessenbergs zum Bistumsverweser durch das Konstanzer Domkapitel, den spektakulären Einspruch der Kurie, Wessenbergs Aufbruch nach Rom, schließlich seine Rückkehr nach Konstanz mit einem dürftigen und dennoch in der Öffentlichkeit bejubelten Resultat. Von 1821 – 24 absolvierte Haitz ein Studium der Theologie an der Universität Freiburg und bezog anschließend das Priesterseminar in Meersburg. Spätestens in der Zeit seines Aufenthalts im Seminar dürfte Haiz auch die persönliche Aufmerksamkeit Wessenbergs gefunden haben. 1826 wurde er im Konstanzer Münster zum Priester geweiht.

Pastorale Erfahrungen sammelte Haitz zunächst in kleinen Pfarreien seiner engeren Heimat am Hochrhein, in den Dörfern Luttingen und Hochsal. 1831 wurde er Pfarrer in Denkingen bei Pfullendorf, 1840 übersiedelte er in die Kaiserstuhlgemeinde Waltershofen. 1842 erfolgte die Berufung nach Freiburg. Dort hatte das Domkapitel soeben beschlossen, für die an der Universität studierenden Priesteramtskandidaten ein Konvikt einzurichten. Haitz wurde mit der Aufgabe betraut, als Direktor die Organisation des Hauses zu übernehmen.. Es ist ihm binnen kürzester Frist gelungen, ein so gut funktionierendes Institut zustande zu bringen, dass er bereits zwei Jahre später in das Domkapitel kooptiert worden ist. Die Domherren trafen diese Wahl – offenbar am Erzbischof Hermann von Vicari vorbei – in der gewiss sicheren Kenntnis, dass Haiz der Wessenberg´schen Klerikerfraktion zuzurechnen war. Das ließ sich aus seiner Bildungsbiographie erschließen und dazu hatte er sich auch öffentlich bekannt. Er hatte 1844 eine Abhandlung über „das Verhältnis der Kirche zum Staat" publiziert, welche die diesbezüglichen Vorstellungen Wessenbergs weitgehend bestätigte. Und zumindest in mittelbarem Bezug auf Wessenberg, wenn nicht gar in Absprache mit ihm, stand eine 1849 publizierte Schrift, in der er dringlich die Einberufung von Diözesansynoden forderte. Auffällig ist, dass diese Schrift nahezu gleichzeitig mit einer Abhandlung Wessenbergs erschien, in welcher dieser ebenfalls die Einberufung von Bischofssynoden anmahnte und daran erinnerte, dass er dieses Thema schon zehn Jahre zuvor in seinem großen Konzilienwerk diskutiert hatte. - Wie auch immer, die Idee, Diözesansynoden wieder zu beleben, begegnet seit Beginn der 1830er Jahre in wachsender Häufigkeit, zumindest in der Diözese Freiburg. Die Bischöfe nahmen dieses Drängen argwöhnisch zur Kenntnis, erst recht aber die römische Kurie, die über die Nuntiaturen mit dem einschlägigen Schrifttum jenseits der Alpen informiert zu werden pflegte. Man vermutete hinter diesen Forderungen aufklärerisch-demokratische Ansprüche. Auf förmliche Sanktionen gegen die Verfasser solcher Schriften hatte Rom bisher verzichtet. Die revolutionären Zeitumstände waren nun Anlass zu einer Wende.

Fidelis Haitz ließ sich in seiner an die kirchliche Obrigkeit adressierten Schrift offensichtlich von der Absicht leiten, die römische Hierarchie zu provozieren. Er machte ihr den Vorwurf, dass sie die Bedeutung der Synoden als einer urchristlichen Einrichtung im Laufe der Geschichte verkannt habe und noch immer verkenne. Die Synoden, schrieb er, seien „ein von Christus angeordnetes, von der Kirche sogar mit Strafandrohung anempfohlenes Institut". Ihre Abhaltung habe sich für „die kirchlichen Zustände stets wohltätig erwiesen, ihre Unterlassung sich gerächt mit Lockerung und bereits mit gänzlicher Auflösung aller Bande des Glaubens, der Zucht und Ordnung." Auf den Diözesansynoden sollte der Bischof im Verein mit den Klerikern seines Bistums, aber auch unter Teilnahme der Laien die kirchlichen Angelegenheiten seines Sprengels beraten und entscheiden. Solche Synoden wieder einzuberufen, liege also im wohlverstandenen Interesse der Kirche, zumal „derjenigen, welche der heilige Geist gesetzt hat, die Kirche Gottes zu regieren und welche einst über die ihr anvertrauten Seelen werden Rechenschaft geben müssen." In römischer Sicht waren solche Sätze natürlich eine unerhörte Attacke auf seine Heiligkeit, den Papst. - Schließlich erlaubt sich Haitz die folgende Warnung: „Eben denjenigen, welche der heilige Geist gesetzt hat, die Kirche Gottes zu regieren", heißt es noch einmal, gelte die flehentliche Bitte, „den Ruf der Zeit nicht zu überhören, einer großen Zeit. Sie wird gesegnet sein, wenn ihre Bewegung gut geleitet wird, sie kann aber auch eine zerstörende werden, wenn ihre Bedürfnisse mißkannt werden. Segen oder Fluch und zwar auf Generationen hängt von der richtigen oder falschen Beurteilung und Leitung unserer Zeit ab." - Wohlgemerkt: diese Schrift stammt aus dem Jahr 1849, da war soeben auch in Rom die Revolution ausgebrochen und Papst Pius IX. aus der Stadt vertrieben worden.

Dass auf einen solchen Text die Kurie mit ihren Waffen zurückschlug, ist im Hinblick auf den zeitgeschichtlichen Rahmen durchaus nachvollziehbar: Die Haitz'sche Abhandlung wurde vom Nuntius nach Rom geschickt und dann nach kurzer Prüfung unverzüglich auf den Index verbotener Bücher gesetzt, das Urteil veröffentlicht und von allen Kanzeln der Diözese Freiburg verlesen. Das geschah im November 1849. Schon im Januar 1850 hat Haitz kapituliert und seine Schrift widerrufen – zur vollsten Genugtuung von Erzbischof Vicari, der in einem begleitenden Hirtenschreiben die bereitwillige Unterwerfung des Domkapitulars feierte. Man habe diese Unterwerfung erwarten dürfen, schreibt er, „die dem erhabenen und ruhmwürdigen Beispiel ausgezeichneter Männer folgte, die dem Urtheil der heiligen römischen Kirche sich gefügt in der festen Überzeugung, daß sie ist die Vorsteherin des christlichen Liebesbundes und daß deshalb alle mit ihr übereinstimmen müssen, mit ihr, der Mutter und Lehrerin der Kirchen." (zit. nach Schiel, S.141).

Es gibt keine Anhaltspunkte dafür, dass das Verhältnis zwischen Erzbischof Vicari und dem Domkapitular Haitz durch diese Synodalaffäre nachhaltig beeinträchtigt worden wäre. Dennoch kam es drei Jahre später zum Bruch – allerdings aus anderem Anlass. Der Erzbischof hatte sich entschlossen, einen Konflikt mit der großherzoglich badischen Regierung zu riskieren mit dem Ziel, die katholische Kirche aus ihrer engen Abhängigkeit vom säkularen Staat zu befreien. Nachdem der Erzbischof rechtswidrig die ersten Schritte des Widerstands gegen die Verfügungen der Staatsregierung eingeleitet hatte, befasste sich das Domkapitel mit der Situation und beschloss nach intensiver Beratung eine Ergebenheitsadresse an den Erzbischof zu senden mit der Versicherung der Solidarität, aber auch in Anbetracht möglicher Repressionen des Staates gegen Kleriker und katholische Gläubige im Land mit dem zusätzlichen wohlmeinend erteilten Ratschlag, Mäßigung im Umgang mit der staatlichen Obrigkeit walten zu lassen und einen „gütlichen Ausgleich" anzustreben.

Haitz beging nun den Fehler, diese im Domkapitel intern diskutierte Empfehlung an den Erzbischof einem Dritten gegenüber auszuplaudern. Er informierte den Freiburger Stadtdirektor Burger, einen Staatsbeamten katholischer Konfession, der soeben vom Erzbischof exkommuniziert worden war, weil er sich geweigert hatte, seine Dienstverpflichtungen als Staatsbeamter demonstrativ zu kündigen, um damit seine Solidarität mit dem Erzbischof zu erklären. Durch Burger sind, wie es scheint, die im Domkapitel geäußerten Bedenken zu dem vom Erzbischof vom Zaun gebrochenen Streit mit der Staatsverwaltung in der Öffentlichkeit bekannt geworden. Als der Erzbischof davon erfuhr, forderte er den Domkapitular Dr. Haitz nachdrücklichst auf, diese Empfehlung – eben einen gütlichen Ausgleich mit der Regierung anzustreben – in einer förmlichen Erklärung an die Staatsregierung zu missbilligen, also offiziell heute zu verwerfen, was er gestern vertraulich geäußert hatte. Haitz weigerte sich, dieser ultimativen Aufforderung zu folgen, woraufhin ihn der Erzbischof von fast allen seinen geistlichen Ämtern suspendierte und seine Beschäftigung im Ordinariat kündigte. - Der „Vicarianer" Heinrich Maas, der langjährige juristische Beistand des Erzbischofs, überliefert – vierzig Jahre später (!) - eine andere Version. In der strittigen Domkapitelrunde (2. bzw. 11.November 1853) habe Haitz für die Bekundung einer harten Haltung des Erzbischofs gegen die badische Regierung plädiert, dem Staatsbeamten Burger aber eine gegenteilige Auskunft erteilt. Der Erzbischof habe ihn nicht wegen der Meinungsdifferenz in der Sache entlassen, sondern wegen seiner „Doppelzüngigkeit". – Haitz hat sich auf jeden Fall einer Verletzung des „Dienstgeheimnisses" schuldig gemacht, wenn auch, wie er wohl glauben mochte, in der guten Absicht eines Friedensstifters.

Die Strafe des Erzbischofs mag gerecht gewesen sein, auf jeden Fall war sie äußerst hart. Aus dem Domkapitel konnte er den Sünder zwar nicht entlassen, weil dieses Amt vom Staat garantiert war und deshalb auch vom Staat honoriert wurde. Aber er verhängte über ihn ein weitreichendes „Berufsverbot" als Kleriker: Er untersagte ihm, fortan öffentliche Gottesdienste zu feiern, weder im Dom, wo er bisher Pfarrer gewesen war, noch sonst in irgendeiner Kirche innerhalb der Diözese. Er sollte künftig nur noch stille Messen lesen dürfen, also Messen ohne Resonanz der Gläubigen, so solche anwesend wären. Für Haitz muss dies ein fürchterlicher Schlag gewesen sein. Zahllose Bitten seinerseits um Begnadigung hat der Erzbischof zeit seines Lebens ignoriert.

In der Not seines Konflikts mit Rom und dann erst recht mit Erzbischof Hermann von Vicari scheint Haitz einen engeren Kontakt zu Wessenberg gesucht zu haben. Die im Konstanzer Stadtarchiv aufbewahrten Briefe zeigen eine zunächst konventionelle und behutsame Bemühung um Zugang – Neujahrsgrüße (18.5.57), Gratulationen zum Namenstag (31.7.56 /19.7.58. / 5.7.59). Beifall für Wessenbergs theologisches Spätwerk „Gott und die Welt"(15.3.57). Schließlich folgt am 12. Oktober 1859 ein rührender, ein intimer Brief, in dem er seine äußerst missliche Situation beklagt und seine Depression zum Ausdruck bringt. Eingangs bedankt er sich bei Wessenberg für die „Theilnahme an meiner unglücklichen Angelegenheit", die er anlässlich seines Besuchs in Konstanz habe erfahren dürfen, und er bedauert dann anschließend, dass der Erzbischof inzwischen nichts von sich habe hören lassen. Offenbar war wieder einmal eine Bitte um Begnadigung, wozu Wessenberg sogar vielleicht geraten haben mochte, ignoriert worden. Haitz berichtet dann weiterhin von wiederholten Anfragen, die er an den Oberkirchenrat in Karlsruhe gerichtet habe, ob ihm von Seiten der Regierung nicht ein Beistand zur Vermittlung gewährt werden könne mit dem Ziel, eine Wiedereinsetzung in seine ehemaligen Funktionen im Freiburger Ordinariat zu erwirken. Das könne leider nicht geschehen, habe man ihm geantwortet, weder „durch Rekurs noch Interzession" selbst seiner Hoheit, des Großherzogs, denn eine diesbezügliche Personalentscheidung sei eine ausschließliche „Vertrauenssache" des Erzbischofs. Endlich habe man ihm die tröstlich gemeinte Auskunft erteilt, dass ihm wenigstens „Besitz und Genuß der Domkapitel-Pfründe ungeschmälert verbleiben sollen". Er, fährt Haitz in seinem Brief fort, würde gerne „auf jeden Pfründenanspruch und jegliche Pension" verzichten durch „freiwilligen Austritt aus dem Kirchendienst, wenn ich genügende Mittel meines Unterhalts besäße."

Einen Antwortbrief Wessenbergs, den es wahrscheinlich gegeben hat, kennen wir nicht und wir wissen auch nicht, ob und gegebenenfalls wann Haiz weitere Besuche bei Wessenberg in Konstanz abgestattet hat. Viel spricht dafür, dass eine Absprache stattgefunden hat, wonach Haiz nach dem in nicht allzu ferner Zukunft zu erwartenden Tod Wessenbergs den fälligen Nekrolog verfassen sollte. - So ungefähr ließe sich erklären, warum nach Wessenbergs tatsächlichem Ableben am 9. August 1860 in kürzester Frist nicht nur ein knapper Nachruf, sondern eine umfangreiche Biographie von immerhin 160 Seiten hat erscheinen können: Der Text muss ante mortem geschrieben worden sein. Nur so lässt sich erklären, dass diese Lebensbeschreibung zahlreiche Informationen mitteilt, die nicht erst mühsam recherchiert werden mussten, dass Passagen aus fremden Schriftsätzen zitiert werden, die man nicht ohne weiteres bei der Hand haben konnte, dass mündliche Sätze wiedergegeben werden, „für die wir selbst als Zeuge eintreten können", schreibt der Autor. - Aber war nun Haitz tatsächlich der Autor? Auf dem Deckblatt der Buchausgabe ist sein Name nicht genannt. Da heißt es nur: „Nach schriftlichen und mündlichen Mittheilungen herausgegeben von einem Freunde und Verehrer des Verstorbenen". Die Autorschaft von Haitz wurde jedenfalls von den unmittelbaren Zeitgenossen durchweg angenommen und von niemandem jemals bestritten, schon gar nicht von Haitz selbst.

Die Biographie, die „das Leben I.H. v. Wessenbergs, ehemaligen Bisthumsverwesers von Constanz“ schildert, ist eine glanzvolle Rehabilitation seiner Persönlichkeit. Die kirchenpolitischen Auseinandersetzungen, die er zumal mit der römischen Kurie ausgefochten hat, werden hier durchweg zu Siegen umgebucht, auch wenn sie vordergründig verloren gegangen zu sein scheinen. Unmissverständlich wird herausgestellt, dass ihm Unrecht angetan worden ist von Seiten der kirchlichen Hierarchie. - Ein großes Kapitel ist Wessenbergs parlamentarischen Initiativen gewidmet, die er als Angehöriger des badischen Landtags in beiden Kammern fast anderthalb Jahrzehnte lang eingebracht habe, insbesondere zur Bildungs-und Sozialpolitik: So habe er die Errichtung von Lehrerseminaren beantragt, er habe Verbesserungen des Unterrichts in den Elementarschulen gefordert, er habe für den Aufbau von Gewerbeschulen in den Städten geworben und die Gründung einer technischen Hochschule im Lande vorgeschlagen. Nachdrücklich habe er für die Errichtung von Lehrinstituten für Blinde und Taubstumme plädiert, schließlich sei er für die bessere Bezahlung der Lehrer und die Vorsorge für ihre Angehörigen im Falle der Not eingetreten. Respekt verdienten auch seine mutigen Stellungnahmen zur Ministerverantwortlichkeit und zur Pressefreiheit. Kurzum, Wessenberg habe große Reden gehalten im Parlament „mit einer Fülle herrlicher Gedanken, einer Schärfe des Urtheils, einer Klarheit und Großherzigkeit der Auffassung und einer Lebendigkeit der Darstellung, die jedem genialen Kopfe und einem Staatsmanne von Beruf Ehre machen würde.“ Etc.pp.- Nicht zuletzt rühmt der Text das zutiefst christkatholische Profil Wessenbergs: In seinen „Anordnungen erwies er sich als Mann von tiefer kirchlicher Wissenschaft, von gläubigem Sinn und wahrer christlicher Frömmigkeit, gleich ferne von geisttödtendem Bigottismus äußerer Werkheiligkeit wie von negierendem Nihilismus einer falschen Aufklärung.“ - Das ist eine Würdigung von fast schon hagiologischem Format. Fidelis Haitz hat damit etwas geleistet, was von jedem Leichenredner idealerweise zu erwarten wäre: Er hat die Legende formuliert, die das Bild des Verstorbenen dauerhaft an die Nachwelt weitergibt.

Der Autor Fidelis Haitz war 67 Jahre alt, als Erzbischof Hermann von Vicari am 14. April 1868 95jährig das Zeitliche segnete. Haitz durfte nun die Genugtuung erfahren, dass seine Suspension vom Domkapitel unverzüglich aufgehoben wurde und ihm somit erlaubt war, wiederum öffentliche Gottesdienste zu feiern, auch im Freiburger Münster – immerhin noch vier Jahre lang: am 9. Juni 1872 ist auch er gestorben. Das Vermögen, das er hinterließ, vermachte er der Blindenversorgungsanstalt und dem Haus für sittlich verwahrloste Kinder in Freiburg, ein dritter Teil ging an das Spital seiner Heimatstadt Waldshut. - Das war ein Testament ganz im Sinne Wessenbergs.

Appendix:

Ein intimer Brief zum Lebensende Wessenbergs:

„Lieber Herr Domkapitular!

Mit einem Herzen voll tiefster Wehmut und Trauer schreibe ich in Eile diese Zeilen an Sie, Hochgeehrtester. Gottes Allmacht und Güte bekundet sich im höchsten Grad an unserem edlen, unvergeßlichen, schwerkranken Herrn, daß er uns so lange als möglich erhalten bleibt, freilich hängt das teure Leben nur noch an einem Faden, der Puls ist fast unfühlbar. Die Arzneien bleiben nicht mehr bei ihm, sie kommen wieder herauf, nur Kaffee ist noch das einzige, was ihm bleibt, aber höchstens 3 Löffel voll per Tag, den Schleim bringen sie seit gestern nicht mehr herauf, es ist ein fürchterlicher Kampf, bis sie ein bißchen Schleim heraufbringen, die Besinnung ist nur noch ganz schwach, und auf diese Art ist es in der Unmöglichkeit, daß es noch lange gehen kann. Wir müssen jeden Augenblick gefaßt sein. Vorige Woche in der Nacht, als Sie (gemeint ist 'seine Exzellenz') aus dem Schlaf aufwachten, taten Sie folgende Äußerung gegen mich richten, ich saß an seinem Bett, wie immer, da reichte er mir die Hand und sagte: Lieber, Guter, Treuer, wie könnte ich es machen? Ich möchte noch die Äußerung von mir geben, daß ich meine Gesinnungen nicht geändert habe. Ich beruhigte den edlen Kranken mit den Worten, es sei nicht notwendig, indem ja Exzellenz die Anhänglichkeit von Millionen Menschen treulich erworben haben, worauf er wieder beruhigt war.

Lieber Herr Domkapitular, verzeihen Sie mir, daß ich Ihnen nicht mehr berichte, aber ich bin durch meine Aufopferung so hinfällig, daß ich bald für alles untauglich bin, die Anstrengung dauert schon zu lange, ich bitte Gott stets inständig um die Kraft bis an das Ende meines lieben, unvergeßlichen Herrn, nur die Liebe zu ihm erhält mich noch, sonst hätte ich den Anstrengungen schon längst unterliegen müssen, aber solche Worte aus seinem Munde, wie er noch vor einigen Tagen sagte „Du bist mein treuester Beschützer" und immerwährenden Dank äußerte, da verdoppelte sich meine Kraft wieder.

Der junge Baron Wessenberg ('ein Neffe')ist noch hier, er wird später wieder nach Freiburg kommen, wo er Ihnen dann auch einen Besuch abstatten wird.

In tiefster Verehrung und Hochachtung habe ich die Ehre, mich untertänigst zu empfehlen, der tiefbetrübte treue Diener

Jos. Schnetz

Ich bitte immer Münsterpfarrer Kotz, Ihnen öfters Nachricht zu geben."

Wessenbergs Kammerdiener Joseph Schnetz schildert in diesem auf den 29. Juli 1860 datierten Brief den elenden Gesundheitszustand seines Herrn elf Tage vor dessen Tod. Adressiert ist der Brief an einen namentlich nicht genannten „lieben Domkapitular", der in Freiburg wohnhaft ist, zu dem der Schreiber in einem offenbar vertraulichen Verhältnis steht. Diese Vertraulichkeit ist nur zu erklären, wenn man davon ausgeht, dass der Adressat den Vorzug eines zeitweiligen Hausgenossen Wessenbergs hatte erfahren dürfen und sich bei diesem Aufenthalt unter dem gemeinsamen Dach ein geradezu freundschaftliches Verhältnis des Besuchers auch zu Wessenbergs Haushälter ergeben haben mag. Es bezeugt eine besondere Nähe zwischen den beiden, wenn Schnetz die intim bekundete Sorge des sterbenden Wessenberg um die Integrität seiner religiösen Identität in der Öffentlichkeit als Vermächtnis an den Adressaten weiterleitet und denselben dergestalt mitverpflichtet. Dass Wessenberg in seinem hohen Alter noch Beziehungen zu anderen Domkapitularen in Freiburg gepflegt hätte, wird nicht überliefert. Die Identität des namentlich nicht genannten Domkapitulars ist eindeutig.

PS: Eine Abschrift dieses Briefs hat mir der emeritierte Pfarrer der altkatholischen Gemeinde in Konstanz Hermann Eugen Heckel nachgereicht. Er habe ihn im Pfarreiarchiv seiner ehemaligen Gemeinde unter Nachlassmaterialien des ehemals mit Wessenberg freundschaftlich verbundenen Konstanzer Bürgermeisters Karl Hüetlin gefunden.

Joseph Beck (1803 – 1883)

Schriften von Beck:

Freiherr I. Heinrich von Wessenberg: Sein Leben und Wirken – zugleich ein Beitrag zur Geschichte der neuern Zeit. Auf der Grundlage handschriftlicher Aufzeichnungen Wessenbergs. Freiburg 1862.

Wessenberg und die kirchliche Reform oder Nationalität und Romanismus. Ein Lebensbild Wessenbergs. 1874.

Über die Entwicklung und Darstellung der messianischen Idee in den heiligen Schriften des alten Bundes. Ein Beitrag zur biblischen Theologie. 1835.

Der Streit über gemischte Ehen und das Kirchenhoheitsrecht im Großherzogtum Baden. In vollständig aktenmäßiger Darstellung. 1847

Schrifttum über Joseph Beck:

Die Beckische Biographie Wessenbergs. In: Historisch-politische Blätter für das katholische Deutschland. Bd.50/1862. S.449 – 474.

Badische Biographien, IV. Teil, 1891, S.10 ff. (anonymer Verf.) Joseph Beck.

Karl Brechenmacher: Joseph Beck (1803 – 1883). - Ein badischer Spätaufklärer. 1984.

Kurt Aland: Unveröffentlichte Manuskripte und Briefe 1.1/Ignaz Heinrich von Wessenberg: Autobiographische Aufzeichnungen. o.J. (1968)

Joseph Beck verdient insbesondere im Hinblick auf die Rezeptionsgeschichte Wessenbergs gewürdigt zu werden, weil es ihm gelungen ist, mit seinem über 500 Seiten starken Werk zum „Leben und Wirken“ Wessenbergs das Gedenken desselben im kirchenpolitischen Milieu in Deutschland über dessen Lebenszeit hinaus zu gewährleisten. So gehörte die Beck´sche Wessenberg-Biographie geradezu zum Gründungsschrifttum der „altkatholischen Kirche“. Für Conrad Gröber hingegen gab das Buch in den 20ger Jahren des vergangenen Jahrhunderts einen wesentlichen Anstoß zur kirchengeschichtlichen Erledigung Wessenbergs.

Joseph Beck ist 1803 in Baden-Baden in eine kinderreiche Familie hineingeboren worden, der Vater war Schreiner, man war arm. Diese Armut, die Beck schon in seinem frühen Leben erfahren haben mag, scheint ihn lebenslang geprägt zu haben. Jedenfalls ist auffällig, wie sehr seine Berufskarriere von dem Bedürfnis nach finanzieller Ausstattung begleitet wurde. So hatte er sich schon in seinen jungen Jahren um ein staatliches Stipendium bemüht, das dem begabten Schüler auch gewährt wurde, um ihm den Besuch des Lyceums zu ermöglichen. Dann hatte er das Glück, in dem vermögenden Bibelwissenschaftler Leander van Eß einem frommen Wohltäter zu begegnen, dessen finanzielle Zuwendungen ihm erlaubt haben, das Studium der Philosophie und Theologie an der Universität Tübingen zu absolvieren. Auch in seiner professionellen Tätigkeit als Geistlicher war er stets auf seinen Geldwert bedacht. So hat er sich nach seiner ungewöhnlich frühen Weihe zum Priester 1824 nur kurzfristig in den Dienst der gewöhnlichen Seelsorge einspannen lassen und entschied sich alsbald für einen Beruf im höheren katholischen Lehramt, das finanziell in der Regel auch ein höheres Einkommen in Aussicht stellte als die Berufstätigkeit eines Pfarrers in einer gewöhnlichen Landgemeinde. Diesem Ziel, ein anspruchsvolles Lehramt antreten zu können, galt auch das Doktorat, das er vor Eintritt in seine berufliche Beschäftigung mit einer Studie über die Entwicklung der messianischen Idee im „Alten Testament" erworben hatte. Die folgenden Stationen seiner Laufbahn waren Professuren an den Lyceen bzw. Gymnasien in Konstanz (1829-32), Offenburg (1832-33), Freiburg (1833-38) und Rastatt (1838-44). Ambitionen auf einen Lehrstuhl an den Universitäten Freiburg oder Tübingen scheiterten zu seinem Bedauern am Widerstand der Fakultäten. Eine Berufung in das Domkapitel des Bistums Hildesheim lehnte er nach langen umständlichen Verhandlungen ab, nicht zuletzt auch deshalb, weil die gleichzeitig in Aussicht gestellte Wahl in den „Oberkirchenrat des Großherzogtums Baden" eine lukrativere Dotation erwarten ließ.

Becks Qualität als hervorragender Lehrer wurde ihm von nahezu allen Institutionen, an denen er tätig war, rühmend bescheinigt. Die pädagogischen und didaktischen Qualitäten, die er in der Praxis seiner Unterrichtstätigkeit gewonnen hatte, vermittelten ihm die Kompetenz, alsbald einschlägige Lehrbücher zu verfassen: zur katholischen Religionslehre (1835), zur „all-gemeinen Geschichte" (1835), zur antiken Geschichte (1837), zur „Geschichte der Teutschen und der vorzüglicheren europäischen Staaten" (1839), ferner einen „Grundriß der empirischen Psychologie und Logik (1841). Becks Lehrbücher wurden in immer neuen Auflagen über die Jahrzehnte hinweg verkauft (z.T. über 20 Auflagen!). Er war damit nach Maßgabe seiner Zeit ein reicher Mann geworden und konnte sich getrauen, dementsprechend selbstbewusst aufzutreten.

Durch seine Berufung in den „Oberkirchenrat" stieg Joseph Beck zu einem maßgeblichen Beamten im Innenministerium der badischen Regierung auf und hatte als solcher die Interessen des Staates gegenüber der katholischen Kirche im Lande zu vertreten. Er war im Grunde der offizielle Gegenspieler des Erzbischofs. Kurzum, er war kirchenpolitisch auf Augenhöhe mit der Hierarchie und insofern auch konfliktfähig geworden. Als 1845 der sgn. „Mischehenstreit" zwischen Kirche und Staat im Großherzogtum Baden ausbrach, in welchem Erzbischof Vicari eine kompromisslos römische Position durchzusetzen sich anschickte, organisierte Beck im Vertrauen auf die Einvernehmlichkeit mit dem wohlgemerkt protestantischen Regenten den Widerstand des Staates gegen die Forderungen der Kirche. Er verfasste eine diesbezügliche Schrift mit dem Titel „Der Streit über gemischte Ehen und das Kirchenhoheitsrecht im Großherzogtum Baden", eine Schrift, in der er zum Ärger der Römer eine tolerante Position verteidigte, Mischehen nicht nur duldete, sondern dieselben auch begrüßte, weil der zwischenmenschliche Frieden zwischen den konfessionell differenten Brautleuten dem Konfessionsfrieden im Lande insgesamt förderlich sei. Beck wurde von den Ultramontanen im Lande aufs Heftigste angegriffen.

Seiner Streitereien mit der Kirchenleitung überdrüssig stellte er im Juni 1848 beim Ordinariat in Freiburg den Antrag auf eine Rückversetzung in den Laienstand, was ihm der Erzbischof unter Berufung auf das Kirchenrecht verweigerte. Beck beharrte jedoch auf seinem Antrag, worauf der Erzbischof am 31. August die Exkommunikation des „abtrünnigen Priesters Joseph Beck" öffentlich verkünden ließ. Der Großherzog, der unter dem Eindruck der Revolutionsereignisse 1848/49 eine Befriedung des Konflikts mit der im Grunde staatstragend gesinnten katholischen Kirchenobrigkeit anstrebte, entließ Beck aus dem Oberkirchenrat und versetzte ihn 1852 in den einstweiligen Ruhestand. Persönliche Not musste der knapp Fünfzigjährige damit nicht erleiden. Die ihm zugeteilte Rente war nicht üppig (1264 Gulden pro Jahr), aber hinlänglich für einen Mann, der vor allem vom Ertrag seiner Bücher leben konnte.

Als Wessenberg am 9. August 1860 in Konstanz verstarb, scheint sich Joseph Beck keineswegs spontan und eigenmächtig entschlossen zu haben, dem von ihm hochgeschätzten Repräsentanten einer liberalen katholischen Kirchenidee mit einer rühmenden Biographie ein schriftliches Denkmal zu setzen. Eher wird anzunehmen sein, dass ihm ein entsprechender Vorschlag von Seiten der von Wessenberg bestellten Nachlassverwalter unterbreitet worden ist, also von Carl Joseph Anton Mittermaier, einem prominenten Juraprofessor an der Universität Heidelberg, und von dem Rechtsanwalt Karl Hüetlin in Freiburg, einem ehemaligen Bürgermeister von Konstanz, denen Wessenberg freundschaftlich eng verbunden gewesen war. Die beiden Juristen mochten sich darüber verständigt haben, dass Wessenbergs dominante Lebensleistung primär in seinem kirchenpolitischen Anspruch begründet war und als solche auch gewürdigt zu werden verdiente. Wer konnte diese Aufgabe übernehmen? Man brauchte einen kirchenpolitisch versierten Theologen, der sich als Kenner und Anhänger Wessenbergs ausgewiesen hatte. Den Ausschlag für die Wahl Becks mochte schließlich der Umstand gegeben haben, dass dieser unmittelbar nach Bekanntwerden der Nachricht über Wessenbergs Tod einen ausführlich ehrenden Nachruf auf den Verstorbenen in der Karlsruher Zeitung publiziert hatte. Jedenfalls überließ Hüetlin unverzüglich das überaus reichhaltige Manuskriptmaterial Wessenbergs, das ihm dieser in Verwahrung gegeben hatte, den Händen Becks, um es für das fällige Werk einer postmortalen Würdigung nutzen zu können.

Auch dann, wenn man voraussetzen darf, dass Beck über die Leistungsfähigkeit eines geübten Schreibers verfügte, darf man sich wundern, dass es ihm gelungen ist, binnen eines knappen Jahres ein so umfangreiches Buch zustande zu bringen. Möglich war dies nur, wenn man berücksichtigt, dass der Nachlass Wessenbergs auch eine Handschrift enthielt, in der dieser, also Wessenberg selbst, seine Lebensgeschichte erzählt hatte – Erinnerungen an seine Kindheit im Breisgau, an seine Studienjahre an den Universitäten Dillingen, Würzburg und Wien, an seine Amtszeit als Generalvikar in Konstanz, seine vergebliche Reise nach Rom bis zu seinem Sturz als Bistumsverweser der Diözese Konstanz. Beck hatte diesen autobiographischen Text vorliegen, er übernahm wörtlich weite Passagen, versah dieselben mit Anführungszeichen und machte sie dergestalt als Zitat sichtbar. Er tat dies über z.T. lange Strecken hinweg, - bedauerlicherweise aber nicht vollständig. Diese autobiographische Manuskriptvorlage hätte möglicherweise einen deutlicheren Blick in Wessenbergs Innenleben erlaubt, also seine affektiven Reaktionen, die er im Umgang mit seinen Gegnern innerhalb der Kirche zum Ausdruck gebracht haben mag. Diese Vorlage ist wie ein erheblicher Teil des Korrespondenzmaterials leider verloren gegangen.
(Siehe Kurt Aland: „Unveröffentlichte Manuskripte und Briefe." Bd. 1,1. / „Wessenbergstudien"!).

Ganz und gar hat Beck darauf verzichtet, Wessenbergs Persönlichkeit in ihrer geistlichen Existenzform zu profilieren. Kein Wort verliert er über die Gründe, die Wessenberg veranlasst haben mögen, seine Weihe zum Priester eineinhalb Jahrzehnte lang zu verzögern. Erst 1812, im Alter von 38 Jahren, ließ er sich von Bischof Dalberg bewegen, die Weihe zu empfangen – und zwar unter äußerst unauffälligen Umständen. Kein Mitglied seiner Familie, niemand aus dem Kreis seiner Freunde scheint dabei gewesen zu sein. Wir bleiben ohne Auskunft, ob er jemals eine Messe gefeiert oder gar im Verein mit Dalberg, mit dem er oft genug persönlich zusammengetroffen ist, ein Pontifikalamt zelebriert hat, ob er jemals Sakramente gespendet oder Predigten für das Volk gehalten hat, ob er jemals einen Verstorbenen beerdigt, ob er gebeichtet oder das tägliche Breviergebet absolviert hat. Auch nicht einmal schemenhaft lässt Beck erahnen, was Wessenberg als Christenmensch persönlich geglaubt haben mag. Dass er die priesterliche Identität Wessenbergs außer Acht lässt, ist befremdend, möglicherweise aber erklärbar, weil er sich selbst im Laufe seines Lebens vom Priesterberuf generell entfernt haben mag.

Das war schon dem zeitgenössischen Rezensenten in den „Historisch-politischen Blättern für das katholische Deutschland“ als Misslichkeit aufgefallen (Bd.50/1862): „Von der Stellung, die Wessenberg als katholischer Priester einnahm, von der Erfüllung, der ihm als solchem speziell obliegenden Verpflichtungen spricht Beck kein Wort, obschon gerade dieser Punkt in dem Leben eines greisen Mannes wie Wessenberg schwer in die Waage fällt. Verlangt man ein Endurteil über Wessenberg, so wird jeder Unbefangene gerne aussprechen, daß er eine reichbegabte Seele, ein hochgebildeter Mann, ein wahrer Mensch und Vaterlandsfreund war; er wird gerne zugeben, daß in ihm ein johanneischer Geist lebte – aber bedauern wird er, daß der Geist des Petrus, der streng kirchliche Geist ihm fehlte.“ Diesen Nachweis, dass Wessenberg trotz all seiner Qualitäten als Christenmensch kein wahrer römisch gesinnter Katholik gewesen sei, habe der geheime Hofrat Beck sehr wohl erbracht. „Darin liegt das Verdienst dieses ansonsten mit Haß und Gift gegen die katholische Kirche erfüllten Werks.“

Verdienstlich ist Becks Sorge um die Sicherung des schriftlichen Nachlasses von Wessenberg, soweit er in seinen Händen war. Im gemeinsamen Bemühen mit Professor Mittermaier, ist es gelungen, die Universität Heidelberg dafür zu gewinnen, diesen Nachlass vom Archiv der Universität Heidelberg verwalten zu lassen. Die hier gespeicherten Bestände sind umfangreicher als im Archiv von Konstanz.

Am 18. August 1864 heiratete Beck eine protestantische Frau. Die Trauung vollzog der Stadtpfarrer der evangelischen Gemeinde in Heidelberg. Mit dieser Eheschließung verletzte Beck natürlich das katholische Kirchenrecht. Er wurde demgemäß am 29. September erneut exkommuniziert. Dessen unbeschadet verstand er sich trotz seines formalen Ausschlusses zunächst immer noch als Angehöriger der katholischen Kirche. Erst vier Jahre später, am 24. März 1868, vollzog er in einem feierlichen Akt die Konversion zur „unierten evangelisch-protestantischen Landeskirche Baden.“
Nach dem Vatikanischen Konzil soll er in den 70er Jahren Sympathien für die altkatholische Kirche bekundet haben.

Am 3. November 1883 ist Joseph Beck in Stuttgart gestorben.

III. Ecclesia semper reformanda - ein vergeblicher Versuch.

Ignaz Heinrich von Wessenberg hat sich 1802 von Bischof Carl Theodor von Dalberg als Generalvikar der Diözese Konstanz gewinnen lassen, obwohl die unmittelbar bevorstehende Katastrophe der Säkularisation für die römisch-katholische Kirche in Deutschland bereits abzusehen war. Was mochte einen Mann seines Alters beim Eintritt in seine Berufskarriere bewogen haben, ein unter den zu erwartenden Umständen derart riskantes Amt anzutreten? Nicht auszuschließen ist, dass er in Dalbergs Angebot eine Chance erkennen mochte, die Krise zu nutzen, um eine grundlegende Reform der katholischen Kirche in Deutschland auf den Weg zu bringen. Insbesondere mochte er daran gedacht haben, jene Reformansätze innerhalb der katholischen Kirche wieder aufgreifen und zu einem erfolgreichen Ende bringen zu können, welche die katholische Kirche in Deutschland im letzten Drittel des 18. Jahrhunderts bewegt hatten und die durch den Ausbruch der französischen Revolution und die anschließenden Kriegsfolgen unterbrochen worden waren: Die febronianischen Ideen zur Errichtung einer spezifisch deutschen katholischen Kirche, die noch die Bad-Emser Verhandlungen der 1780er Jahre bewegt hatten, waren zweifellos im Gedächtnis der katholischen Öffentlichkeit haften geblieben. Solche Reformperspektiven nach der Säkularisation erneut aufzugreifen, war nicht aussichtslos. Es ging diesen Reformern, um es in aller Deutlichkeit zu wiederholen, nicht um eine Abkehr von der römisch-katholischen Kirche, nicht um einen institutionellen Bruch, sondern um das Bedürfnis nach genügend Freiraum, um eine römisch-katholische Kirche so einzurichten, dass sie dem gesellschaftlichen Bewusstsein der Bevölkerung in Deutschland entsprach. Dies und nichts anderes meinte die Formel von einer „deutschen Kirche".

Nach dem Untergang der deutschen Reichskirche als Folge der Revolution waren die Regierungen jener deutschen Länder, die sich den katholischen Kirchenbesitz angeeignet hatten, genötigt, eine Ordnung zu schaffen, die eine Fortsetzung des katholischen Kirchenbetriebs möglich machte. Es wurden in der Regel innerhalb der Staatsregierungen offizielle „Kirchenbehörden" eingerichtet, die für die Organisation der katholischen Kirchenangelegenheiten zuständig waren. Verwaltet wurden diese Behörden von regierungstreuen Klerikern, die als Landesbeamte in den Staatsdienst berufen wurden. Als solche hatten sie den Treueid gegenüber dem Landesherrn zu leisten. Staatsbeamte waren in gewisser Weise auch die Bischöfe und Domkapitulare, insofern sie für ihren Dienst in der Kirche vom Staat besoldet wurden. Nicht vom Staat besoldet wurden die Priester, aber sie waren dennoch Staatsbeamte, insofern sie eine staatliche Prüfung zu absolvieren hatten, ehe sie sich um eine auskömmliche Pfarrstelle mit aussichtsreichen Pfründen bewerben durften. Das Dilemma dieser existentiellen Bindung des Klerus an den Staat hatte zur Folge, dass ihm eine Spaltung der Loyalität zugemutet wurde. Die Priester hatten als Voraussetzung ihrer Weihe den Treueid gegenüber dem Bischof zu leisten und als Voraussetzung der Belehnung mit einer Pfarrei auch den Treueid gegenüber dem Landesherrn abzulegen. Auch die Bischöfe waren dieser doppelten Loyalität unterworfen: Sie hatten sich sowohl gegenüber dem Papst wie gegenüber Landesherrn mit einem Treueid zu verpflichten. Diese Konstruktion konnte nur gelingen, wenn die Instanzen untereinander konfliktfrei kooperierten. Das war, wie sich im Verlauf der Geschichte zeigen sollte, nicht immer der Fall. Es sollte zu ruinösen Verwerfungen kommen.

Wer sich nun unter diesen Bedingungen anschickte, Reformen in der katholischen Kirche anzustreben, hatte die folgenden Hürden zu beachten: Man bedurfte erstens der Unterstützung oder zumindest der Lizenz der kirchlichen Hierarchie und der Zustimmung der staatlichen Autorität. Man war zweitens auf die Solidarität der Priester angewiesen, die gewissermaßen als „Frontoffiziere“ das Feld für die reale Umsetzung der vorgesehenen Reformen zu bereiten hatten. Und drittens und wahrhaft nicht zuletzt bedurfte es der Zustimmung des Kirchenvolkes.

Wessenberg hat alle wichtigen Reformvorhaben im Bistum Konstanz mit Dalberg abgesprochen, der ihm in seiner Funktion als Primas der katholischen Kirche in Deutschland den Rücken zumindest gegen den in Luzern residierenden und gegenüber allen Reformen in Deutschland abholden Nuntius Testaferrata freigehalten und die Verantwortung für prekäre Entscheidungen persönlich übernommen hat. Eingriffe des heiligen Stuhls waren einstweilen nicht zu erwarten, weil man in Rom mit den Wirren der katholischen Kirche in Frankreich und der gleichzeitig übermächtigen Feindseligkeiten Napoleons vollauf in Anspruch genommen war. Schließlich waren die in der staatlichen Kirchenbehörde beschäftigten Kleriker in der kirchlichen Tendenz auf Seiten der Konstanzer Reformunternehmungen.

Vor allem waren sich Dalberg und Wessenberg dessen bewusst, dass ein praktischer Reformerfolg nur dann zu erreichen wäre, wenn die im weitesten Sinne pastoralen Bedürfnisse der gläubigen Bevölkerung von den Repräsentanten der Kirche vor Ort, dem „niederen Klerus“ also, befriedigt würden. Es waren Priester in die Pfarreien zu entsenden, die willens und befähigt waren, das Vertrauen der Gemeinde für die katholische Kirche zu erhalten oder auch wiederzugewinnen. Wessenberg machte daher unverzüglich das Priesterseminar in Meersburg zu einer Stätte intensiver Vorbereitung der Weihekandidaten auf ihren Beruf gemäß dem Wandel der Zeit. Nachdrücklichst schärfte er denselben ein, dass sie als Priester in der Gemeinde mit ihren Auftritten und Leistungen und nicht zuletzt auch durch ihr Lebensverhalten und das Erscheinungsbild ihrer Person in der Öffentlichkeit um Ansehen werben sollten – für sich und ihren Stand und damit auch für die Institution der katholischen Kirche, der sie dienten.

Wessenberg erkannte, dass die Kirche nach der Säkularisation gegenüber dem Staat nur dann eine relative Eigenmächtigkeit bewahren könnte, wenn es ihr gelang, gesellschaftlich bedeutsame Handlungszonen zu besetzen, die der Staat wenig oder gar nicht regulieren konnte. Das war insbesondere in jenen Landregionen der Fall, wo der weitentfernt in seiner Residenz weilende Landesherr und seine Regierung nicht präsent sein konnten. Damit ergab sich in diesen Regionen unvermeidlich eine Autoritätslücke für den Staat, der darauf angewiesen war, von der Kirche gestützt zu werden.

Drei gesellschaftlich relevante Zonen waren der Kirche auf dem Lande vorbehalten:
Erstens die D o r f s c h u l e, in der die Kinder und Jugendlichen nicht nur lesen und schreiben und rechnen lernen sollten, sondern auch zu moralisch bewussten Menschen und treuen Staatsdienern heranzubilden waren. Dafür waren die Priester im Schuldienst und in der sonntäglichen Christenlehre zuständig. Ihnen oblag die Pflicht, als verantwortliche Wegweiser für eine tugendhafte Entwicklung der nachwachsenden Dorfbewohnerschaft zu sorgen. - Zweitens die D o r f g e m e i n s c h a f t, die häufig von einer entsetzlichen Ungleichheit der ansässigen Bewohner geprägt war. Die Priester hatten für den sozialen Frieden zu sorgen und im Falle der materiellen Not Hilfe zu organisieren, um Hungeraufstände zu verhindern. Wessenberg hat 1809 einen Erlass an alle Gemeinden der Diözese Konstanz geschickt und die Einrichtung einer geregelten „Armenfürsorge“ verordnet. „ Die Vielfalt der verbreiteten „Bruderschaften“ ließ er verbieten und ersetzte dieselben durch einen karitativen Hilfeverein: „Die Bruderschaft von der Liebe Gottes und des Nächsten“, der allerorts einzurichten war. -

Und schließlich drittens die D o r f k i r c h e, in welcher der Priester durch den Vollzug sakraler Handlungen ein transzendentes Obdach garantierte.

Priester, die um die Wende vom 18. ins 19. Jahrhundert geweiht worden sind und anschließend als Seelsorger in den Pfarreien ihren Dienst aufgenommen haben, sind vielfach noch Gläubigen zumal auf dem Lande begegnet, die einer Frömmigkeitskultur von befremdender Rückständigkeit verhaftet waren. Die Bauern, Männer und Frauen, Knechte und Gesinde, sie alle glaubten, dass sie mit ihrem Gott in einem Geben- und Nehmenverhältnis („do ut des!") verbunden seien. Sie erbrachten gottgefällige Leistungen, um Gottes Wohlwollen in dieser Welt zu erwirken und am Lebensende den Eintritt in den Himmel zu erlangen. Zu den Pflichten, die unbedingt zu erbringen waren, gehörte der Besuch des sonntäglichen Gottesdienstes, den man rosenkranzbetend absolvierte, während der Priester am Altar mit dem Rücken zur Gemeinde den lateinischen Messtext murmelte, ein Dialog zwischen dem Zelebranten und der versammelten Gemeinde fand nicht statt. Für die Verstorbenen entrichtete man Stolgebühren und ließ Messen für sie lesen, um sie aus dem Fegfeuer zu erlösen. Gab es ein Kloster in einer erreichbaren Nachbarschaft, brach man feiertags am frühen Morgen auf, um die Mönche und Nonnen heilige Lieder singen zu hören und nebenbei die vorgeschriebene Jahresbeichte abzulegen. Von Zeit zu Zeit unterzog man sich der Mühe (und auch der Lust) einer Wallfahrt, um einen Ablass zeitlicher Sündenstrafen zu erwerben. In Notfällen wandte man sich an die „Vierzehn heiligen Nothelfer". Darüberhinaus gab es eine breite Palette apotropäischer Handlungen, um sich die Dämonen vom Leib zu halten: Kreuzzeichen, Weihwasser, Kerzenlichter und allerlei Räucherwerk etc.p.p. Dies und viel anderes, z. B. die diversen Blutrittfeierlichkeiten an dem auf Christi Himmelfahrt folgenden Freitag, bildeten ein Brauchtum, das zu pflegen war, wenn man zur Ortsgemeinschaft gehören wollte.

Für die durch aufgeklärte Lehrer und Professoren an Lyceen und Universitäten geprägten Priester der Zeit mag diese religiöse Praxis des einfachen Kirchenvolks nichts anderes als magisches Theater, als schiere Zauberei begriffen worden sein, kurzum als das, was es wahrhaft war: ein irrationales Kompensat von Ohnmachtserfahrung. Aufgeklärte Priester verweigerten die Anmutung, als Makler des Numinosen zu fungieren. Unbegreifliches Glück oder Unglück, predigten sie, sei weder als Belohnung noch als Strafe Gottes zu verstehen, sondern als dessen unerforschlichen Willen hinzunehmen. Es sei schlichtweg zu respektieren, was Gott von uns Menschen vor allem erwarte, nämlich die zehn Gebote zu achten und ein moralisch einwandfreies Leben zu führen, um einen Platz der ewigen Seligkeit im Himmel erwarten zu dürfen. Moral sei kein Geschenk des Himmels, sondern müsse mühsam erlernt werden. Diese Einsicht dem Volk zu vermitteln, seien die Priester zuallererst berufen. Priester seien zumal die „Sittenlehrer des Volkes".

Nun liebte das Volk jedoch diesen Zauber und liebte auch die herkömmlichen moralischen Gepflogenheiten. Man verehrte díe Heiligen und ihre Reliquien, ihre Gedenktage waren Feiertage und Feiertage waren arbeitsfreie Tage. Das galt auch für die Prozessionen durch die sommerlichen Felder und die gern über zwei Tage ausgedehnten Wallfahrten. Man ließ sich auch die herkömmlichen sexuellen Freiheiten vor der Eheschließung nur ungern ausreden. Wessenberg, dem aufgrund seiner Herkunft die Lebensusancen der bäuerlichen Welt fremd waren, ignorierte diese vitalen Bedürfnisse und forderte von den Priestern, die verordneten Beschränkungen rigoros durchzusetzen.

Ein besonders dringliches Anliegen Wessenbergs galt der Entlatinisierung der liturgischen Sprache. Die Gläubigen sollten verstehen, was der Priester sagte, wenn er betete. - Nicht alle Priester billigten diese Entlatinisierung, hatten sie doch für die Erlernung dieser Sprache lange

Jahre der Anstrengung aufwenden müssen. Die Beherrschung dieser Fremdsprache war zweifellos ein wesentliches Element ihres Bildungsbewusstseins und trug ihnen auch den Respekt jener ein, die diese Sprache nicht verstanden. Es gehörte zur magischen Autorität des Priesters, dass er sich in dieser heiligen Sprache mit Gott zu verständigen wusste, was dem ungebildeten Kirchenvolk verwehrt war.

Seit Beginn der 20er Jahre machte sich in der deutschen Öffentlichkeit eine Gruppe von katholischen Theologen bemerkbar, die sich vorbehaltlos zu einem traditionellen römischen Katholizismus bekannten. Es handelte sich um Angehörige des sogenannten „Mainzer Kreises". Sie brachten 1821 ein publizistisches Organ auf den Markt und annoncierten bereits im Titel ihre Kampfbereitschaft: „Der K a t h o l i k – zur Belehrung und Warnung". Herausgeber der Zeitschrift waren Andreas Räß und Nikolaus Weis, zwei junge Kleriker, die das folgende Motto auf die Titelseite setzten: „Du bist Petrus und auf diesen Felsen will ich meine Kirche bauen. - Matthäus XVI, 18." In der Vorrede zum ersten Band wird die Absicht des Vorhabens angekündigt: „Da die Feinde der christkatholischen Religion nicht aufhören, ihre teils offenen, teils verlogenen Angriffe gegen dieselbe fortzusetzen, ja sogar mit jeglichem Jahre sich einen neuen Tummelplatz dazu erwählen: so wird es wohl in unserem menschentümlichen Zeitalter kein Billigdenkender verargen, wenn wir dagegen die nötige Wehr ergreifen und den Katholiken Verwahrungsmittel gegen diese arglistigen Versuche darreichen. Wir werden uns glücklich schätzen, wenn Jesus Christus unser wohlgemeintes Mühen segnet, daß die Stimme der gegenwärtigen Blätter die Irrenden belehren, die Schwankenden bestärken, die des Glaubens Unkundigen zurechtweisen, Allem aber mit Nachdruck und tröstender Liebe entgegen tönen möchte." („Der Katholik" 1821, 1) Deutlicher artikulieren die Herausgeber ihre Identität im zweiten Halbband des ersten Jahrgangs in einer Abhandlung über den Papst: „Wir sind R ö m l i n g e und schämen uns dessen nicht. Das heißt: Wir bekennen uns mit Herz und Mund zu der apostolischen Lehre des päpstlichen Primats, wie ihn die echtkatholische Kirche glaubt und entspricht ... Der Papst ist in der katholischen Kirche so wesentlich, als die Seele dem Menschen notwendig ist. Wer nicht mit dem Papste in Vereinigung lebt, der ist kein Katholik. Deshalb heißt es auch in unserer Glaubensformel: Die heilige katholische und apostolische römische Kirche erkenne ich als eine Mutter und Meisterin aller anderen Kirchen. Und dem römischen Bischofe als des heiligen Petrus, Fürsten der Apostel, Nachfolger und Christi Jesu Statthalter, gelobe und schwöre ich wahren Gehorsam (Rituale Constantiense, pag.388)." - „Römling" war – wie übrigens auch das Prädikat „ultramontan" -, zunächst ein Etikett, mit dem die Gegner des römisch-katholischen Kirchensystems die Anhänger desselben zu diskriminieren gedachten. Diese freilich adoptierten diese Prädikate und drehten ihre Semantik ins Positive (vgl. Heribert Raab: Zur Geschichte und Bedeutung des Schlagworts `ultramontan´. In: Historisches Jahrbuch, Bd.81/1962/ S. 139ff.). Nun übernahmen die jungen romtreuen Kleriker das Etikett „ultramontan" als Identitätsmarke des wahren Katholikentums. Die konjunkturelle Erfolgskurve dieses Prädikats verlief rasant.

Die „Ultramontanen" vertraten in aller Entschiedenheit die traditionelle Kirchengestalt des Konzils von Trient und führten auch, unbeirrt durch den Geist der Aufklärung, jene Form der Frömmigkeit fort, die sich in den Zeiten der Gegenreformation als spezifische Ausdrucksweise einer wahrhaft römischen Katholizität entwickelt hatte. Der streng katholische Glaube gründete in der Überzeugung, dass nichts kontingent sei, was in der Welt geschehe. Was immer einem zustoße oder auch glückhaft gelinge, sei als Strafe oder Belohnung eines berechenbar verlässlichen Gottes zu verstehen: Seuchen, Missernten, Brände, Kriege wie auch die diesbezüglichen Verschonungen, die als Gewährung erflehter Wunder zu deuten seien.

Inwieweit diese vormoderne Frömmigkeit unter den Priestern der Zeit durch ein aufgeklärtes Studium faktisch erledigt wurde, wissen wir nicht. Latent mag sie immer noch wirksam gewesen sein, auch unter den Priestern der Ära Wessenberg. Jedenfalls ist festzustellen, dass nach Wessenbergs Entlassung aus dem Dienst der katholischen Kirche bei einer wachsenden Zahl von Priestern die Restauration der alten Kirchengläubigkeit manifest geworden ist, sodass sich in den folgenden Jahren eine gleichsam innerkatholische Konversion vollzogen hat.

Der Wessenbergianer Alois Benedikt Pflanz, der 1830 eine Zeitschrift im Geiste Wessenbergs gegründet hatte – die „Freymüthigen Blätter für Theologie und Kirchethum", an der sich auch Wessenberg fleißig beteiligte – klagte bereits ab Mitte der 30er Jahre immer wieder über den zunehmenden Mangel an Beiträgern und Abonnenten. Nach dem überraschenden Tod von Pflanz im Jahr 1844 fand sich niemand mehr, der das liberal-katholische Journal weiterführen wollte.

Appendix:

Am Ende dieses Buches sei ein später Brief Wessenbergs zitiert, in dem dieser in den Jahren seiner professionellen Tätigkeit im Dienst der Kirche, wie es scheinen mag, lebenslang so unerschrockene Mann seine Furcht vor dem römischen Regime zu einem erschütternden Ausdruck bringt:

„Constanz d. 23. Apr. 1855

Hoch geehrter theurer Freund!

In engstem Vertrauen theile ich Ihnen die beiliegende Handschrift mit, die irrigste neueste Erfindungen in der katholischen Kirche, besonders die Erhebung der Meinung von der Empfängnis Mariae ohne Erbsünde, zu einem für alle Katholiken verbindlichen Dogma beleuchtet. Es wäre mein Wunsch, daß diese Schrift durch den Druck veröffentlicht werde, jedoch so, daß der Namen des Verfassers durchaus unbekannt bliebe, da ihm sonst der Kirchenbann bevorstünde. Wenn ich Ihre Mitwirkung zu diesem Schritt in Anspruch nehme, so geschieht es nur in der Voraussetzung, daß Sie von Ihrer Seite ohne mindeste Gefahr, sich in irgend eine Verlegenheit zu setzen, geschehen könne. Eine (???? unlesbar) wird auch jedenfalls der Vertrag nur einem gratesten (?) weisen Verleger (z.B. H. Winter) zugemutet werden können. Man muß darauf gefasst sein, daß die Jesuitenpartei alles versuchen werde, um den Verfasser zu entdecken und der Behörde in Freiburg und Rom anzuzeigen, damit gegen ihn verfahren werde. Die größte Vorsicht und Behutsamkeit ist daher notwendig. Wie die Sachen jetzt stehen, wird selbst in Deutschland kein Bischof u. kein Mitglied eines Domkapitels oder einer katholischen Universität gegen den durch den Jesuitenorden veranlaßten Machtspruch des Papstes die Stimme zu erheben sich getrauen. Die Nachwirkungen für Deutschlands so schmachvolles Stillschweigen lassen sich aber gar nicht berechnen. Sollten Sie es indessen nicht ratsam finden, die Veröffentlichung der Schrift in (????? unlesbar) zu veranlassen, so senden Sie mir dieselbe nur wieder zurück, allenfalls mit Beifügung Ihrer Ansicht über den Gegenstand derselben.
In einer früheren Epoche würden katholische Regenten selbst sich mit Nachdruck verwendet haben, um den Papst von dem für die Kirche höchst bedenklichen Schritt zurückzuhalten.

Jetzt hat man überall nur für materielle Interessen ein Auge. Die geistigen werden immer wieder in den Hintergrund zurückgedrängt.

Zu meinem großen Leidwesen verbot man bisher den von hier (??? unlesbar) verwahrlosten Mädchen den Eintritt ins hiesige weibl. Rettungshaus. Bisher hat diese ganz eingerichtete Anstalt nur einen Zögling.

Ganz von Herzen

Ihr treuer Freund

Ig. v. Wessenberg“

Der Adressat dieses Briefes wird nicht genannt, lässt sich aber leicht erschliessen. Wessenberg hatte zu Beginn der 40er Jahre eine stabile, bis zu seinem Tod reichende Freundschaft mit dem Heidelberger Universitätsprofessor Carl Joseph Anton Mittermaier geschlossen. Mit kaum einem anderen Korrespondenzpartner hat Wessenberg in seinen letzten zwanzig Lebensjahren ähnlich viele Briefe gewechselt.
Mittermaier war zwar professioneller Rechtsgelehrter, teilte aber als aufgeklärter Katholik weitgehend die ekklesiologischen Vorstellungen Wessenbergs. Wie dieser kritisierte er die Vorstellung einer Kirche, die in mittelalterlichen Ansichten befangen sei wie in Italien. Mit Wessenberg teilte er die Vision einer „deutschen Kirche“, die sich durch die Anerkennung der wechselseitig gewährten Freiheit der Konfessionen auszeichne. Jede Form der „Usurpation der Gemüter seitens der Hierarchie“ sei zu verwerfen.

Diesem gleichgesinnten Freund lässt Wessenberg nun offenbar eine kritische Schrift wider das soeben (1854) vom heiligen Stuhl verkündete Dogma über „die unbefleckte Empfängnis Mariae“ zukommen und bittet ihn um Vermittlung eines absolut zuverlässig verschwiegenen Verlegers, der bereit wäre, diese Schrift unter Wahrung der Anonymität des Verfassers zu publizieren. Dazu kam es jedoch nicht. Und wir wissen vorläufig auch nicht den Grund: Hat der Verleger abgewunken? Hat Mittermaier abgeraten? - Das Unternehmen war zweifellos riskant. Wäre die Schrift tatsächlich gedruckt worden, wäre sie mit Sicherheit einer Indizierung verfallen mit den üblich widrigen Folgen für katholische Leser, die diese Schrift dennoch zur Kenntnis nehmen würden. Darüberhinaus hätte man auch nach dem Autor gefahndet und ihn nach dessen Ermittlung entweder zu einem demütigenden Widerruf gezwungen oder, wenn er sich einem solchen versagte, exkommuniziert. Beide Strafvarianten hätten die Identität Wessenbergs total ruiniert. Die Priester, die seiner Reformpolitik gefolgt waren, hätten seinen Widerruf als Verrat all dessen empfunden, was er von ihnen gefordert hatte. Im Falle einer Exkommunikation würde jeglicher Umgang zwischen diesen Priestern und ihm lebenslänglich verboten werden. Es sieht so aus, als ob der kluge Rechtsgelehrte in Abschätzung des Risikos von einer Publikation abgeraten hätte.

Ich danke dem Konstanzer Arzt Dr. Christoph Jung, der mir diesen Brief aus seinem Privatarchiv zur Verfügung gestellt hat. - Das dogmakritische Manuskript Wessenbergs, von dem im Brief die Rede ist, ist verschollen.

IV. Nachtrag: Wessenberg im Blickfeld der Altkatholiken.

Schließlich ist zu bedauern, dass ein zunächst vorgesehenes Kapitel über den „Wessenbergianismus“ innerhalb der „altkatholischen Kirche“ in den frühen Jahrzehnten nach der Gründung dieser Institution nicht geliefert werden kann. Einige Indizien erlauben aber die Überzeugung, dass Wessenberg im Diskurs der Selbstverständigung der Gründungsväter der altkatholischen Kirche als denkwürdiger Vorfahr gewürdigt worden ist. Es ist wohl kaum ein Zufall, dass die biographischen Wessenberg-Artikel in den repräsentativen Personallexika der Zeit von prominenten altkatholischen Autoren verfasst worden sind: Johann Friedrich von Schulte, Chefjurist der neugegründeten Kirche, würdigte Wessenbergs Laufbahn als Kirchenpolitiker in einem Aufsatz in der „Allgemeinen Deutschen Biographie“ und der Döllinger-Schüler Johannes Friedrich, Professor der Kirchengeschichte an der Universität München, würdigte ihn in einem hochfeierlichen Lebensabriß in den „badischen Biographien“ mit dem abschließenden Nachruf: „Gleich einem Gerson und d´Ailly (die theologischen Leuchtfiguren des Konstanzer Konzils 1414 - bis 1418) war Wessenberg von tief religiösem Wesen und fühlte sich im Gewissen verpflichtet, römischen Prätentionen entgegenzutreten, welche stets wieder zum Verderben der Kirche und Völker ausschlugen.“ Bemerkenswert ist schließlich, dass der langjährige Pfarrer der altkatholischen Gemeinde in Konstanz Wilhelm Schirmer 1910 aus Anlass des Gedenkens an Wessenbergs Tod fünfzig Jahre zuvor eine ehrenvolle Lebensbeschreibung des Verstorbenen veröffentlicht hat: „Ignaz Heinrich von Wessenberg – des Bistums Konstanz letzter Oberhirt.“
In einer kurzen Erinnerung Schirmers an Wessenberg in der „Internationalen kirchlichen Zeitschrift“ Band I/1911 schreibt Schirmer: „Wir Altkatholiken wissen uns in jedem Betracht als die echten Erben Wessenbergs, im Gegensatz zu den Römischen, welche ihr katholisches Gewissen sowohl wie ihre Pflicht gegen das Vaterland der römischen Herrschsucht geopfert haben, wie im Gegensatz zu den Schülern Wessenbergs, welche sich so nennend ihrem Meister keine Ehre machen.“ (Wer ist gemeint?)

Kaum erforscht sind leider die Motive jener römisch-katholisch geweihten Priester, die sich nach dem Ende des Ersten Vatikanischen Konzils für eine Konversion zur altkatholischen Kirche entschieden haben. Diesbezüglich einschlägiges Quellenmaterial könnte sich vielleicht in den altkatholischen Archiven in Bonn und Bern finden lassen. (Reisen in diese entfernten Fundgruben hat sich der Verfasser dieser Studie aus pandemischen Gründen versagt.)

Appendix:

Wer die altkatholische Christuskirche in Konstanz besucht, möge nicht versäumen, die Sakristei dieses Gotteshauses zu besuchen. Man hat die Gelegenheit, ein eindrucksvolles Porträt Wessenbergs von Maria Ellenrieder zu bewundern.

Klaus Oettinger

Aufrecht und tapfer

Ignaz Heinrich von Wessenberg -
ein katholischer Aufklärer

1. Aufl. 2017; 208 Seiten; kartoniert; € 17,99
UVK GmbH, ISBN 3-978-86764-723-6

Ignaz Heinrich von Wessenberg (1774 - 1860), der letzte Bistumsverweser der ehemaligen Diözese Konstanz, verstand sich als katholischer Kirchenreformer aus dem Geiste der Aufklärung. Er kritisierte das römisch zentrierte Kirchensystem und plädierte für eine Föderalisierung desselben: Institutionelle Probleme der Kirche sollten dort gelöst werden, wo sie auftreten. Das erinnert frappant an Verlautbarungen des gegenwärtigen Pontifikats.
Die diversen Kapitel dieses Buches beleuchten einige Stationen der kirchenpolitischen Karriere dieses katholischen Aufklärers, dessen Bedeutung in der ultramontan dominierten Kirchengeschichtsschreibung des 19. und 20. Jahrhunderts weitgehend verkannt worden ist. Eine positive Wendung im katholischen Urteil über Wessenberg erfolgte erst im Horizont des II. Vatikanums in den 60erJahren des vergangenen Jahrhunderts.